Dieter Franck
Die Welt der dreißiger Jahre

Dieter Franck

Die Welt der dreißiger Jahre

Verlag C. H. Beck München

Mit 195 Photos und 3 Karten

Wissenschaftliche Beratung:
Prof. J. A. S. Grenville
Historisches Seminar der Universität Birmingham

Bildrecherchen:
Hannelore Franck

CIP-Kurztitelaufnahme der Deutschen Bibliothek

Franck, Dieter:
Die Welt der dreißiger Jahre / Dieter Franck. – München :
Beck, 1985.
  ISBN 3 406 30781 7

ISBN 3 406 30781 7

© C. H. Beck'sche Verlagsbuchhandlung (Oscar Beck), München 1985
Zeichnung der Karten: typopraxis Krauß, Niederschönenfeld
Satz und Druck: C. H. Beck'sche Buchdruckerei, Nördlingen
Printed in Germany

Inhalt

What's past is prologue, what to come
In yours and my discharge.

Vergangenes ist Vorspiel,
Künftiges uns anvertraut.

William Shakespeare

Vorwort

Können Jahrzehnte Charakter haben?

Die Einteilung der persönlichen Biographie ebenso wie der Menschheitserfahrung in Jahrzehnte ist willkürlich und dennoch bedeutsam. Wir neigen dazu, unsere „runden" Geburtstage als Einschnitte zu empfinden und jedem vollendeten Jahrzehnt bestimmte Themen unseres Lebens zuzuordnen.

Ähnlich verhält es sich mit der Wahrnehmung der Vergangenheit außerhalb unseres persönlichen Lebenskreises. Jahrzehnte des Weltgeschehens nehmen im Rückblick einen unverwechselbaren Charakter an. Allerdings wird unser Bild mancher Jahrzehnte auch durch modische Begriffe geformt. Nicht viele damalige Zeitgenossen werden die „goldenen" zwanziger Jahre als golden empfunden haben.

Die dreißiger Jahre waren wie kaum eine andere Zeit durch Ereignisse umgrenzt und in ihrem Charakter bestimmt, die unsere Welt von Grund auf veränderten. Das Jahrzehnt begann mit dem Zusammenbruch der Weltwirtschaft. An seinem Ende stand der zweite Weltkrieg. Manche Schicksalslinien dieses Jahrzehnts führten von der einen Katastrophe zur anderen. Ohne die Not der frühen dreißiger Jahre hätten bestimmte Denkweisen und Bewegungen in Deutschland und Japan wahrscheinlich nicht jene schreckliche Macht erreicht, die den weltumfassenden Krieg auslöste.

In diesem Buch sollen Gegenwartserfahrungen von Menschen in den verschiedenen Teilen der damaligen Welt geschildert werden. Gemeinsamkeiten und durchgehende Entwicklungsstränge treten dabei zutage. So gehörte der Geldverleiher mit seinem Wucherzins von Europa bis nach Ostasien zu den gefürchteten Mächten des bäuerlichen Lebens, das die dreißiger Jahre noch so stark prägte. In den Städten zeigte sich, wie wenig es bis jetzt Aufgabe des Staates war, für soziale Sicherheit zu sorgen. Die Bilder des Elends sahen um 1930 in Berlin kaum anders aus als in Manchester oder Philadelphia oder Tokio. Die meisten Menschen in Afrika und Asien verband die Erfahrung, auf Gedeih und Verderb dem ebenso paternalistischen wie ausbeuterischen Willen einer fernen Kolonialmacht ausgesetzt zu sein. Die Idee, daß Menschen aller Völker gleiche Rechte haben sollten, war noch nicht allgemein anerkannt und wurde von Hitler grausam verneint.

Vor allem jedoch vollendeten sich in den dreißiger Jahren zwei Ideologien, von denen sich Millionen eine bessere Zukunft und sogar das endgültige Glück der Menschheit erhofft hatten. In der Sowjetunion entstand nicht jene gerechte, freie, ideale Gesellschaft, die der Traum so vieler Kommunisten gewesen war. An der Schwelle des Jahrzehnts perfektionierte Stalin den Terrorstaat der Funktionäre. Vom Kommunismus sollten fortan in Europa keine zukunftweisenden Impulse mehr ausgehen; im spanischen Bürgerkrieg endete die letzte Hoffnung vieler Kommunisten. In China allerdings wurde der Kommunismus zur Ideologie einer Revolution, von der nicht abzusehen war, ob sie mehr Glück in das Leben der vierhundert Millionen bringen würde. Faschismus und Nationalsozialismus hatten die Zugkraft einer Patentmischung sozialistischer, nationalistischer und anderer massenwirksamer Ideen ausgenutzt. Im zweiten Weltkrieg sollten sie im Machtwahn ihrer Führer untergehen. Nun scheiterte in Europa auch die Hoffnung, eine dauerhafte Friedensordnung werde sich aus dem Selbstbestimmungsrecht der Völker ergeben. Der Nationalismus führte in die Ausweglosigkeit. In Lateinamerika, Asien und Afrika hingegen, wo sich die Weltwirtschaftskrise am schlimmsten ausgewirkt hatte, ließ die Not den Nationalismus zur Macht künftiger Veränderung werden.

Diese zehn Jahre zwischen Not und Krieg wurden zur Bewährungsprobe für politische Traditionen und Systeme. Bestanden wurde die Probe dort, wo die Bevölkerung an Demokratie und an den vernunftreichen Umgang mit Menschen und Ideen gewöhnt war. In den USA konnte unter diesen Voraussetzungen der Gründerzeit-Kapitalismus durch die Wirtschaftskrise zu einem Kapitalismus mit sozialer Verantwortung geläutert werden. In Großbritannien arbeiteten auch die Konservativen an den Fundamenten eines modernen Staates, der sich der Loyalität seiner Bürger angesichts der drohenden deutschen Invasion erfreuen sollte. In Schweden zeichnete sich bereits der künftige Wohlfahrtsstaat ab. Hier versprach die Verbindung von Sozialismus und Demokratie eine humane Gesellschaft – eine Hoffnung, die sich in der Verbindung von Sozialismus und Nationalismus nicht erfüllte. Auch Entwicklungen in anderen Ländern zeigten, daß eine humane Gesellschaft der Zukunft nur in Demokratien mit ihrer Fähigkeit zur Selbsterneuerung möglich ist. George Orwell, der im spanischen Bürgerkrieg auf der Seite der Republik kämpfte, erkannte die Falschheit totalitärer Glücksversprechungen: „Jede Gesellschaft, die ein Paradies auf Erden errichten will, muß notwendigerweise und immer in der Tyrannei enden."

Der Frieden war das wichtigste Thema jener Zeit. Als das Jahrzehnt begann, war der erste Weltkrieg mit seinem schmutzigen Sterben in den Schützengräben und seinem Giftgas erst elf Jahre vorbei und im Bewußtsein der Völker noch sehr gegenwärtig. Viele Europäer hielten einen Krieg nach dieser Erfahrung nicht mehr für denkbar. In den demokratischen Ländern war man dabei, sich auf lange Zeiten friedlicher Entwicklung einzurichten. Die Weltwirtschaftskrise hatte starke Rückschläge gebracht, doch von der Mitte des Jahrzehnts an ging es wieder aufwärts. Es gab soziale Fortschritte, bezahlten Urlaub, bessere Wohnungen für Millionen, für manche sogar Kühlschränke und Autos. Für hohe Rüstungsausgaben hätte die Wählerschaft kein Verständnis gehabt. Großbritannien war führend in einer westlichen Politik der Beschwichtigung gegenüber Deutschland. Die Vernunft sprach dafür, daß Hitler durch entsprechende Zugeständnisse befriedigt werden konnte. Niemand würde doch so wahnsinnig sein, wieder einen Krieg heraufzubeschwören! Doch am Ende der dreißiger Jahre zeigte sich, daß totalitäre Macht allenfalls Macht respektiert, nicht aber Vernunft. Die Demokratien hatten versäumt, Hitler durch eigene Stärke rechtzeitig Einhalt zu gebieten.

Wer das Weltbild eines ganzen Jahrzehnts vermitteln will, tut gut daran, das Bruchstückhafte und Subjektive seines Bemühens zu bedenken. Doch eine vollständige Darstellung der Geschichte würde so lange dauern wie die Geschichte selbst. Begreifbar kann Geschichte nur in der Auswahl und Deutung einiger ihrer Phänomene werden. Hier geht es besonders um die Wechselwirkung zwischen den alltäglichen Lebensumständen und den großen Veränderungen. Dabei stellt sich immer wieder die Frage nach dem Daseinsgefühl in diesen Jahren, die so sehr durch die Schutzlosigkeit vor Not und totalitärer Gewalt gekennzeichnet waren. Manche Probleme unserer demokratischen Gesellschaft in der heutigen Zeit des langen Friedens, der persönlichen Freiheit und der Sicherheit vor Hunger, Kälte und Obdachlosigkeit schrumpfen im Vergleich mit der Welt der dreißiger Jahre zu geringeren Dimensionen. Sind wir deshalb glücklicher als die Menschen es damals waren? In ihrer existentiellen Ungewißheit lebten sie wahrscheinlich bewußter, empfanden gute Stunden intensiver und verstanden sich darauf, aus Wenigem das Beste zu machen.

Dank schulde ich den Fotografen aus vielen Ländern, deren Bilder hier in Verbindung mit dem Text eine vergangene Welt heraufbeschwören. Sie haben das dokumentarische Foto zur Momentaufnahme des Schicksals gemacht.

Professor J. A. S. Grenville, dem britischen Historiker und Autor der umfassenden „World History of the Twentieth Century", möchte ich für kritische Hilfe und für die Warnung vor Fehldeutungen danken, die sich aus der Verdichtung historischer Abläufe zu einer solchen Darstellung ergeben können. Danken möchte ich ebenso meiner Frau, Hannelore Franck, für ihren Anteil an der Suche nach Unverlorenem aus verlorener Zeit in den Archiven vieler Länder.

Dieter Franck

Europa und Amerika erholen sich von den Folgen des Ersten Weltkriegs. Gegen Ende der zwanziger Jahre steht die Fifth Avenue in New York im Zeichen einer Wirtschaftsblüte. Der Börsenkrach offenbart jedoch die trügerischen Fundamente dieses Booms.

I.
Börsenkrach und Neubeginn

Die Weltwirtschaftskatastrophe: wie es geschah, wie man überlebte.
Die USA und Roosevelts geläuterter Kapitalismus.

Die dreißiger Jahre beginnen eigentlich schon 63 Tage vor der Sylvesternacht, so sehr markiert der 29. Oktober 1929 eine Zeitenwende. Das Omen dieses Tages ist schrecklich. Das neue Jahrzehnt wird die Hoffnung der Weltkriegsgeneration, Vernunft und Fortschritt und die Kräfte des Marktes

Die Schockwellen, die vom Börsenzusammenbruch in New York ausgehen, erschüttern Anfang der dreißiger Jahre die Weltwirtschaft.

würden für dauerhaften Frieden und Wohlstand sorgen, Schlag auf Schlag zerstören.

In der Straßenschlucht der Wall Street in New York drängen sich an diesem 29. Oktober 1929, einem Dienstag, die Menschen. Berittene Polizei bahnt einigen Autos den Weg, auch einem prächtigen 1928er Cadillac Phaeton. Großaktionäre haben sich persönlich auf den Weg zur Börse gemacht, weil ihnen die gehetzten telefonischen Meldungen ihrer Makler allzu abenteuerlich erscheinen. Füh-

rende Aktien sind heute um 40, 50, ja 60 Dollar gefallen. Über 16 Millionen Aktien werden abgestoßen. Es ist ein Sturz ins Bodenlose. Viele der Menschen hier in der Wall Street stehen benommen herum in ihrem Schock. Sie gehören zu den Millionen Amerikanern, die im Optimismus der zwanziger Jahre Aktien gekauft und so den großen Boom genährt hatten. Es war ja so einfach. Man brauchte nur 20 oder 10 Prozent anzuzahlen – der Börsenmakler gab einem die Aktien auf Kredit. Doch gegen Ende der zwanziger Jahre breitete sich das Gefühl aus, daß die seit 1923 auf das Dreifache gestiegenen Börsenkurse nun ihren Höhepunkt zu überschreiten begannen. Dieses Gefühl drückte die Kurse und veranlaßte die Börsenmakler, bei ihren Kreditkunden Geld einzufordern. Diese mußten mehr und mehr Aktien verschleudern, um das nötige Geld aufzubringen. Und je schlimmer sich dies auf die Kurse auswirkte, desto härter pochten die Makler auf Zahlung. Die Spirale drehte sich. Auf die ersten Panikverkäufe am Morgen des vergangenen Donnerstags hatten große Banken blitzschnell reagiert. Schon um 12 Uhr hatten sie einen Notfonds in Höhe von 240 Millionen Dollar eingerichtet und Richard Whitney vom Bankhaus J. P. Morgan in die Börse geschickt, um Massen von wichtigen Aktien zum Vor-Panik-Kurs zu kaufen. So rettete man die

Das Pferderennen im englischen Ascot gehört zu den Riten der alten Gesellschaft. Die Weltwirtschaftskrise verändert den Kapitalismus der Gründerzeit.

Börse über den Rest der Woche hinweg. Als jedoch am Montag die Kurse wieder purzelten, unternahmen die Bankiers nichts mehr. Und heute, am Dienstag, ist die Katastrophe da. Die Kurse rutschen schon am Vormittag so rapide, daß der Ticker nicht mehr nachkommt. Dies macht die Verwirrung perfekt. Um Tumulten vorzubeugen, schickt der New Yorker Polizeichef Grover Whalen Polizei in die Wall Street. Gerüchte von Verzweiflungstaten kursieren. Der Wirtschaftswissenschaftler John Kenneth Galbraith erzählt eine makabre Geschichte. Aus ihrem Zimmer hoch oben im Ritz hätten sich zwei Männer Hand in Hand hinuntergestürzt – Besitzer eines gemeinsamen Kontos! Überhaupt frage man in den New Yorker Hotels nun, ob ein Zimmer zum Übernachten oder zum Hinunterspringen gewünscht sei.

Während ringsum Existenzen zugrunde gehen, wahren einzelne kühles Blut. Da gibt es die schöne amerikanische Geschichte vom Börsenboten, der bemerkte, daß ein großes Paket Nähmaschinen-Aktien „zu jedem Preis" angeboten wurde. Er soll sie für einen Dollar pro Aktie gekauft haben und später reich geworden sein. Tatsächlich sind diejenigen, die den Börsenkrach überleben, die großen Gewinner. Denn Dividenden und Zinsen steigen anschließend rasch. Doch im November 1929 ist in der Wall Street sozusagen jede Mauer mit Tränen benetzt. Die Folgen der Katastrophe breiten sich rasch aus. Bank nach Bank bricht zusammen, Millionen verlieren ihr Geld, machen bankrott. Fabriken müssen schließen, die Lohnzahlungen sinken auf die Hälfte. Bis 1932 verliert jeder vierte Amerikaner seinen Job. Doch obwohl die Börsenkatastrophe fast ebensoviel Wirtschaftswert kostet wie die Beteiligung der USA am Ersten Weltkrieg, gibt sich Präsident Herbert Hoover gelassen. Nach jeder Depression – und allein im vorigen Jahrhundert seien es doch mindestens fünfzehn gewesen – wären die USA wohlhabender geworden. Die Wirtschaft werde aus eigener Kraft wieder hochkommen und für neuen Wohlstand sorgen. Der 90-jährige Ölmagnat John D. Rockefeller predigt Zuversicht: „Seit Tagen kaufen mein Sohn und ich Aktien, weil wir glauben, daß unsere Wirtschaft im Grunde gesund ist." Darauf der Komiker Eddie Cantor: „Kunststück – außer denen hat ja auch kein Mensch mehr Geld!" Der

Autofabrikant Henry Ford ermuntert amerikanische Studenten, vor denen sich ein schwarzes Loch auftut, mit den Worten: „So etwas wie ‚keine Chance‘ gibt es doch überhaupt nicht." Und Andrew Mellon, einer der reichsten Amerikaner, sagt: „Die Menschen werden nun härter arbeiten und tugendhafter leben. ... Leute mit dem nötigen Unternehmungsgeist werden Chancen aufgreifen, die weniger Befähigte vertan haben." Mellon ist der Finanzminister des republikanischen Präsidenten Hoover. Seine Meinung wird nicht nur von den Erfolgreichen geteilt. Zum Geist der Zeit gehört, daß man Gründe für den eigenen Mißerfolg zuerst bei sich selbst sucht und nicht bei den anderen, bei der Gesellschaft. Und anders als in einigen europäischen Ländern erwartet man hier auch nicht, daß der Staat für die soziale Sicherheit sorgt. Es gibt kein Arbeitslosengeld. Die Fürsorge für die Gescheiterten und Armen obliegt der Wohltätigkeit regionaler und lokaler Behörden, vor allem aber den privaten Hilfsorganisationen, der Initiative einzelner Bürger. John Pierpont Morgan, 92-jähriger Patriarch des amerikanischen Kapitalismus, fordert zur Nachbarschaftshilfe auf: jeder Wohnblock soll für seine Armen sorgen. Und Präsident Herbert Hoover glaubt an die Selbstheilungskräfte der Wirtschaft. Die Katastrophe überfordert die Möglichkeiten der traditionellen Politik.

Doch zu Beginn der Depression sieht sich der Präsident in seinem Bestreben, den Staat herauszuhalten, durch den bisherigen Erfolg der Marktkräfte bestätigt. Rascher als europäische Länder hatte Amerika die Fesseln der Kriegswirtschaft abgestreift. Ab 1922 konnten sich mehr und mehr Amerikaner ein besseres Leben leisten. Die Industrieproduktion nahm im Vergleich zur Vorkriegszeit um 75 Prozent zu. Vom neuartigen Fließband kamen hochwertige Waren zu vernünftigem Preis und trieben den Konsum an. Der Kühlschrank fand seinen Platz in den amerikanischen Wohnungen. Unter den 25 Millionen Autos auf Amerikas Straßen war Henry Fords „Model T", die geliebte „Tin Lizzy", der absolute Renner. Als Auto für jedermann wurde es mit zunehmender Stückzahl von Jahr zu Jahr billiger. Die alte Moral, wonach Geld vor dem Ausgeben verdient werden muß, wich dem Kaufen auf Pump. Binnen eines Jahrzehnts verfünffachte sich die Zahl der Ratenzahlungsgeschäfte. Eigenheime wurden für Kleinverdiener erschwinglich. Auf Pump kaufte man schließlich auch Aktien, wobei die ganze Wirtschaft durch fortwährend überdehnten Kredit auf immer höhere Touren gebracht wurde. „Laissez-faire" hieß das Prinzip des Staates, der sich wenig um den Zustand kümmerte, daß Banken keine Bilanzen veröffentlichen, daß Aktienkurse von Betrügergruppen hinauf- oder hinuntermanipuliert werden. Bis es schließlich zum „Schwarzen Dienstag" kam, jenem 29. Oktober 1929.

Binnen kurzem verliert Amerika nun sein Erfolgsgesicht. Im Straßenbild erscheinen jene, die ins existentielle Nichts gestoßen worden sind. Manche sind zu stolz zum Betteln. Sie säumen die Bürgersteige mit Kistchen voller Äpfeln, die sie einzeln anbieten und die mancher aus Mitleid kauft. Andere lernen das Betteln: „Brother, can you spare a dime?" – „Bruder, hast Du 'nen Groschen übrig?" Und wie Krebsgeschwüre wuchern überall die Notquartiere, die Hütten aus Kistenbrettern und aus dem Blech alter Reklameschilder. Denn die Wohnungsvermieter fackeln nicht lange: wer nicht zahlen kann, fliegt hinaus. So häufig ist diese bittere Erfahrung, daß Kinder „Wohnungsräumung" spielen. An den Stadträndern wachsen die Hütten zu Elendsvierteln zusammen, verpestet vom Gestank der Abwässer. Im Winter trägt man alles, was an Kleidung noch vorhanden ist, übereinander. Die Suppenküchen der Kirchen und Wohlfahrtsverbände bewahren die meisten, aber nicht alle, vor dem Verhungern. Die Armee stellt Gulaschkanonen bereit. Ein Gastwirt bietet den Arbeitslosen einfache Menüs zu Pfennigpreisen an. Einige Hausfrauen gründen die „Teil-Dein-Essen"-Initiative und sammeln Nahrung für die Unglücklicheren. Ein Kleidungshändler stellt sich an einem eiskalten Tag vor seinen Laden und zieht Dutzenden von Jammergestalten Wintermäntel über. Die Depression zeigt Amerika also auch von seiner besten Seite.

Die Katastrophe erstreckt sich tief in das Land hinein. Man hört, daß Farmer mit geladener Flinte das Schicksal abzuwenden versuchen, von ihren überschuldeten Höfen verjagt zu werden. Aus Hofbesitzern werden Wanderarbeiter. 1932 schätzt man die Zahl derer, die auf der Suche nach Arbeit durch die USA ziehen, auf anderthalb Millionen.

Diese Mobilität, die ihre Wurzeln in der Pionier- und Einwanderungszeit hat, rettet manchen Amerikaner. Doch für viele ist es eine hoffnungslose Odyssee. Immer mehr Städte melden, ihre Wohlfahrtskassen seien erschöpft. Wie der amerikanische Historiker Samuel Eliot Morison später berichtet, werden hier und da arbeitslose Männer für einen Dollar und arbeitslose Frauen für einen halben Dollar pro Tag angeheuert, um stillgelegte Fabriken unter der Hand wieder zu betreiben. In New York bekommt man Wohnungen für ein Fünftel der üblichen Miete. Ganze Pullmanzüge rollen leer durchs Land.

Jene Amerikaner, die vor wenig mehr als zehn Jahren auf den Schlachtfeldern Europas Leben und Gesundheit riskiert hatten, erhoffen sich von der Regierung besonderen Schutz vor der Not. Der Kongreß hatte ihnen einen „Bonus" von 1000 Dollar zugesagt, eine Prämie, die im Jahre 1945 als eine Art Altersversorgung ausgezahlt werden sollte. Doch nun ziehen Massen von arbeitslosen Veteranen aus allen Teilen des Landes nach Washington, um die sofortige Auszahlung ihres „Bonus" zu verlangen. Viele bringen Frauen und Kinder mit, weil die Familie keine andere Bleibe mehr hat. Die Teilnehmer dieser generalstabsmäßig angelegten Aktion bezeichnen sich als „Bonus-Armee". In den Außenbezirken von Washington errichten sie ihr Lager, das nicht viel anders aussieht als die üblichen Notsiedlungen dieser Zeit. Die Latrinen werden „Hoover-Villas" genannt, und zur zweifelhaften Ehre des Präsidenten nennt man diese Elendsquartiere bald überall in Amerika „Hoovervilles". Im Juli 1932

Die grauen Schlangen der Arbeitslosen vor den Vermittlungs- und Hilfsstellen gehören in den dreißiger Jahren, wie hier in Amerika, zum Alltag in der ganzen Welt.

versammelt sich die „Bonus-Armee", etwa zehntausend Mann stark, vor dem Kapitol. Aus dem Gebäude dringt die Nachricht, daß der Kongreß eine vorzeitige Auszahlung der Prämie abgelehnt hat. Einen Moment lang droht Aufruhr. Doch da stimmt einer das patriotische Lied „My country, 'tis of thee" an. Alle singen mit. Solche Disziplin im demokratischen Protest wird schlecht gelohnt. Die Polizei fordert die Demonstranten auf, Washington zu verlassen. Doch viele wollen nicht weichen – vor allem jene nicht, die nicht wissen, wohin sie mit ihren Familien ziehen sollen. Am 28. Oktober 1932 setzt Präsident Hoover die Armee ein und läßt das Lager mit Panzern, Tränengas und aufgepflanztem Bajonett räumen. Drei Tote und viele Verletzte sind die Bilanz dieses vergeblichen Aufbegehrens. Wenige Tage später ist Präsidentschaftswahl. Hoover verliert, wohl nicht zuletzt wegen der Empörung vieler Amerikaner über die Aktion in ihrer Hauptstadt.

Die Gründe dafür, warum diese Depression solche Erschütterungen und solches Elend in Amerika und in der ganzen Welt verursachte, gehen auf die Folgen des Ersten Weltkriegs zurück. Die Kriegswirtschaft und die Schwächung aller Länder – der Sieger wie der Besiegten – hatten dem freien Welthandel der Vorkriegszeit ein Ende bereitet. Jeder war nun ängstlich auf den Schutz der eigenen Industrie vor ausländischen Erzeugnissen bedacht. Das traditionelle Wirtschaftsgeflecht der Welt wurde geschwächt. Im Schutz hochwachsender Zollmauern verzögerte sich die Anpassung der Wirtschaft an die Erfordernisse der Zeit. Ganze Wirtschaftszweige wurden zu Fossilien der ersten industriellen Revolution, zum Beispiel die veralteten Textilfabriken, Bergwerke und Werften Großbritaniens. In den USA erwuchs aus der landwirtschaftlichen Überproduktion und dem Verfall der Agrarpreise eine schleichende Krise, welche die Widerstandskraft des amerikanischen Wirtschaftskörpers gegen die Schocks von 1929 schwächte. Hinzu kam, daß Amerika die Kriegskredite von seinen tief verschuldeten ehemaligen Verbündeten England und Frankreich zurückforderte, während es angesichts der Wirtschaftskrise dem ehemaligen Feind Deutschland die Reparationszahlungen praktisch erließ. Dies belastete die internationale Zusammenarbeit, die ohnedies durch Amerikas Rückzug auf sich

selbst geschwächt worden war. Präsident Wilsons großes Projekt, der Völkerbund, mußte auf Beschluß des amerikanischen Kongresses ohne die USA entstehen. Aus all diesen Gründen konnte nicht die weltweite Zuversicht aufkommen, die zu einer gut funktionierenden Weltwirtschaft gehört. Diese Schwächen traten unter dem Eindruck der Katastrophen an den Börsen New Yorks und anderer Metropolen zwischen 1929 und 1931 voll zutage. Banken und Konzerne warfen einander um wie Dominosteine – eine weltweite Kettenreaktion.

Zu den berühmtesten Opfern gehörte der schwedische „Zündholzkönig" Ivar Kreuger, der Wundermann der internationalen Hochfinanz. Er war ein echtes Kind seiner Zeit. Denn ebenso wie der Lokomotivführer in Milwaukee seine paar Aktien auf Pump gekauft und auf sonnige Zeiten vertraut hatte, so kaufte Ivar Kreuger ganze Konzerne und Staatsbeteiligungen mit Geld, das er aus dem Besitz derselben zu erwirtschaften gedachte. Dieses Geistergeld hatte bereits einige Zyklen erfolgreich durchlaufen und Kreugers Ruf begründet, das Big Business durch die Erfindung des internationalen Trusts zu krönen. Ausgehend vom Besitz des schwedischen Zündholzmonopols sicherte er sich die Zündholzmonopole Deutschlands, Frankreichs, Griechenlands, Ungarns, Persiens und der Türkei und gewährte den schuldengeplagten Regierungen dieser Länder dafür große Anleihen. Sein nächstes Ziel waren die Telefon- und Telegraphenunternehmen. Immer mehr Firmen verschiedener Branchen wurden durch raffinierte Börsenoperationen in das internationale Wirtschaftsimperium Kreugers einbezogen. Um den riesigen Geldbedarf für solche Operationen zu stillen, mußte Kreuger das Vertrauen der Banken durch seine Fähigkeit gewinnen und halten, hohe Dividenden zu zahlen. Da die Beteiligungen aber derart hohe Gewinne nicht abwarfen, brauchte Kreuger zur Finanzierung der Dividenden immer höhere Kredite. Mit der Depression versiegte nun der Geldfluß. Kreuger konnte keine Dividenden mehr zahlen, seine Aktien verloren rasch an Wert. Er bestach den schwedischen Ministerpräsidenten Ekman, um rettende Millionen von der Nationalbank zu bekommen. Aber das Geld reichte nicht. 1932 brachte sich Kreuger in Paris um. Eine Selbstmordwelle begleitete den Zusammenbruch seines

Trusts, den Untergang von Banken und anderen Unternehmen in verschiedenen Ländern.

Schlimmer noch als die Not in den Industrieländern waren die Folgen der Depression in jenen Gebieten, die man später einmal als „Dritte Welt" bezeichnete. Noch bestanden die Kolonialreiche Großbritanniens und Frankreichs, Belgiens und Hollands, Portugals und anderer Nationen. Die Wirtschaftsbeziehungen zwischen Mutterland und Kolonie waren im Grunde überall gleich. Die Kolonie erzeugte Rohstoffe, die zu den Bedingungen der Kolonialmacht ausgeführt wurden. Im allgemeinen verarbeitete oder veredelte das Mutterland diese Rohstoffe. Die Fertigprodukte wurden, soweit man sie nicht im Mutterland brauchte, exportiert, und zwar auch zurück in die Kolonien. Lange Zeit galt dieser Kreislauf als vorteilhaft für alle. Er machte die Mutterländer zu starken Industrienationen. Er gab Millionen in den Kolonien Arbeit und das Nötigste zum Leben. Außerdem verschaffte er den Kolonien Zutritt zur modernen Welt – auf der untersten Stufe zwar, der Stufe zielvoller Rohstofferzeugung über den Eigenbedarf hinaus –, aber so hatten ja auch die Industrieländer angefangen. Jedenfalls hingen die Lebensbedingungen in den Kolonien von den Mutterländern ab. Wegen ihrer Wirtschaftsschwäche und der internationalen Handelsschranken zeigten sich die Mutterländer nun immer weniger an den Rohstoffen aus Afrika, Asien und Südamerika interessiert. Für die daraus hergestellten Fertigprodukte fanden sich nicht mehr genug Käufer. Der Verarmung der Mutterländer folgte noch größeres Elend in den Kolonien und anderen Gebieten, die von den Industrieländern abhängig waren. So verfügte zum Beispiel Großbritannien, die Kolonie Uganda dürfe nur die Hälfte ihrer Zuckerproduktion verkaufen. Derartige Maßnahmen waren für die Kolonialmächte eine Selbstverständlichkeit. Denn schließlich waren die Kolonien dazu da, sich für die Mutterländer zu opfern. Besonders spektakuläre Bilder von den Auswirkungen der Weltwirtschaftskrise auf die Rohstoffländer kamen aus Südamerika. Dort wurde vor der Küste des brasilianischen Kaffeehafens Santos Ladung nach Ladung von Kaffeefrachtern ins Meer geschaufelt, weil der Weltmarkt für Kaffee zusammengebrochen war und der Preis nicht einmal die Frachtkosten decken

konnte. Den Inhalt von Millionen von weiteren Kaffeesäcken mischte man mit Teer und machte daraus Briketts für die Heizung von Lokomotiven. Ähnliches geschah in Argentinien mit Weizen und Mais. In Chile lag die ganze Salpeterproduktion still. Insgesamt sanken die Rohstoffpreise auf die Hälfte oder ein Drittel. Die Abhängigkeit von den Industrieländern, die nun so schlimme Folgen zeitigte, gab vielen Nationalbewegungen Auftrieb.

Im Jahre 1932 sind in der industrialisierten Welt etwa 30 Millionen Menschen arbeitslos. Die Zahl der Arbeitslosen erreicht in Deutschland mit sechs Millionen einen schrecklichen Höhepunkt. Hier wie in England hat der Staat seine Bürger allerdings schon etwas besser gegen die Wechselfälle des Schicksals abgesichert als in Amerika. Es gibt bereits eine Arbeitslosenversicherung, wenngleich ihre Leistungen noch schwach sind, und es gibt eine öffentliche Fürsorge. In diesen letzten Jahren der deutschen Demokratie werden in Hamburg bereits Konturen einer schrecklichen Zukunft sichtbar: Sozialbeamte erörtern die Möglichkeit, die „wertvolleren" Menschen zu retten und Alte und Kranke ihrem Schicksal zu überlassen. Jedenfalls sind die Hilfen für die Arbeitslosen nirgendwo in der Welt auch nur entfernt vergleichbar mit dem, was Arbeitslose in späteren Wohlfahrtszeiten beanspruchen können. Die Unterstützung ist nicht darauf angelegt, das Einkommen nahe beim vorherigen Arbeitseinkommen zu halten und den Lebensstandard vor dramatischer Verschlechterung zu schützen. Sie soll den Betroffenen und seine Familie vor dem Verhungern und Erfrieren bewahren.

Das Schicksal der Arbeitslosen ist in Belgrad, Brüssel, Madrid oder Prag nicht viel anders als in Baltimore oder Montréal. Frühmorgens, solange die Kräfte noch reichen, erfolgt der Gang zur Vermittlungsstelle in der schwachen Hoffnung, doch wenigstens für diesen Tag irgendeine Arbeit zu finden. Man wartet stundenlang und meist vergeblich in den langen grauen Schlangen, auch bei Schnee und Eis. In den Warteschlangen sind alle gleich, der ehemalige Prokurist ist vom ehemaligen Straßenarbeiter kaum zu unterscheiden. Wer die Passanten durch eine besondere Fertigkeit zu unterhalten und dabei auch ein paar Pfennige zu erhaschen vermag, hebt sich aus der traurigen Masse heraus. Men-

Suppenküche der Heilsarmee in Prag, 1931. Hier wie überall bewahren private Hilfsorganisationen Millionen von Arbeitslosen vor dem Verhungern.

schen, zu deren Lebensstil in besseren Zeiten die Hausmusik gehört hatte, bilden am Straßenrand Quartette und Quintette. Rührende Nachahmungen von Charlie Chaplins jüngsten Film-Gags machen nur noch trauriger. Dem Schlangestehen nach Arbeit folgt das Schlangestehen vor den Unterstützungskassen, falls es da etwas gibt, und das Schlangestehen vor der Suppenküche. Zwar versucht die Hausfrau, ein geregeltes Familienleben weiterzuführen. Aber nach und nach kommt Elendsatmosphäre auch in die bürgerliche Wohnung. Abgetragenes kann allenfalls durch Abgetragenes aus irgendwelchen Spenden ersetzt werden. Schuhe sind nicht mehr zu flicken. Weil das Geld so knapp ist, geht die Nahrung allen anderen Notwendigkeiten vor, also auch dem Kauf von Seife, der Hygiene. Armeleute-

Geruch durchzieht das Heim. Nahrung wird für die Kinder aufgespart, auch wenn der eigene Magen knurrt. Nachmittags kommt der Vater nachhause: wieder keine Arbeit. Schlimmer noch als die materielle Not ist das Gefühl des Versagens, der Ausweglosigkeit. Nicht viele Familien können das nervlich so durchhalten, daß die frühere Harmonie gewahrt bleibt. Auch die Selbstdisziplin leidet unter der Niedergeschlagenheit. Es wird immer schwieriger, die Not vor den Nachbarn zu verbergen. Familienstücke wandern aufs Pfandhaus, wenn dort überhaupt noch etwas angenommen wird. Das Bemühen, irgendwie weiterzuleben, beherrscht alles. Kinder werden losgeschickt zu Güterbahnhöfen. Sie sollen die paar Kohlenbrocken, die beim Verladen heruntergefallen sind, für den Winter aufsammeln. Wenn nur die Wohnung gehalten werden kann! Oft gelingt es nicht mehr, die Miete aufzubringen. In Amsterdam hängen die Mauern der Wohnblocks voll von Schildern: „te huur", „zu vermieten". Men-

Nur wenige beziehen ausreichendes Arbeitslosengeld. Diese fünfköpfige Familie im thüringischen Hildburghausen mußte in eine Dachkammer mit nur einem Bett ziehen.

In Großbritannien durchsuchen Arbeitslose die Abraumhalden von Newcastle nach ein paar Brocken Kohle.

schen rotten sich davor zusammen mit anderen Schildern. „Huurstaking" steht darauf. Sie wollen die leeren Wohnungen besetzen. Die Obdachlosen-Asyle sind überfüllt. Wie in Amerika, so verunzieren auch in Europa und Japan die typischen Notquartiere der Depression die Städte. Bretterbuden klammern sich an Stellen, die einigermaßen vor Wind geschützt sind. In Brüssel an den Hängen zwischen dem Schloß und dem Boulevard de Waterloo, in Prag in der Gegend von Smíchov. Und in Tokio lösen an den Bahndämmen von Shinjuku die Notbehausungen von Arbeitslosen und landflüchtigen Bauern jene der Obdachlosen aus der Zeit nach dem Erdbeben von 1923 ab. Am Rande mancher Städte graben sich die Menschen Höhlen in die Erde. Sie legen alte Dachziegeln darüber, damit ihre armselige Welt sie nicht gleich beim ersten Regenguß begräbt.

Allenthalben wird gegen eine Gesellschaftsordnung protestiert, die so viel Unglück über so viele Menschen gebracht hat. Dem „Bonus-Marsch" in den USA entsprechen die Hungermärsche der Arbeitslosen, die sich auf die Hauptstädte Europas zu bewegen. Aus den industriellen Notstandsgebieten Nordenglands kommen die Hungermarschierer, die an einem naßkalten Tag im Oktober 1932 ihren Grimm durch die Straßen Londons tragen. Tausende von Bergleuten aus dem nördlichen Kohlenrevier Frankreichs kommen am 2. Dezember 1933 nach Paris. „Du travail et du pain" – „Arbeit und Brot" – fordern sie auf einem Transparent, und auf einem anderen verlangen sie Kleider und Schuhe für ihre Kinder. Kommunisten, Sozialdemokraten und Gewerkschafter sind die Fürsprecher der Armen. Dem friedlichen Protest folgt manche gewalttätige Aktion. Angesichts der trostlosen Zustände halten kommunistische Funktionäre die Zeit für gekommen, dem krisengeschüttelten Kapitalismus den Todesstoß zu versetzen und dabei auch gleich die parlamentarische Demokratie loszuwerden. Nur die Sowjetunion, so verkünden sie, sei vom wirtschaftlichen Niedergang und von Arbeitslosigkeit und Elend verschont geblieben. Diese Propaganda wirkt in Europa stärker als in Amerika, obwohl auch hier kaum einer der Arbeitslosen von den Leiden weiß, die Stalins Herrschaft der Bevölkerung gerade in diesen Jahren der Hungersnot und des Terrors auferlegt. In den USA kann die kommunistische Partei nur 33 000 Stimmen gewinnen. Durch einige Streikaktionen, die von der Polizei mit unnötiger Härte niedergeschlagen werden, macht sie allerdings hin und wieder von sich reden. Am anderen Ende des politischen Spektrums versuchen die amerikanischen Faschisten im Trüben zu fischen. Doch so bitter Millionen von Amerikanern von ihrem Land enttäuscht sein mögen: nur wenige lassen sich von den Extremisten beeindrucken. In manchen Ländern Europas hingegen wird die Demokratie durch die Straßenschlachten zwischen linken und rechten Extremisten geschwächt. Dabei macht es der Unverstand mancher Unternehmer den radikalen Bewegungen allerdings leicht. Im belgischen Kohlerevier Borinage versuchen 30 000 Kumpel im Jahre 1933, sich gegen ihre erbärmlichen Arbeits- und Lebensbedingungen aufzulehnen. Arbeitgeber und Staat antworten mit drakonischen Maßnahmen, mit der Vertreibung von Arbeiterfamilien aus ihren armseligen Werkswohnungen, mit Kriegsrecht und harten Zuchthausstrafen. Der Dokumentarfilm, den Joris Ivens und Henri Storck darüber drehen, dient den Kommunisten als Munition im Kampf gegen die bürgerliche Gesellschaft.

Allzu langsam laufen Maßnahmen zur Schaffung von Arbeitsplätzen an. In Europa wie in Amerika tun sich demokratische Regierungen damit zunächst schwer, denn noch gehören staatliche Eingriffe in wirtschaftliche Abläufe nicht zur üblichen Staatsauffassung. Besonders dringend ist es, die arbeitslosen Jugendlichen von der Straße wegzubringen. Deshalb werden in verschiedenen Ländern Arbeitseinsätze für junge Leute organisiert, zum Bau von Wegen, Kanälen und anderen öffentlichen Einrichtungen. Die körperliche Arbeit und das Lagerleben in frischer Luft bei kräftiger Nahrung und mehr oder weniger strenger Disziplin bewahrt Millionen von Jugendlichen vor schädlichen Auswirkungen der Arbeitslosigkeit auf ihre Entwicklung. In Holland gehen die jungen Leute in das „Werkloozenkamp". „Freiwilliges Arbeitslager" heißt es in Österreich. Aus ähnlichen Ansätzen im demokratischen Deutschland vor 1933 wird Hitler seinen paramilitärischen „Reichsarbeitsdienst" aufbauen. In den USA entwickeln sich die Jugendarbeitslager zum „Civilian Conservation Corps", das in der Ära Roosevelt die ersten großen Umweltprojekte durchführen wird.

Die Wirtschaft unternimmt rührende Versuche, die Verbraucher zum Kaufen anzuregen, damit das darniederliegende Geschäftsleben wieder in Gang kommt. Die amerikanische Automobilindustrie bringt ganzseitige Anzeigen in die Presse: „Wenn sie jetzt ein Auto kaufen, dann geben Sie einem Mitbürger drei Monate Arbeit. Dieser wiederum kann aus seinem Lohn andere Waren kaufen. Kaufen Sie ein Auto! Helfen Sie, den Wohlstand zurückzugewinnen!" Und in der Wochenschau präsentiert sich der Hollywood-Schauspieler John Boles mit folgender Rede: „Meine Damen und Herren, alle guten Amerikaner müssen zusammenhalten, um die Wirtschaft zu beleben. Jeder kann seinen Beitrag leisten. Sehen Sie mich an: ich bemerke, daß ich mich neu einkleiden müßte. Dazu werde ich aber nicht nur einen Laden aufsuchen, sondern mehrere. Alle sollen ein wenig profitieren. Bei sechs verschiedenen Schneidern werde ich mir sechs Anzüge machen lassen. . . . "

Bei der Betrachtung der frühen dreißiger Jahre darf nicht vergessen werden, daß der größte Teil der Bevölkerung in den Industrieländern weiterhin Arbeit hatte. Trotz der Weltwirtschaftskrise war das Bild dieser Jahre also nicht nur grau in grau. Es wies alle Farben einer Zeit normalen Lebens auf, wenngleich die Not stets sichtbar blieb.

Sommerlicher Hochbetrieb im holländischen Seebad Scheveningen. Auf der Pier flanieren elegante Damen mit den tiefgezogenen Hüten, die in den zwanziger Jahren in Mode kamen. Da naht mit ohrenbetäubendem Lärm von der Zeekant her eine Armee kleiner Kinder, begleitet von einer Polizeikapelle. Tausende von Kindern scheinen es zu sein, die mit lustigen Wimpeln durch die Dünen ziehen und am Strand unter der Leitung erwachsener Begleiter Freiübungen machen. Es sind Kinder aus den Armenvierteln. Mitglieder wohltätiger Organisationen wollen ihnen heute einen fröhlichen Tag schenken.

In Chicago findet 1930 wieder einmal ein Marathon-Tanzturnier statt. Diese Verrücktheit grassiert schon seit einigen Jahren in Amerika. Das Paar, das sich Tage und Nächte hindurch am längsten auf der Tanzfläche zu halten vermag, kann Tausende von

Wer bei den „Tanzmarathons" – hier im New Yorker Stadtteil Bronx – Wochen oder gar Monate durchhält, kann vielleicht durch einen großen Dollargewinn aus der allgemeinen Not herauskommen.

Dollars gewinnen. Ganze Generationen von Tanzpaaren sind in den 118 Tagen, die dieses Marathon in Chicago nun schon dauert, erschöpft ausgeschieden. Manche schieben ihre bereits eingeschlafenen Tanzpartner noch stundenlang zum Foxtrott aus der krächzenden Victrola über die Tanzfläche. Wegen der Arbeitslosigkeit sind diese Marathons für manches Paar zur einzigen Chance geworden, aus der Misere herauszukommen. Die Not führt auch zu anderen Skurrilitäten. In der neuen Wolkenkratzerwelt – das Empire State Building in New York ist beinahe fertig – halten die Menschen ab und zu den Atem an. Gebannt schaut alles nach oben, wo in schwindelnder Höhe wieder einmal Artisten oder Balleteusen am Ende von T-Trägern oder auf winzigen Mauervorsprüngen ihre Künste vorführen. In den Zeitungen und in der Wochenschau kann man das später aus der Nähe betrachten. Denn ihren Lohn für das irrsinnige Risiko bekommen die verarmten Schausteller von den Redaktionen.

Überstrahlt wird die Misere dieser Jahre von den Olympischen Spielen des Jahres 1932. In Los Angeles, umgeben vom Fluidum Hollywoods, werden sie zum ersten sportlichen Medienspektakel der Welt. Ihre Wirkung nährt in Hitler den Wunsch, die Berliner Olympischen Spiele 1936 zum Kolossalfest im Zeichen des Nationalsozialismus zu machen.

Kein amerikanisches Phänomen irritiert und fasziniert jedoch so sehr wie die Prohibition – das Alkoholverbot – der Jahre 1920 bis 1933. Schon immer hatte es starke puritanische Strömungen in Amerika gegeben. Schließlich war Amerika von Einwanderern kolonisiert worden, die es im sündhaften Europa nicht mehr ausgehalten hatten! Viele der Soldaten, die von den Schlachtfeldern des Ersten Weltkriegs nach Amerika heimkehrten, empfanden sich als verlorene Generation. Der Alkoholismus im Land nahm weiter zu. Frauenverbände und andere idealistische Organisationen wollten nun mit dem „Dämon Alkohol" ein für allemal aufräumen. Durch ihre Agitation brachten sie Bundesstaat nach Bundesstaat dazu, die Herstellung und Einfuhr alkoholischer Getränke zu verbieten. Die Polizei ging mit Axt und Spitzhacke auf die Bourbon-Flaschen und Bierfässer los, stürmte Brauereien und Destillationsfabriken. Alkoholfluten ergossen sich in die Gullies. Die Brauereiarbeiter demonstrierten gegen den Verlust ihrer Arbeitsplätze. Doch die menschliche Natur sorgte dafür, daß Amerika nicht lange trocken blieb. Bald flossen die Alkoholströme unterirdisch, gelenkt von den Gangstern in New York oder Chicago. Die Mafia errichtete ihr großes amerikanisches Reich. Al Capone hieß einer ihrer mächtigsten Bosse. Das Alkoholverbot machte den Amerikanern erst richtig Durst. Man destillierte oder kaufte Schnaps auf dem Schwarzmarkt. Wer in Behaglichkeit trinken wollte, suchte eine jener Geheimadressen auf, die unter Gentlemen gehandelt wurden. Man klopft in bestimmtem Rhythmus, wartet. Dann öffnet sich ein Guckloch in der verschlossenen Tür. Das Kennwort wird erfragt. Dann ist man drin, im „Speakeasy", der „Flüsterkneipe", wie diese Stätten bürgerlicher Freude heißen. Die Geheimzeichen entsprechen mehr dem Spaß am verschwörerischen Zeremoniell als wirklicher Notwendigkeit, denn die meisten „Speakeasies" sind der Polizei bekannt und werden von dieser – für angemes-

Die Prohibition – das Alkoholverbot – läßt Amerika nicht austrocknen, denn in geheimen Kneipen fließt der illegale Bourbon und Gin.

senes Schmiergeld – geduldet. Als Folge des Alko-
holverbots durchdringen Korruption und Heuchelei
das amerikanische Gemeinwesen. Dem Schmiergeld
für den kleinen Polizisten entsprechen die Millionen
von Dollars, mit denen die Gangstersyndikate Be-
hördenchefs und Politiker gefügig machen. Zwar
gibt es Razzien und Verfolgungsjagden, wobei manche Fluchtautos künstlichen Nebel hinter sich erzeugen. Doch die größten Alkoholmengen werden
ziemlich unbehindert hergestellt oder importiert
und an die Durstigen gebracht. Erpressungen und
Morde tun ein übriges, um das Geschäft in Gang zu
halten. Niemand kann Al Capone seine finsteren
Machenschaften nachweisen. Er lebt als reicher
Mann. Die Gangsterbosse verteidigen ihre Macht-
bereiche gegeneinander durch Straßengefechte und
Mord. Allein in Chicago werden binnen fünf Jahren

260 Gangster von ihren Rivalen erschossen. Jahre
dauert es, bis die Polizei ein paar von den prominen-
testen Gangstern wie John Dillinger, Dutch Schulz
und „Machine Gun Kelly" das Handwerk legen
kann.

Zwei graue Schichten lasten also auf den USA der
frühen dreißiger Jahre: die Trostlosigkeit der Wirt-
schaftslage und die Verderbtheit des Gemeinwesens
durch die Folgen der Prohibition. Es ist kein Wunder, daß der demokratische Politiker Franklin Delano Roosevelt, der in den Präsidentschaftswahlen
1932 gegen Herbert Hoover antritt, die Abschaffung der Prohibition ganz oben auf sein Programm
gesetzt hat. Roosevelt kennt den magischen politischen Wert von Stimmungen. Er verspricht, das große, freie, optimistische Amerika wieder zum Vorschein zu bringen. Der Schlager „Happy days are
here again …" – „Die glücklichen Zeiten sind wieder da. …" – begleitet seinen Wahlkampf. Mit diesem Schlager feiern die Amerikaner auf den Straßen,
auf dem New Yorker Times Square und in der Aus-
gelassenheit Tausender von Parties den Wahlsieg
Roosevelts und bald darauf auch das Ende der Prohibition.

Obwohl die Zeiten noch schwer sind, werden die
Träume optimistischer. Es sind Träume von star-

kem Kontrast, in denen die Armen belohnt und die
Reichen gefoppt werden. Die „Depressionskomö-
dien" der Filmindustrie kosten das aus. In dem Hollywoodfilm „Easy Living" wirft eine angeödete Mil-
lionärin ihren Nerz aus dem Fenster. Er fällt einer
arbeitslosen Sekretärin, die unten vorübergeht, um
die Schultern. Aus den deutschen UFA-Studios
kommt „Die drei von der Tankstelle". Drei Tank-
warte, deren Arbeitsstätte von einem korrupten
Bankier ruiniert wurde, gründen ihre eigene Firma
und werden Direktoren. Die Prager Barrandov-Stu-
dios produzieren „Hej Rup!": Ein bankrotter Unternehmer und ein Arbeitsloser schliessen Freundschaft. Gemeinsam mit Dutzenden von anderen Ar-

beitslosen gründen sie eine Firma, bauen sie eine
Fabrik auf. „Hej Rup" heißt „Hau ruck": man muß
nur zupacken, dann wird es schon weitergehen.

Ab 1932 wird die Depression allmählich überwunden – auf diktatorische Art wie in Deutschland,
auf demokratische Art wie in Großbritannien oder
den USA. In diesem Jahr produziert Hollywood das
Musical „Goldgräber von 1933". Ginger Rogers
und ihre Ballettratten singen, während sie neckisch
riesige Golddollars vor sich herschwenken, den
Schlager „We're in the money...." – „Wir schwim-
men im Geld ...". Freundlichere Zukunftsvisionen
tun sich wieder auf. Bei seiner Amtseinführung am
4. März 1933 sagt Präsident Roosevelt: „The only
thing we have to fear is fear itself" – „Zu fürchten
haben wir allein die Furcht". Und Eleanor Roosevelt, die Frau des Präsidenten, veranstaltet den „Nationalen Wettkampf des Lächelns". Es beginnen jene „Hundert Tage", in denen Roosevelt und seine

Junge Amerikaner finden in einem freiwilligen Arbeitsdienst Beschäftigung und Selbstvertrauen. Große Umwelt-projekte werden in Angriff genommen.

Mitarbeiter eine nie dagewesene Aktivität des Staates zur Bewältigung wirtschaftlicher Probleme auslösen.

Der ansteckende Optimismus des neuen Präsidenten mag auch in seinem persönlichen Schicksal begründet sein. Die Karriere des gutaussehenden und lebenslustigen Politikers aus den feinsten Kreisen ist 1921 durch spinale Kinderlähmung unterbrochen worden. Noch gibt es keinen Schutz gegen diese Krankheit. Roosevelt kämpft gegen seine Behinderung und sieht in seinem politischen Aufstieg die Bestätigung dafür, daß jede Schwierigkeit durch Willenskraft überwunden werden kann. Der Präsident geht mit praktischem Verstand an seine Aufgabe, er ist kein Ideologe. Während es in Europa planwirtschaftliche Ansätze gibt, sucht Roosevelt nach neuen Lösungen für einzelne wirtschaftliche und soziale Probleme. Der neue Präsident setzt auf den „vergessenen Menschen" und meint damit die Masse der Bevölkerung, der die Schwächen des bisherigen kapitalistischen Systems so übel mitgespielt haben. Ihr bietet er einen „New Deal" an: wie beim Kartenspiel sollen die Karten neu gemischt und damit die Chancen neu verteilt werden. Jeder soll wieder eine Chance bekommen, die Demokratie soll geheilt werden. Roosevelt will den Kapitalismus nicht abschaffen, sondern ihn zum besseren Funktionieren bringen. Dem Big Business will er die Regeln einer gerechteren Marktwirtschaft auferlegen. Dies führt zu einem jahrelangen Ringen mit den Kapitalinteressen, in dessen Verlauf Roosevelts Absichten erheblich gestutzt werden. Doch bei aller Neigung zur Einschaltung des Staates bleibt Roosevelt vorsichtig im Haushalten. Er hält die Staatsverschuldung klein, was auch zur Folge hat, daß selbst am Ende des Jahrzehnts noch 15 Prozent der Arbeitswilligen ohne Beschäftigung sind.

Roosevelts Erfolg ist vor allem psychologischer Natur. Der Präsident versteht es, wieder Hoffnung und Unternehmungsgeist zu wecken. Regelmäßig sind seine „fireside chats" – seine Kamingespräche – im Radio zu hören. Wenige Amerikaner können sich dem Charme, der angenehmen persönlichen Ansprache, dem Charisma von „F. D. R." entziehen, wie der Präsident bald überall genannt wird. Moderne Werbemittel propagieren jene Flut von Initiativen, die von den „Eierköpfen" im „brain-

trust" des Präsidenten – dem wahren Zentrum der Macht – ersonnen werden. Sie reichen vom Jugendarbeitsdienst über Hilfsprojekte für die Landwirtschaft, über ein riesiges Finanzierungsprogramm für Industrie und öffentliche Bauten bis hin zum Wohnungsbau und einer bisher unvorstellbaren Förderung der Künste durch den Staat. Große Flüsse werden durch Dämme gebändigt, ganze Landschaften vor den wechselnden Gefahren der Flut und der Dürre bewahrt und landwirtschaftlich entwickelt. Am Tennessee entsteht das umfassendste Projekt. Die neuen Wasserkraftwerke bringen Strom und technischen Fortschritt in die entlegensten Farmen, und mit dem Strom auch die Möglichkeit, den großen Präsidenten im neuen Radio zu hören. Durch diese Allgegenwart und durch die Publizität seiner Maßnahmen gewinnt Roosevelt eine persönliche Macht, wie sie bis dahin amerikanischen Präsidenten nicht zuteil geworden war. Seine Gegner versäu-

Jitterbug im Jahre 1937. Amerika hat seinen Optimismus wiedergefunden, wenngleich die Arbeitslosigkeit noch nicht überwunden ist.

men auch nicht, ihn als Diktator hinzustellen. Doch in Wirklichkeit bewahren die Impulse, die von Roosevelts Präsidentschaft ausgehen, das eigentliche Amerika. Sie modernisieren den Staat. 1935 wird sogar eine Sozialversicherung eingeführt, die Unterstützung bei Arbeitslosigkeit und im Alter gewährt. Ein weiter Weg ist zurückgelegt worden in den sechs Jahren seit 1929, als Präsident Hoover jede Verantwortung des Staates für die Opfer der Wirtschaftskatastrophe zurückwies. Doch durch die vielen neuen Aufgaben nimmt die Macht des Staatsapparats so zu, daß vielen Amerikanern unheimlich zumute

Am längsten währt die Not in den Südstaaten mit ihrer Plantagenwirtschaft. Allmählich bildet sich das politische Bewußtsein der schwarzen Amerikaner heraus.

wird. Denn als amerikanische Grundhaltung wirkte durch die Generationen die Abneigung schon der ersten Einwanderer gegen die Übermacht des Staates in ihren europäischen Heimatländern nach, denen sie damals entronnen waren. Doch erst Jahrzehnte nach Roosevelt wird sich diese Haltung wieder bei Präsidentschaftswahlen auswirken.

Auch in den Weiten des amerikanischen Landes, wo die Zeit behäbiger dahinfließt als in den Großstädten des Ostens, leitet die eine oder andere Maßnahme des „New Deal" Veränderungen ein. Es ist nun auch etwas Geld da für die eigentlichen Amerikaner, die Indianer, die man gewissermaßen wiederentdeckt. Die tüchtigen jungen Männer vom freiwilligen Arbeitsdienst – dem „CCC" – helfen in den Reservaten beim Bau von Schulen und Krankenhäu-

Großes amerikanisches Familienmahl am Danksagungstag in Connecticut: Zufriedenheit am guten Ende eines schweren Jahrzehnts.

sern. Völkerkundler bemühen sich auf Kosten der Regierung, die Indianer in der Ausübung alter handwerklicher Traditionen anzuleiten und Heimwerkstätten zu schaffen. In den Südstaaten allerdings, wo „König Cotton" herrscht, zerrinnen die Maßnahmen aus Washington zu kleinen Tropfen auf einem riesigen heißen Stein. Die Baumwollindustrie ist durch die Weltwirtschaftskrise hart getroffen worden. Die weißen Kleinfarmer sind fast ebenso arm wie die schwarzen Landarbeiter, deren Unterordnung noch an die Zeiten der Sklaverei erinnert. Schilder sorgen weiterhin für Rassentrennung: „Negroes Only" oder „Whites Only" steht darauf. Die rechtsextremen weißen Kapuzenmänner vom „Ku Klux Klan" mit ihren schauerlichen Riten und ihrer Lynchjustiz terrorisieren weiterhin die schwarze Bevölkerung im Süden. Zwischen den Baumwollfeldern erklingt aus den hölzernen Baptistenkirchlein ekstatisches Predigen und Singen. Doch wenngleich sich das politische Bewußtsein der schwarzen Amerikaner erst allmählich herauszubilden beginnt, so kommt es doch im liberalen Bürgertum der großen Städte zu einer Rückbesinnung auf die Ideale der amerikanischen Verfassung. Zum Symbol dieses Geistes wird die schwarze Sängerin Marian Anderson, deren Kunst auf die Tradition des Kirchengesangs in den Südstaaten zurückgeht. Ihr „Ave Maria", im Radio überall gehört, rührt die Herzen Amerikas. Als die erzkonservative Frauenorganisation „Daughters of the American Revolution" 1939 ihr Auftreten in der Washingtoner Constitution Hall verhindert, regt sich ein Sturm der Entrüstung – und ein Sturm der Begeisterung begleitet dann ihr Konzert unter freiem Himmel auf den Stufen des Lincoln-Denkmals.

Der Aufbruch im geistigen Leben ist wohl die bedeutendste Entwicklung in diesem Amerika des New Deal. Es ist die große Zeit der realistischen Kunst, der dokumentarischen Fotografie, der sozialkritischen Literatur. John Steinbecks Thema ist das Amerika derer, die in der Industriegesellschaft ihre Wurzeln verloren. Sinclair Lewis verspottet Heuchelei und Konventionen. Der spröde, doppelbödige Dialog in Ernest Hemingways Romanen lotet Grenzsituationen der menschlichen Existenz aus. Wenn die USA bisher als kulturelle Provinz galten, so weht von hier aus nun ein frischer Wind nach Europa. Da ist die aufregende amerikanische ‚Gotik' der Wolkenkratzer, jener Kathedralen des Kapitalismus. Da ist die großzügige Wohnbauarchitektur des Frank Lloyd Wright mit ihren kalifornischen Bungalows. Da ist die Musik George Gershwins, der Jazz-Swingstil Benny Goodmans. Die Stiftungen der Guggenheims, Rockefellers oder Fords finanzieren Orchester, Museen, wissenschaftliche Institute. Europäer wie Stravinsky, Bartók, Schönberg, Einstein oder Fermi können sich hier entfalten. Sogar der Puritanismus wird zurückgedrängt, nachdem Henry Millers Roman „Wendekreis des Krebses" das Land im Jahre 1934 einem Sex-Schock ausgesetzt hat. Die Modezeitschrift „Harper's Bazaar" veröffentlichte im Juli 1935 das erste Foto einer nackten Frau. Wichtiger ist, daß die Gleichberechtigung der Frau im Geschäftsleben Fortschritte macht. Für die übrigen Welt wird Amerika zum Inbegriff der Modernität. Mit ihrer Wiederbelebung entwickelt sich die amerikanische Wirtschaft zur leistungskräftigsten der Welt. Preiswerte Geräte machen den amerikanischen Haushalt zum komfortabelsten der Welt. Im sozialen Gefüge wird der zunehmende Wohlstand der meisten Amerikaner nach einer Periode von häufig gewalttätigen Streiks durch die Festigung gewerkschaftlicher Macht abgesichert.

Im Jahre 1929 hatte die Finanzkatastrophe an der Wall Street Schockwellen ausgelöst, unter denen eine geschwächte Weltwirtschaft zerbrach. Ein knappes Jahrzehnt später sind die USA trotz mancher ungelöster Probleme zur stärksten Demokratie der Welt geworden. Es wird sich zeigen, daß ohne die Kraft Amerikas die totalitären Mächte Deutschland und Japan nicht bezwungen werden könnten und wahrscheinlich noch größere Teile Europas unter sowjetische Herrschaft geraten würden.

2.

Der verlorene Frieden

Frankreichs Mutlosigkeit und rasch enttäuschte Hoffnungen.
Österreich und das arme Erbe der Donaumonarchie.

König Alexander I. von Jugoslawien muß damit rechnen, in den nächsten Minuten einem Attentat zum Opfer zu fallen. Aber er plaudert charmant, während er neben dem französischen Außenminister Louis Barthou in einer offenen Delage-Limousine durch die Canebière von Marseille fährt. Es ist der 9. Oktober 1934. Der König ist soeben auf dem Zerstörer „Dubrovnik" zu einem Staatsbesuch nach Frankreich gekommen. Noch an Bord nahm er den Geheimdienstbericht über die Sicherheitslage entge-

Mord in Marseille am 9. Oktober 1934. Der Attentäter springt auf das Trittbrett des Wagens, feuert. Der Tod des jugoslawischen Königs Alexander I. (rechts) und des französischen Außenministers Louis Barthou stört den Versuch, eine europäische Friedensordnung zu schaffen.

gen. Während er seinen Admiralshut aufsetzte und an Land ging, wußte er, daß es schlimmer nicht kommen konnte. Bewaffnete kroatische und mazedonische Nationalisten sollen in Frankreich sein. Obwohl sie Todfeinde des Serben Alexander sind, hat die französische Regierung dem dringenden Ersuchen der jugoslawischen Gesandtschaft nach besonderen Sicherheitsvorkehrungen nicht entsprochen. Das bei Staatsbesuchen übliche Arrangement soll genügen: Garde Mobile zur Begleitung und alle paar Meter ein Polizist am Straßenrand. König Alexander will im neuen Vielvölkerstaat Jugoslawien seinen serbischen Führungsanspruch allen anderen Volksgruppen gegenüber behaupten, die mehr als die Hälfte der Bevölkerung ausmachen. Hier in der Canebière von Marseille bietet sich die ideale Gelegenheit, den verhaßten Serben umzubrin-

gen. Aus der Menge am Straßenrand springt der mazedonische Attentäter Vlada Georggieff auf das Trittbrett des Wagens und feuert aus seiner Mauser-Maschinenpistole. Er feuert sogar noch, als ihm schon der Säbel des daneben reitenden Oberstleutnants Piollet den Kopf aufgeschlitzt hat. Auch zwei Frauen in der Menge werden von den Kugeln getroffen und stürzen tot nieder. König Alexander liegt blutend in der Kutsche, Außenminister Barthou bricht verletzt zusammen. Beide sterben kurz darauf.

Das Attentat von Marseille wird zum düsteren Omen für das Bemühen Frankreichs, durch Freundschaft und Bündnisse auch mit den kleineren Staa-

Französische Kriegsveteranen gedenken der Opfer, die sie und viele Millionen anderer Menschen gebracht haben. Die Bilder vom schrecklichen Sterben in den Schützengräben sind noch in starker Erinnerung. Der erste Weltkrieg ging nur elf Jahre vor dem Beginn der dreißiger Jahre zu Ende.

ten Ost- und Südosteuropas ein Netz europäischer Sicherheit zu knüpfen. Wie sehr gerade Frankreich Sicherheit und Frieden braucht, zeigt sich jedes Jahr bei den Gedenkfeiern der „Anciens Combattants", der Weltkriegsteilnehmer. Das Bild wird von den Krücken der „Mutilés" bestimmt. Sie versammeln sich auf den ehemaligen Schlachtfeldern. Manchmal hallt der Sprechchor „Plus jamais de guerre!" – „Nie wieder Krieg!" – über das vernarbte Land. Von den achteinhalb Millionen Franzosen, die im ersten Weltkrieg mobilisiert worden waren, fielen 1,4 Millionen. 4,3 Millionen wurden verwundet. Nur jeder Dritte überlebte also unversehrt das gegenseitige Morden auf den Schlachtfeldern an der Somme, bei Verdun und auf anderen Stätten des Schreckens. Nordfrankreich war verwüstet und unter den Trümmern lagen Hunderttausende von Zivilisten, während das besiegte Deutschland vom Krieg im eigenen Land nahezu verschont geblieben war.

Die meisten Weltkriegsveteranen aller Nationen sind auch Anfang der dreißiger Jahre noch ziemlich jung. Denn wer mit zwanzig oder dreißig Jahren aus dem Krieg heimkehrte, ist jetzt dreißig bis vierzig Jahre alt. Und ob er zu den Siegern oder zu den Besiegten gehört: er kann froh sein, wenn er Arbeit hat und seine Familie anständig ernähren kann. Wenn er darüber nachdenkt, wofür er im Krieg seine Haut zu Markte getragen hat, dann fallen ihm vielleicht noch die Phrasen der Kriegspropaganda ein. Wenn er Soldat einer der gegen Deutschland und Österreich verbündeten Nationen gewesen ist, dann durfte er hoffen, für eine Friedensordnung gekämpft zu haben, die Kriege fortan unmöglich macht. Zu den Zauberworten dieser neuen Ordnung gehörte das vom „Selbstbestimmungsrecht der Völker". Damit waren vor allem die Völker in dem besiegten Vielvölkerstaat Österreich-Ungarn gemeint. Diese „Donaumonarchie" hatte sich von der Adria bis zu den Grenzen Rußlands erstreckt. In diesem Imperium waren die zahlreichen völkischen Leidenschaften durch raffiniertes Austarieren und diesen oder jenen Druck stetig in Schach gehalten worden. Die Donaumonarchie hatte in den Jahrzehnten vor 1914 zu den Großmächten gehört, die Störungen des langen Weltfriedens durch rebellische Kräfte zu unterbinden verstanden. Nach dem Ersten Weltkrieg wurde das anders. Dort, wo die Donau-

33

Straßenfest in Ungarn. Als Folge des ersten Weltkriegs ist die internationale Donaumonarchie in viele Einzelstaaten, darunter Ungarn, zerbrochen. Die Zersplitterung und Schwäche Europas bedroht die neue Friedensordnung.

Das Bemühen um gegenseitiges Vertrauen erweist sich als unendlich schwer. Am Rande der Haager Konferenz über eine Verringerung der deutschen Reparationszahlungen verhandelt 1930 der deutsche Außenminister Curtius (unter der Lampe) mit der französischen Delegation unter Ministerpräsident Tardieu (links von Curtius). Das zweite Foto entstand um vier Uhr morgens.

monarchie gewesen war, wurde den neu geformten Staaten das „Selbstbestimmungsrecht der Völker" wie eine Ladung Dynamit in den Schoß gelegt. Denn über Jahrhunderte hinweg hatten verschiedene Volksgruppen sich über diesen Raum verteilt, ineinander verzahnt und hier und da Enklaven gebildet: Serben, Kroaten, Deutsche, Ungarn, Mazedonier, Tschechen, Slowaken und andere. Da die neuen Grenzen weder hier noch in Osteuropa diesem völkischen Puzzle entsprechen konnten, wurden die neuen Staaten von vornherein geschwächt durch innere Zerrkräfte – Kräfte, die sich Hitler, Mussolini und Stalin bald zunutze machten. Frankreich bemühte sich mit geringem Erfolg, Stützen für seine Sicherheit in diesem Raum zu finden. Außenminister Barthou starb in Marseille bei seinem Versuch, im Südosten und Osten Europas das Werk fortzusetzen, das sein Vorgänger Aristide Briand mit seinem Partner, dem deutschen Außenminister Gustav Stresemann, begonnen hatte. In den Konferenzräumen und Hotelsalons von Genf, Paris oder Lausanne saßen diese Politiker wochenlang zusammen und versuchten, über die Klüfte von Haß und Verbitterung hinweg die beiden Völker zu friedlichen Nachbarn zu machen. Manches war zu Beginn der dreißiger Jahre erreicht. Die schwere Bürde des Friedensvertrages von Versailles war etwas leichter geworden. Deutschland trat in den Völkerbund ein, die Reparationsforderungen wurden verringert, das Rheinland 1930 von den Besatzungstruppen geräumt. Der Ort der wichtigsten Konferenz der zwanziger Jahre gab der neuen Strömung den Namen „Geist von Locarno". Nach Stresemanns Tod kommt Briand im Jahre 1931 nocheinmal nach Berlin. Er will die deutsch-französische Partnerschaft zum Kern eines „neuen Europa" machen und damit die französisch-englische Partnerschaft in der „Entente Cordiale" ergänzen. Es ist bereits das Berlin der Straßenkämpfe, der braunen Haßparolen. Doch eine deutsche Menschenmenge, die Aristide Briand in Berlin begrüßt, ruft auf Französisch „Vive la paix!", „Es lebe der Frieden!" Im nächsten Jahr stirbt Briand, im übernächsten ist Hitler in Deutschland an der Macht.

Auch die Hoffnung, die neue Demokratie in Österreich könne es zu etwas bringen, schwindet in diesen Jahren. Aus dem Zentrum der großen Do-

naumonarchie ist ein kleines Alpenland mit wenigen Rohstoffen geworden. Im einstmals glanzvollen Wien wurde der Hofstaat mit seiner imperialen Bürokratie demontiert. Die Bodencreditanstalt wankt als eine der ersten europäischen Banken. Die Weltwirtschaftskrise trifft Österreich doppelt hart, denn man nennt es bereits das „Armenhaus Europas" und der Hunger gehört schon seit Jahren zum Alltag. Österreichs besondere Facette im Weltbild des Elends ist der „Bettel-Automat" an der Hauswand, der die Passanten vor ständiger Belästigung und die Bettler vor ständiger Erniedrigung schützen soll. Auf Knopfdruck spendet er dem Bettler eine der Münzen, die von den weniger Armen in einen Schlitz oben im Automat eingeworfen worden sind. Der Anstand und wohl auch die Argusaugen der anderen verbieten es den Bettlern, dem wohltätigen Automaten mehr als das Notwendigste zu entnehmen.

Obwohl Österreich das Glück hatte, aus der Zerschlagung seiner Donaumonarchie fast ohne nationale Minderheiten hervorzugehen, teilt die Frage ihrer Zugehörigkeit die Bürger. Die einen wollen Österreicher sein, die anderen fühlen sich als Deutsche. Hitler schürt den Streit. Nationalsozialisten ermorden 1934 den national-konservativen Bundeskanzler Dollfuß, der dem italienischen Faschismus nahestand und Schutz durch Mussolini erhoffte. Hitler wird allerdings erst 1938 den Anschluß Österreichs an Deutschland bewerkstelligen können.

In der armseligen neuen Republik Österreich haben die politischen Gruppen ihre eigenen Kampfverbände aufgebaut. Sie trauen dem schwachen Staat nicht und wollen stets in der Lage sein, sich gegen die anderen mit Gewalt durchzusetzen. Die National-Konservativen haben ihre „Heimwehr", die Nationalsozialisten ihre „Ostmärkischen Sturmscharen" und die Sozialdemokraten ihren „Schutzbund". Ausländische Waffen kommen über die Grenzen. Als sich die Sozialdemokraten von den autoritär regierenden Konservativen in die Enge gedrängt fühlen, lassen sie ihren Schutzbund am 12. Februar 1934 der Beschlagnahme seiner Waffen zuvorkommen. In verschiedenen Städten Österreichs wird geschossen. Natürliche Bastionen des Schutzbundes sind die großen Arbeiter-Wohnblocks

Zu den Leistungen, auf die das neue und arme Österreich stolz sein kann, gehört der vorbildliche soziale Wohnungsbau. Oben: Einweihung des „Goethe-Hofes" in Wien 1932. Unten: Opfer des Bürgerkrieges vom Februar 1934 auf den Stufen des zerschossenen „Karl-Marx-Hofes" in Wien.

in Wien, die von der roten Stadtverwaltung gebaut worden sind und die zu den wenigen Zeichen des Fortschritts im armen Österreich gehören. In diesen Wohnblocks haben viele Arbeiter ihre Weltkriegs-Gewehre versteckt. Aber die Aktion ist miserabel vorbereitet und wird dilettantisch geleitet. Die meisten Arbeiter machen ohnedies nicht mit, denn in dieser Zeit der Arbeitslosigkeit denken sie vor allem an ihren Arbeitsplatz. Die Aktivisten jedoch, die aus den Wohnblocks heraus schießen, ziehen eine Übermacht von Geschützen und Panzern auf sich. Der Karl-Marx-Hof, Stolz der Sozialdemokraten, wird mit Granaten sturmreif geschossen. Drei Tage dauert das Gemetzel, mindestens 300 Menschen sterben, das Erschießungskommando wartet auf die Anführer. Mit seinen entschlossensten Gegnern in Österreich muß Hitler nicht mehr rechnen.

In diesen Februartagen des Jahres 1934 fließt auch auf den Straßen von Paris Blut. Am frühen Abend des 6. Februar strömen Massen von Demonstranten zur Place de la Concorde, wo berittene Einheiten der Garde Mobile sie schon erwarten. Denn was hier geschehen soll, ist klar. Südlich des Platzes, auf der anderen Seite der Seine-Brücke, liegt das Palais Bourbon, das Parlament. Dort tagen seit 15 Uhr die Abgeordneten. Besser gesagt: sie tosen. In den Lärm der erregten Debatte mischt sich von den Bänken der Konservativen her der Gesang der Marseillaise, während von den Bänken der Kommunisten die Internationale ertönt, vermischt mit Rufen nach Revolution. Die Masse auf der Place de la Concorde drängt zur Brücke hin. Die Säbelhiebe der Gardisten werden mit Pflastersteinen und anderen Wurfgeschossen beantwortet. Knallfrösche lassen die Polizeipferde hochscheuen. Nach Tagen vereinzelter Demonstrationen und Krawalle haben die rechtsextremen Blätter heute zur Machtprobe gegen die Republik aufgerufen, deren Symbol das Parlament ist. Diese Rechte setzt sich aus verschiedenen Gruppen mit Namen wie „Action Française", „Jeunesses Patriotes" und „Croix de Feu" zusammen. Vereint werden sie nicht durch eine Führerfigur wie Hitler oder Mussolini, sondern durch ihren Haß auf die Republik. Der Antisemitismus gehört zu ihren Überzeugungen. Die Faschisten in ihren Reihen erinnern an die Schwarzhemden Italiens und die Braunhemden Deutschlands. Leute aus dem Mittel-

Im Zeichen innerer Konflikte steht das Frankreich der dreißiger Jahre mit den wirren Zuständen in seinem Parlament, der Schwäche seiner Regierungen, dem Druck extremistischer Organisationen.

stand sammeln sich in diesen Gruppen, Einzelhändler und Ärzte, Handwerksmeister und Geistliche, enttäuschte Weltkriegsveteranen und Royalisten, nationalistische Studenten und Literaten. Ihre uniformierten Schlägertrupps rekrutieren sich aus allerlei Unzufriedenen und aus den Rowdies, die extremen Gruppen zu allen Zeiten nahe sind. Das Bürgertum auf der Rechten fühlt seine angestammte Position, seine Werte und seine Zukunft bedroht durch die Gleichmacherei der Sozialisten und Kommunisten. Es hat Angst vor der Revolution. Auch von der Hochfinanz sieht es sich bedroht, läßt sich aus solchen Kreisen – etwa von dem Parfumfabrikanten François Coty – aber dennoch die Agitation gegen den demokratischen Staat finanzieren. Mit diesem Staat, dessen Schwäche sie anwidert, wollen sie nun Schluß machen. Und bei der Aktion im Februar 1934 wird ihnen Verstärkung besonderer Art zuteil. Die Kommunisten, von ihrer Zeitung „L'Humanité" dazu aufgerufen, drängen und kämpfen sich mit vor zur Brücke. Der Kampf gegen die Demokratie hatte auch in Deutschland zu gemeinsamen Aktionen von Kommunisten und Rechtsextremisten geführt.

Erhellt wird das Kampfgewimmel auf dem riesigen Platz durch einen brennenden Bus am Obelisk. Die meisten Straßenlaternen sind zertrümmert. Der Druck zur Brücke hin wird so stark, daß die Polizei das Feuer eröffnet – was die Angriffswut der Menge nur noch steigert. Im Parlament vernimmt man die ersten Schüsse, die ersten Abgeordneten stehlen sich davon. In den Korridoren liegen verletzte Gardisten. Die Not der Stunde hält den Sozialistenführer Léon Blum davon ab, die bürgerliche Regierung Edouard Daladiers zu stürzen. Gegen Mitternacht ist die Brücke vor dem Parlament nahezu in der Hand der Aufrührer, aber erneute Schüsse verhindern den Sturm. Die Republik ist noch einmal davongekommen. Aber der Druck der Straße bestimmt weiterhin ihr Schicksal. Der ein wenig an Napoleon erinnernde Südfranzose Daladier ist zwar ein wahres Kraftpaket unter den Politikern der Republik, doch auch er muß aufgeben. Am nächsten Tag erklärt Daladier: „Die Regierung will ihrer Pflicht, Ordnung und Sicherheit zu gewährleisten, nun nicht mehr durch Zwangsmaßnahmen nachkommen, die zu weiterem Blutvergießen führen könnten. Sie will

Zwischen den Kommunisten (oben) und den Rechtsradikalen (unten) – alle haben ihre Schlägertrupps – geht die dritte französische Republik beinahe im Chaos unter.

keine Soldaten gegen Demonstranten einsetzen. Deshalb habe ich dem Präsidenten der Republik meinen Rücktritt angeboten."

In den dreißiger Jahren wechselt die Regierung in Paris durchschnittlich zweimal im Jahr. Die Parteien der dritten französischen Republik lassen es nicht zu stabilen Verhältnissen kommen. Die seltsamerweise als „Radikalsozialisten" bezeichnete Partei der bürgerlichen Mitte wird von den Sozialisten nicht als Partner akzeptiert, weil die Sozialisten fürchten, wegen einer solchen Verbindung mit dem Bürgertum Stimmen an die Kommunisten zu verlie-

*Auch in Frankreich wird die Linke durch die Massenar-
beitslosigkeit gestärkt. Am 2. Dezember 1933 erreicht
der Zug der „Hungermarschierer" aus dem nordfranzö-
sischen Kohlenrevier Paris.*

ren. Eine Mitte-Links-Koalition als breite Grundlage einer demokratischen Regierung kann also nicht
entstehen. Und obwohl Hitler in Deutschland bereits an der Macht ist, verbietet Stalin den französischen Kommunisten noch immer die Zusammenarbeit mit den Sozialisten und schwächt damit die Linke – das gleiche Vorgehen also, das in Deutschland

den Aufstieg Hitlers begünstigt hatte. So sind die
französischen Regierungen also mühsam zusam-
mengekittete und kurzlebige Gebilde, die nicht über
dauerhafte Mehrheiten im Parlament verfügen.
Beim Aushandeln vorübergehender Mehrheiten läßt
das Geben und Nehmen quer durch die politischen
Ebenen Frankreichs hindurch ein Klima entstehen,
in dem Skandale blühen. Serge Alexandre Stavisky
sorgt für den saftigsten dieser Skandale. Seit Jahren
schon wird er wegen unausgesetzter Betrügerei an-
gezeigt, aber die nötigen Schmiergelder verhindern
einen Prozeß. Dadurch kühn geworden bezieht Sta-

visky offenbar auch hohe Beamte und Politiker in seine Finanzoperationen ein. Am 8. Januar 1934 meldet die Polizei, er habe sich erschossen. Aber das Gerücht geht um, der Gauner sei wichtigen Persönlichkeiten bis in die Spitzen der Polizei hinein gefährlich geworden. Der mit der Aufklärung des Falls beauftragte Polizeibeamte wird tot aufgefunden. Versuche, den Skandal zu vertuschen, gelingen nur halb. Der Fall Stavisky löst ungeheure Erregung aus, läßt viele Franzosen die Republik noch mehr verachten. Zu dieser Zeit ist gerade Edouard Daladier Ministerpräsident. Er will die Situation in den Griff bekommen, traut aber weder dem Pariser Polizeipräsidenten noch dem Chef der Staatssicherheit. Aber, wie die Verhältnisse liegen: er muß sie die Treppe nach oben fallen lassen. Den Polizeipräsidenten macht er zum Generalgouverneur von Marokko. Auch für den Sicherheitschef bietet sich eine Lösung an. Das Staatstheater „Comédie Française" hatte nämlich Shakespeares „Coriolan" herausgebracht, ein Stück, das Szenen enthielt, die in der hysterischen Atmosphäre dieser Zeit als Anstiftung zum Aufstand gegen die demokratisch gewählte Regierung verstanden wurden. Also feuert Daladier den Intendanten und macht den bisherigen Sicherheitschef zum Leiter des Staatstheaters. Ein nationales Hohngelächter tröstet die Franzosen über die sonst so freudlosen Tage hinweg. Die Empörung über den Stavisky-Skandal macht sich schließlich auch in den Tumulten des 6. Februar 1934 Luft.

Schlagzeile im Rechtsblatt „L'Action Française" vom 7. Februar 1934: „Erst Diebe, jetzt Mörder: Paris von Blut bedeckt". Und im sozialistischen „Le Populaire" heißt es: „Faschistischer Staatsstreich gescheitert". Wenn man in den Zeitungen weiter nach hinten blättert, dann versickert mit dem Blut der Schlagzeilen auch das Schicksal Frankreichs im Alltäglichen und im „Vermischten". So war es zu allen Zeiten. Was den später Lebenden zur Geschichte wird, ereignet sich für die Zeitgenossen oft nur am Rande ihres Alltagsbewußtseins. Sie mögen die Folgen auszustehen haben, aber im Augenblick des großen Geschehens sind auch andere Dinge wichtig. So ist es auch in diesen Februartagen des Jahres 1934 in Paris. Während die Extremisten auf der Place de la Concorde bis in die Nacht hinein die Republik zu stürzen versuchen, hilft die Heilsarmee bei den knapp zwei Kilometer östlich gelegenen Markthallen den Obdachlosen und Hungernden, wieder einmal eine Nacht zu überstehen. Und im 18. Stadtbezirk, hinter dem Montmartre, bildet sich noch in der Dunkelheit eine Schlange von Arbeitslosen. Hier lassen die Kaufleute morgens warme Suppe ausschenken. Die Weltwirtschaftskrise hat auch Frankreich hart getroffen. Doch wie überall in der Welt geht das Leben in seiner Vielfalt weiter. Im Coliseum sieht man die berühmte Sängerin und Tänzerin Mistinguett als Preisrichterin beim internationalen Tanzturnier. Der „Conga" und der „Hot-Fox" sind im Kommen. Die junge Joséphine Baker, kaum ein Stück kaffeebraune Haut verhüllt durch das Bananenröckchen, wirkt fast so elektrisierend wie die Nachricht, die Nudisten hätten in Villeneuve ein „Sonnenfest" gefeiert. In Cannes zelebrieren die Reichen mit ihren diamantenbehangenen Damen alljährlich den „Ball der kleinen weißen Betten": Wohltätigkeit für die Waisenkinder. Prinz Aga Khan, der sich im heimischen Indien alljährlich mit Geschmeide aufwiegen läßt, glänzt an der Côte d'Azur mit seiner schönen jungen Begum, der ehemaligen Mlle. Andrée Carron. Und in Paris entfesselt das Ehepaar Irène Curie und Frédéric Joliot mit der künstlichen Radioaktivität Kräfte der Zukunft. Jean Giraudoux gibt den Politikern in seinem Schauspiel „Der trojanische Krieg findet nicht statt" Ratschläge, wie man durch den Gebrauch der Intelligenz den Krieg abwenden kann. Der französische Riesendampfer „Normandie" gewinnt das Blaue Band: in 3 Tagen, 23 Stunden und 2 Minuten erreicht er Amerika, wo Danielle Darrieux als liebster Exportartikel Frankreichs in Hollywood gefeiert wird. Der Präsident der französischen Republik läßt sich im tunesischen Kairouan durch eine arabische Reiter-Fantasia ehren, französische Patrouillen sichern den Libanon und Indochina, der Sultan von Marokko trifft zur großen Kolonialausstellung in Paris ein. Das riesige Kolonialreich hat den Franzosen auch in dieser Zeit verbreiteter Tristesse einen Traum von Größe bewahrt. In der Leistungskraft seiner Wirtschaft hinkt Frankreich allerdings weit hinter anderen Industrieländern her. Jetzt erst haben amerikanische Massenfabrikationsmethoden durch André Citröen hier Eingang gefunden. Doch Frankreich spricht sich selbst Mut zu durch die Pariser Weltausstellung des Jahres 1937, für die das gleißend weiße Palais de Chaillot gegenüber dem Eiffelturm errichtet worden ist. Die Statuen vor diesem Palast sind vielleicht durch eine unbewußte Überkompensation etwas zu kraftvoll geraten. Denn Frankreich ist hoffnungslos überaltert. Zu viele junge Männer sind im Krieg gestorben, zu viele Frauen sind Witwen, die Geburtenzahl nimmt ab. Daß auf der Weltausstellung vieles schief geht, daß Streiks die Eröffnung verzögern und Besucher von streikenden Kellnern mit Farbe bespritzt werden – auch das zeugt vom Ende eines großen Versuchs zur Überwindung der französischen Malaise.

1936 entsteht die französische „Volksfront". Der sozialistische Ministerpräsident Léon Blum (auf dem Transparent) leitet große Reformen ein, scheitert nach einem Jahr.

Vor einem Jahr erst, 1936, hatte sich ein Wunder ereignet. Kommunisten, Sozialisten und die bürgerlichen Radikalsozialisten hatten zueinander gefunden, um des Chaos Herr zu werden und Frankreich gesellschaftlich zu erneuern. Das Wunder war möglich geworden, weil sich der Kommunistenführer Maurice Thorez endlich gegen die sturen Befehle aus Moskau durchsetzen konnte. Obwohl in Deutschland Kommunisten zusammen mit Sozialdemokraten in den Konzentrationslagern Hitlers gepeinigt wurden, waren für Stalin die Sozialdemokraten immer noch schlimmere Feinde als die Faschisten. Denn unter der Maske des Sozialismus, so Stalins Doktrin, arbeiteten sie dem Klassenfeind in die Hände. Im Zeichen Hitlers und auch des niedergeschlagenen Arbeiteraufstands von Wien gewann von 1934 an die Idee von einer sozialistisch-kommunistischen Gemeinsamkeit an Boden. In Frank-

42

reich entstand mit der Wahl von 1936 die „Volksfront". Der Sozialist Léon Blum wurde Regierungschef. Eine breite Mehrheit von Sozialisten, Radikalsozialisten und Kommunisten stützt ihn im Parlament. Der große Stimmengewinn der Kommunisten und Sozialisten wirkt wie Champagner auf die französischen Arbeiter. Sie denken, nun sei ihre Zeit gekommen. Eine Streikwelle erfaßt das Land. Belegschaften besetzen Fabriken und sogar das ehrwürdige Kaufhaus „Galéries Lafayette" und fordern die sozialistische Gesellschaft. Fast scheint es, als könne die gewählte Regierung die Lage nicht mehr meistern, als komme es zu einem Bürgerkrieg, so wie er jetzt in Spanien nach der Bildung der dortigen Volksfront losbricht. Doch die französischen Arbei-

ter halten an sich. Die Regierung verliert nicht die Nerven, sondern macht sich die Ängstlichkeit der Unternehmer zu Nutze. Ministerpräsident Blum versammelt Arbeitgeber und Gewerkschaften in seinem Amtssitz, dem Hôtel Matignon. Diese Konferenz leitet den großen sozialpolitischen Coup der Volksfrontregierung ein. Die wichtigsten Forderungen der Arbeiter werden erfüllt: Lohnerhöhung, Anerkennung von Gewerkschaftsrechten, die 40-Stundenwoche und zwei Wochen bezahlter Urlaub im Jahr. Dies sind wahrhaft unerhörte Zugeständnisse, mit denen sich Frankreich mit an die Spitze des sozialen Fortschritts in der Welt stellt.

Die Volksfront-Regierung jagt die neuen Gesetze durch das Parlament, wohl in dem Bewußtsein, daß ihre Macht nicht lange währen kann. Noch in diesem Sommer des Jahres 1936 sieht man Schlangen von kleinen Leuten an den Fahrkartenschaltern der

Abends an der Place du Tertre auf dem Pariser Montmartre: trotz allem läßt es sich in Frankreich noch leben.

Bahnhöfe stehen. Gegen Vorlage der Urlaubsbescheinigung erhalten sie ermäßigte Fahrkarten. Eine der großen Bewegungen des zwanzigsten Jahrhunderts nimmt ihren Anfang: der alljährliche Strom der Massen zu den Küsten und anderen Feriengebieten, die bisher den Wohlhabenden vorbehalten waren. Auch im benachbarten England tut sich in diesen Jahren ähnliches. Im faschistischen Italien und im nationalsozialistischen Deutschland wird der Urlaub der Massen im Stil der Systeme organisiert. Was sich im Sommer 1936 in ein paar französischen Seebädern zuträgt, ist total unorganisiert. Die Badegäste aus feineren Kreisen erschaudern vor den proletarischen Ferienhorden.

Doch dieser beginnende Aufstieg der Arbeiterklasse und der Bürgerkrieg, der nun in Spanien immer heftiger wütet, verschaffen dem rechten Extremismus Zulauf. Krawalle, an denen sich auch die Kommunisten wieder beteiligen, fordern Tote. In der häßlichen Agitation tauchen antisemitische Parolen gegen den jüdischen Ministerpräsidenten Léon Blum auf: „Lieber Hitler als Blum!" Die sozialen Neuerungen überfordern Staatskassen und Wirtschaft. Die Lohnerhöhungen gehen in den Preissteigerungen unter. Der Franc wird schwächer und schwächer. Krise nach Krise zerrt am Zusammenhalt der Volksfront. Im Morgengrauen des 23. Juni 1937 wirft Léon Blum das Handtuch. Vom Volksfront-Experiment bleibt immerhin der bezahlte Urlaub übrig. Die 40-Stundenwoche wird schon im darauffolgenden Jahr ausgesetzt.

Schwach geht Frankreich seinen bittersten Jahren entgegen. Schwere außenpolitische Niederlagen mußte es bereits einstecken, als sich die Bevölkerung des Saargebietes für das Deutschland Hitlers entschied, als Hitler die Wehrpflicht wieder einführte und vertragswidrig seine Truppen ins Rheinland einmarschieren ließ. England, der große Partner in der „Entente Cordiale", möchte eine Konfrontation mit Hitler vermeiden. Die USA sind fern und zeigen noch keine Bereitschaft, sich wieder in europäische Konflikte zu verstricken. Und auf Sicherheit durch Bündnisse auf dem Kontinent kann Frankreich seit dem Attentat von Marseille nicht mehr hoffen, obwohl versucht wurde, sowjetische Hilfe gegen das aggressive Deutschland zu erlangen. So ist Frankreich in einer sich mehr und mehr verdüsternden Welt auf sich selbst gestellt. Die Hoffnung, Hitler werde sich durch die Betonmasse des Maginot-Festungsgürtels zurückhalten lassen, ändert wenig an der allgemeinen Mutlosigkeit. „Il faut en finir", sagen manche, als sei es geradezu eine Erleichterung, wenn alles endlich vorüber wäre. Dennoch wird die französische Demokratie nicht von innen zerstört werden, wie die deutsche, sondern von außen, durch die Waffen Hitlers.

3.
Frischer Geist und alte Klassen

Vom Slum zum Grüngürtel. England sucht Wege aus der Not
zur sozialbewußten Demokratie im Kreis der Monarchien.

Am 6. Mai 1935 ist in London die Welt in Ordnung. Man feiert ein großes Fest des britischen Imperiums, nämlich das 25jährige Thronjubiläum König Georgs V. und seiner Queen Mary. Bei solchen Anlässen wird in England sogar den Linken warm ums Herz. Die Konflikte einer schwierigen Zeit sind für einen Tag vergessen. Sogar die armen Leute aus dem Londoner East End, die sich keinen Busfahrschein leisten können und deshalb zu Fuß die zehn Kilometer bis zum Buckingham Palace zurückgelegt haben, verehren den König und betrachten ihn nicht als Inbegriff des Klassenfeindes. Der königliche Zug nähert sich nun auf der Mall dem Palast. Die Fanfarenklänge gehen beinahe unter im Jubel der Massen: „God Save the King!" Den berittenen Gardisten in ihrer schimmernden Wehr folgt die goldene Kutsche mit dem königlichen Paar. George V. mit grauem Bart und seine Frau, die Königin Mary, geborene Herzogin von Teck – um die Siebzig sind beide noch ein stattliches Paar. Die Königin ist eine schöne Frau geblieben. Indische Maharadschas, afrikanische Stammesfürsten, Sultane und Könige und andere Würdenträger sowie farbenprächtige Kontingente kolonialer Truppen sind aus allen Teilen des Britischen Weltreichs zu diesem Fest nach London gekommen. Es ist, als sei alles noch wie früher. Doch die Folgen des Krieges und der Weltwirtschaftskrise haben auch Großbritannien und sein Empire nicht verschont. Auch hier ziehen Arbeitslose in Hungermärschen durch das Land. Auch hier wollen Extremisten der Linken und der Rechten Chaos stiften, um dann dem Land ihre eigene Ordnung aufzwingen zu können. Aber die jahrhundertelange Tradition der parlamentarischen Demokratie hat die Bevölkerung mit großer Widerstandskraft ausgestattet. Für Großbritannien werden die dreißiger Jahre nicht wie für Nachbarländer auf dem Kontinent zu einem Jahrzehnt des Niedergangs.

Auch in England erweist sich die Industrie nach dem Ersten Weltkrieg als veraltet. Es gibt zu wenige moderne Maschinen, um international konkurrenzfähig sein zu können. Die alte Funktion des Mutterlandes, die Rohstoffe aus den Kolonien zu verarbeiten, wird durch Fabriken geschwächt, die hier und da in den Kolonien selbst entstanden sind. Der Kohlebergbau, bisher Schlüssel wirtschaftlicher Kraft, leidet unter der ausländischen Konkurrenz. Frankreich verkauft deutsche Kohle, die es als Reparationsleistung erhält, preiswert an ehemalige Bezieher britischer Kohle weiter – eine absurde Folge des gemeinsamen Sieges. Der Preis dieses Sieges, der Verlust so vieler Begabter, erschwert auch hier die strukturelle Anpassung an die veränderte Welt. Und auch die modernen chemischen und elektrotechnischen Produkte und die Fließbandautos von William Richard Morris, des britischen Henry Ford, machen nicht die Verluste der älteren Industrien wett. George Orwell verspottet die alte Führungsschicht. Sie verdanke ihr Überleben der eigenen Dummheit. Denn nur weil sie neue Möglichkeiten nicht begreifen könne, sei es ihr gelungen, die Gesellschaft in ihrer alten Form zu konservieren.

Die üblichen Abwehrreaktionen setzen ein. Großbritannien, das klassische Land des Freihandels, läßt ebenso wie andere Länder die Zollmauern hochwachsen. „Buy British", mahnen die Plakate. In einem Zeichentrickfilm zieht „John the Bull" an der Spitze britischen Viehs zum Trafalgar Square in London, um gegen den Kauf ausländischen Rind-

Einkaufsbummel 1935 an der Piccadilly in London, der Hauptstadt des größten aller Weltreiche.

fleischs zu demonstrieren. Der Herzogin von York wird eine hundertprozentig britische Modenschau vorgeführt: garantiert nichts aus Paris ist dabei und dennoch ist alles so schick wie Paris, so wird verlautet. Die „Empire-Schweineschau" des Jahres 1931 allerdings zeigt, daß imperiale Rücksichten den Wirtschaftsnationalismus zu lindern vermögen. Denn auch neuseeländische Ferkel sind willkommen – der Empire-Vorzugszoll macht ihren Preis annehmbar. Und das „australische Apfelschiff des Jahres 1932" wird feierlich empfangen. Veränderungen im Gefüge des Weltreichs lassen in diesen Jahren darauf schließen, daß sich die britische Fähigkeit zur elastischen Reaktion auf neue Umstände wieder behauptet. Mit dem Westminster-Statut von 1931 werden Australien, Neuseeland, Kanada, Südafrika und der Freistaat Irland zu unabhängigen Ländern, die zusammen mit Großbritannien zum gemeinsamen Vorteil freiwillig einer Art Club von Ländern angehören. Als Oberhaupt und Symbol ihrer Gemeinsamkeit erkennen sie die Krone an. Um diesen inneren Kreis, das „Commonwealth of Nations", sind Indien und die vielen Kolonien und sonstigen Gebiete des britischen Weltreichs gruppiert, deren Entwicklungsstand man noch nicht als hoch genug für das Privileg der Unabhängigkeit betrachtet. Dort fangen nationale Kräfte an, sich zu rühren. Die Idee vom „Selbstbestimmungsrecht der Völker" wirkt in die arabische, die asiatische und später auch in die afrikanische Welt hinein. Am stärksten gärt es in Indien, dem „Juwel in der Britischen Krone". Die Härte des Konflikts wird hier und da gemildert durch eine britische Art vernunftreichen Handelns. Mahatma Gandhi, der mit seiner Spinnrad-Kampagne Indien aus der Abhängigkeit von britischen Textilprodukten befreien will, macht 1931 von London aus einen Abstecher nach Lancashire. Dort, im Zentrum der britischen Baumwollindustrie, hat Gandhis Spinnrad-Kampagne zur großen Arbeitslosigkeit beigetragen. Nun erklärt Gandhi den Arbeitern und Arbeiterinnen die Not seines Volkes. Die Leute von Lancashire nehmen den Inder herzlich bei sich auf.

Beim Hafen von Southampton steht im Oktober 1935 wieder einmal das große Zelt. Es dient, wie so oft, als Herberge für den Abschied britischer Soldaten von ihren Familien und „Sweethearts" vor der Verschiffung in ferne Kolonien. An langen Tischen sitzen sie und versuchen, den Abschiedsschmerz hinwegzuplaudern. Dann die langen Umarmungen, die Küsse, die Tränen. Die Soldaten gehen an Bord. Sie tragen bereits die kurzen Hosen und die Tropenhelme für den neuen Dienst. Je unruhiger es in den Kolonien und in Mandatsgebieten wie Palästina wird, desto mehr empfindet Großbritannien seine weltweiten Verpflichtungen als Bürde. Doch auf dem europäischen Festland wird Hitler immer stärker, wird die Demokratie schwächer. Großbritannien sieht sich auf das bisherige Fundament seiner Sicherheit angewiesen. Und so wenig Geld das kriegsmüde Land zur Vorsorge gegen künftige europäische Konflikte auszugeben bereit ist: die Flotte muß stark bleiben. Wenige Monate vor seinem Tod nimmt König George V. eine große Flottenparade ab. Im Dunst der Küste von Portsmouth stampfen die riesigen grauen Leiber der Schlachtschiffe und Kreuzer durch die See. Ob der Donner ihrer Breitseiten Hitler davon abhalten wird, den europäischen Frieden weiter zu untergraben? In England hat man sich nach der Erfahrung des Ersten Weltkrieges – eine Viertelmillion britische Soldaten fielen allein in Flandern – so stark dem Pazifismus hingegeben, daß Hoffnung manchmal für Wirklichkeit gehalten wird. Britische Pazifisten wollen mit 2071944 Unterschriften die im Januar 1932 beginnende Genfer Abrüstungs-Konferenz beeindrucken, die unterm Zeichen des japanischen Angriffs auf China steht. Im Völkerbund wirkt der britische Außenminister Henderson als treibende Kraft. Das Vertrauen auf die Möglichkeit, alle Probleme durch den vernünftigen Ausgleich zwischen den gegenseitigen Interessen zu lösen, wird viele Engländer noch bis zum Angriff Hitlers auf Polen die wahre Natur totalitärer Herrschaft verkennen lassen.

Stalin betrachtete das Nachkriegs-England als geradezu überreif für die Revolution. War doch in keinem Industriestaat der Kapitalismus älter und maroder, die Klassengesellschaft starrer, das Proletariat ärmlicher. Der Niedergang des Kohlebergbaus und die Depression haben die Armen in ihren Slums in einem Maße verelenden lassen, daß nur ein kleiner Funke zur Auslösung der Revolution erforderlich scheint. Doch der Sozialist George Orwell – Sozialist aus Mitgefühl, nicht aus Ideologie – kennt

#

Die Depression hat die veraltete britische Wirtschaft hart getroffen. Ein Armen-Asyl des Londoner Stadtteils Wembley bietet den Arbeitslosen Wärme und Nahrung.

seine englischen Proletarier besser. Denn er lebt zeitweilig unter ihnen, um sie beschreiben zu können. Orwell ist erschüttert von der Selbstverständlichkeit, mit der sich die Armen in ihr Elend finden und englische Häuslichkeit sogar in finsteren Quartieren zu wahren versuchen. In seinem Bericht „Der Weg nach Wigan Pier" geht es um Menschen, die sich ordentliche Häuser kaum vorstellen können, für die Schmutz und Wanzen, Dunkelheit, nasse Wände voller Schimmel, Kälte, Hunger und Enge das Normalste auf der Welt sind. Schließlich fühlt sich Orwell von der Fähigkeit verlassen, dieses Elend wirklich beschreiben zu können. Worte, so meint er, sind allzu schwache Wesen. Der Sozialbericht „Menschen ohne Arbeit" des Erzbischofs von York zitiert einen Arbeitslosen: „Was mich am meisten davon abhält, nach Hause zu gehen, ist der Gestank". 1933 besichtigt der Schriftsteller J. B. Priestley das Land und teilt in seiner „Englischen Reise" mit, er habe zwei ganz verschiedene Länder gefunden. Und in der Tat: die oberen und die unteren Klassen leben in getrennten Welten. Im Mai 1931 fährt Lady Astor in den Osten Londons, um den Grundstein für neue Arbeiterwohnungen zu legen. Es ist wie eine Expedition zu fernen Eingeborenen. Für die meisten der armen Frauen, die mit ihren allzu vielen

Die Slums von Wigan in Lancashire, wo die Textilindustrie daniederliegt, sind so trostlos wie jene des Londoner East End.

Kindern vor den zerbröckelnden, rußverschmutzten Ziegelmauern ihrer Slums stehen, ist die elegante Lady Astor ein Geschöpf höherer Ordnung. Es ist ein wenig wie im Kastensystem der Hindus. Die Tradition, sich in seine Klasse zu fügen und die Privilegien höherer Klassen als vom Schicksal vorbestimmt hinzunehmen, ist noch immer stärker als in anderen Industrieländern. Schon die Kinder der Oberklasse leben in Privatschulen wie Eton und Harrow und dann in den feinen Universitäten wie Oxford und Cambridge ganz in ihrer eigenen Welt und lernen den unvergleichlichen Akzent und den Habitus derer, die geboren sind, das Sagen zu haben. Die großen Pferderennen sind ihre Stammesfeste. Zum „Royal Ascot" erscheinen sie mit ihren grauen Zylindern; ihre Damen tragen die extravagantesten Kreationen zur Schau. Nur langsam werden die Klassenschranken durchlässig. Aus der

Oberklasse, die sich das Leben ohne ernsthafte Beschäftigung nicht mehr so gut leisten kann, dringt mancher in die obere Mittelklasse der Geschäfts- und Bankenwelt ein. Die Grenze zwischen der Arbeiterklasse und der unteren Mittelklasse läßt sich mit zunehmender Besserung der wirtschaftlichen Verhältnisse leichter überschreiten.

Daß das britische Klassengefüge in den dreißiger Jahren nicht zusammenstürzt, hat seinen Grund nicht zuletzt darin, daß auch die Konservativen sich sozial verantwortlich zeigen und Gesetze zur Unterstützung der Arbeitslosen, der Armen und Kranken erlassen. Im Zeichen des verbreiteten Glaubens an die Kräfte der Vernunft erfreut sich Großbritannien im Gegensatz zu Frankreich oder Deutschland einer Zeit politischer Stabilität. Indem die Führung der sozialdemokratischen Labour-Partei unter Ramsay MacDonald die praktischen Notwendigkeiten für wichtiger hält als die Reinheit der sozialistischen Lehre, verbündet sie sich mit den Bürgerlichen. Obwohl die Partei als ganzes diese Bewegung zur Mitte hin nicht mitmacht, wird MacDonald Chef einer „nationalen Regierung", die vor allem von den Konservativen getragen wird. Unter Premierminister Ramsay MacDonald und seinen konservativen Nachfolgern Stanley Baldwin und Neville Chamberlain kann diese „nationale Regierung" dringende Reformen durchführen und ein Klima schaffen, in dem sich auch eine Modernisierung der britischen Wirtschaft vollzieht. Doch die Armut sitzt tief und fest und das Bemühen der wachsenden Staatsbürokratie, die Unterstützungsgelder so rationell wie möglich einzusetzen, verbittert die Armen. Das Arbeitslosengeld ist wie auch anderswo in diesen Jahren zunächst kein wirklicher Ersatz für das Arbeitseinkommen. Es soll die elementare Existenz gewährleisten und wird entsprechend „dole" genannt, Almosen nämlich. Und da gibt es den verhaßten „Means Test". Die ganze Familie des Arbeitslosen wird einer demütigenden Bedürftigkeitsprüfung unterzogen und Unterstützung gibt es nur, wenn das gemeinsame Einkommen unter dem Minimum liegt. Dieses Verfahren wird als so entwürdigend empfunden, daß es zu Protestaktionen im ganzen Land kommt. Dabei versucht die Linke, die im Zeichen der „nationalen Regierung" in den Hintergrund geraten war, verlorenes Terrain zurück zu gewinnen.

Britische Politik in harter Zeit: links der Konservative Stanley Baldwin, rechts der Liberale Sir Herbert Samuel und in der Mitte der Labour-Politiker Ramsey MacDonald, unter dessen Leitung 1931 angesichts der Not eine „nationale Regierung" entsteht.

Auch in Großbritannien – hier: Bristol 1933 – führt die Depression zu Gewalt zwischen extremen Gruppen, wenn auch in geringerem Maße als auf dem europäischen Festland.

Bei solchen Anlässen bringen sich auch die Kommunisten in Erinnerung, was wiederum die faschistischen Schwarzhemden Sir Oswald Mosleys auf den Plan ruft. Die Straßenschlachten, die sich die Extremisten liefern, sind jedoch nicht mit dem Geschehen auf dem Kontinent zu vergleichen. Die Mitgliederzahl dieser Gruppen bleibt klein, die Arbeiterschaft läßt sich nicht radikalisieren. Zu keinem Zeitpunkt gelingt es den britischen Extremisten, die demokratische Ordnung und Freiheit ernstlich in Frage zu stellen.

Der Mittelstand prägt nun mehr und mehr das Bild Großbritanniens. In den Randzonen der Städte wachsen die Kolonnen der Reihenhäuser schier endlos weiter. Das Land erlebt eine Baukonjunktur, die von der Regierung durch niedrige Zinssätze gefördert wird, um die Arbeitslosigkeit zu verringern. Mit dem Auszug aus den Slums, deren Beseitigung nun ernsthaft beginnt, erreichen auch viele Arbeiter die Lebensverhältnisse des unteren Mittelstandes. In diesen Jahren kommt man auch bei geringem Einkommen hier in England eher zu einem angenehmen Heim als sonstwo auf der Welt. Die neuen Häuser mögen keine Paläste sein, aber dafür sind sie erschwinglich. Die Räume in den schmalbrüstigen

Eigenheime in der freundlichen Umgebung englischer Vorstädte werden in den dreißiger Jahren für breitere Schichten erschwinglich. Großbritannien modernisiert sich.

Reihenhäusern sind klein, die Schlafzimmer nicht heizbar. Doch Badezimmer und Toilette mit Wasserspülung sind eingebaut, ein hoher Komfort in dieser Zeit. Mehr und mehr Engländer beziehen nun auch die Sozialwohnungen in den großen Wohnblocks, welche die Behörden von London, Sheffield, Leeds und anderen Städten errichten lassen. Arbeiterwohnungen dieser Qualität sind bis jetzt selten in Europa. Und wer es zu einem gewissen Wohlstand gebracht hat, kann sich ein „Semi-Detached" leisten. Das ist die Hälfte eines jener Doppelhäuser, die samt ihrer Fachwerk-Imitation geradewegs aus dem England der Tudors in die neuen Grüngürtel verpflanzt zu sein scheinen. Im Wohnzimmer darf der Kamin nicht fehlen. Manchmal wird das offene Feuer nun durch einen Gas-Heizkörper ersetzt, neben dem ein Münzautomat Schillinge schluckt und zum sparsamen Heizen mahnt.

Das Grundstück eines typischen Reihenhauses ist wie ein schmales Handtuch. Zur Straße hin ein winziger und liebevoll gepflegter Vorgarten. Von der Haustür führt der Korridor durch die Küche hindurch zu einer länglichen Grasfläche hinter dem Haus. Hier wird die Wäsche getrocknet, hier wird Gemüse angebaut, hier spielen die Kinder. Über die Zäune rechts und links hinweg wird zwischen Tausenden und Abertausenden von Reihenhäusern Nachbarschaft gepflegt oder ruiniert. Die Ansprüche sind gering. Ebensowenig wie in anderen europäischen Ländern können sich Leute mit normalem Einkommen jeden Tag frische Wäsche leisten. Entsprechend selten sind die „elektrischen Waschmaschinen" mit ihrem offenen Gestänge, in dem der Motor hängt. Die Freizeitvergnügungen sind bescheiden. Ärmere Leute versuchen, ein wenig Erholung mit einer Nebeneinnahme zu verbinden, indem sie im Sommer für ein paar Tage zum Hopfenpflükken aufs Land fahren. Für die kleinen Leute Londons besteht „Urlaub" darin, daß sie mit Kind und Kegel einen Sonntag im nahegelegenen Southend-on-Sea am Strand verbringen. Es fahren Sonderzüge. Andere müssen sich mit dem Serpentine-See im Londoner Hyde Park begnügen, wo ab 1930 – die Sitten werden lockerer! – Männlein und Weiblein gemeinsam baden dürfen.

Auf weniger dramatische Weise als in Frankreich setzt sich bis zum Ende des Jahrzehnts auch in England der bezahlte Urlaub durch. Zwei Wochen sind es meist. Ein Urlaubstyp mit großer Zukunft wird erfunden: „Pauschalaufenthalte" in den neuen „Holiday Camps" mit ihrem Jubel und Trubel. Das wichtigste männliche Freizeitvergnügen ist der Besuch im Fußballstadion – zum Spiel England gegen Schottland im Jahre 1937 kommen 149 547 Menschen! – oder auf der Windhund-Rennbahn, dem Ascot der Arbeiterklasse. Und Jung und Alt geht immer häufiger ins Kino. Selbst in armen Wohngegenden machen große Kinopaläste auf. Der aus Ungarn stammende britische Filmproduzent Alexander Korda bietet mit Filmen wie „Das Privatleben Heinrichs VIII." dem mächtigen Hollywood die Stirn. Die Modetänze der Londoner Schickeria werden von den jungen Angestellten und Tippfräuleins in den Tanzhallen der Vorstädte geübt. Die Kino-Wochenschau berichtet ausführlich über die neuesten Shows im Piccadilly Hotel und im Casa Nuova Restaurant, über Mantovani und die süßen Klänge seines Tipica-Orchesters. Sie läßt den berühmten Tanzlehrer Santos Casani den Tango demonstrieren, der London 1933 erobert, und zeigt, wie im großen Finale der „Royal Variety Show" von 1938 der „Lambeth Walk" die Engländer begeistert. Dem Bedürfnis der aus der Armut aufsteigenden Bevölkerungsschichten nach angenehmerer Lebensart kommen die „Lyons Teashops" entgegen, vor allem aber die „Lyons Corner Houses". In diesen prächtigen Restaurants können sich auch Leute mit bescheidenem Einkommen bei den Klängen des Tanzorchesters ein wenig von dem Luxus der Oberschicht leisten.

Auch große neue Kaufhäuser werden errichtet, um die Produkte der rationalisierten Fertigungsmethoden dem wachsenden Mittelstand nahezubringen. Man baut sie nicht mehr im Stil antiker Paläste. Der neue Funktionalismus beginnt sich durchzusetzen, zum Beispiel am Londoner Sloane Square, wo die elegant geschwungene Glasfassade des Kaufhauses Peter Jones den Stil künftiger Stadtzentren ankündigt. Die Frauen vor den Schaufenstern tragen jetzt nicht mehr die helmartigen Hüte und kurzen Röcke wie zu Beginn des Jahrzehnts. Die Hüte sind flach und keck geworden, die Röcke länger und schmeichelhafter für die Figur. In diesen Jahren erleben Städte wie London und Manchester ihr erstes

Verkehrschaos. Denn sogar manche Leute aus dem mittleren Mittelstand können sich nun schon Autos leisten, die zu der wachsenden Zahl von Taxen, Doppeldecker-Bussen (einige sind oben noch offen) und Lastwagen hinzukommen. In diesem Gewühl haben es die Pferdefuhrwerke immer schwerer. Im April 1933 führt der Bürgermeister von Westminster dem verblüfften Kraftfahrer-Publikum die erste automatische Ampelanlage vor. Die steigende Zahl von Unfällen zwingt die britische Regierung im Jahre 1934 zu einer außergewöhnlichen Maßnahme. Neue Teilnehmer am Kraftverkehr müssen eine Fahrprüfung ablegen, bevor ihnen ein „Führerschein" ausgestellt wird. Wer bisher schon gefahren ist, bleibt von dieser bürokratischen Lästigkeit allerdings verschont.

Die Auseinandersetzung um gesellschaftliche Grundfragen findet im England der dreißiger Jahre eher außerhalb als innerhalb des Parlaments statt, wo die auf das unmittelbar Notwendige ausgerichtete Politik der „nationalen Regierung" stabile Mehrheiten findet. „Vor allem Sicherheit!" heißt der erfolgreiche Wahlspruch des Jahres 1935. Die intellektuelle Linke ist sehr lebendig, der „Linke Buchclub" des Verlegers Victor Gollancz erfreut sich großen Zuspruchs. Unter dem Eindruck des spanischen Bürgerkriegs gewinnt die Idee einer „Volksfront" zwischen Kommunisten und Sozialisten auch in Großbritannien an Boden, um dann 1939 am Schock des Hitler-Stalin-Pakts zu scheitern.

Unter den britischen Schriftstellern hat zuerst Aldous Huxley in seinem 1932 erschienenen Roman „Wackere neue Welt" die totale Erfassung des Menschen im Staat der Zukunft vorausgeahnt. Thomas Stearns Eliot schreibt „Mord im Dom", eines der großen dramatischen Werke des zwanzigsten Jahrhunderts, und Archibald Cronins Roman „Die Zitadelle" kritisiert die sozialen Verhältnisse des Landes. Der Visionär H. G. Wells entwirft 1933 in seinem Buch „Die Gestalt der kommenden Dinge" das Bild einer idealen Welt, wie sie sich in den drei Jahrzehnten ab 1950 aus Kriegstrümmern und Hungersnot entwickeln soll. Wells besucht Roosevelt und Stalin, um für die Idee eines „Weltstaates" zu werben.

Mit der Einführung des Tonfilms zu Beginn des

Jahrzehnts werden die britischen Dokumentarfilmer zu Wegbereitern für den Einsatz des neuen Mediums als Mittel der sozialen und politischen Analyse, Anklage und schließlich auch Propaganda. Ihre Filme ebenso wie die Dichtungen W. H. Audens und Stephen Spenders werben für die republikanische Seite im spanischen Bürgerkrieg. Und schneller noch als in anderen Industrieländern wird das Radio in Großbritannien zum normalen Einrichtungsgegenstand des bürgerlichen Wohnzimmers. Aus dem hübschen Nußbaumgehäuse erklingt ein Programm, das in seiner Breite und Tiefe einmalig in der Welt ist. Sir John Reith, der Intendant der British Broadcasting Corporation, fühlt sich als Missionar. In jedes Heim will er „das Beste bringen, was der menschliche Geist erkannt und erreicht hat". Politische Klugheit hat seiner BBC eine Grundlage verlie-

König Edward VIII. (links) hat wegen seiner Liebe zu der geschiedenen Amerikanerin Wallis Simpson (Mitte) abgedankt und lebt nun an der französischen Riviera. Rechts: Lord Mountbatten, der spätere Vizekönig von Indien.

hen, die solche Ziele erreichbar erscheinen läßt. Denn nicht Regierung oder Parteien wachen über das Programm, sondern unabhängige Persönlichkeiten, die den Intendanten allerdings sein Instrument sehr nach dem eigenen Bilde formen lassen. Sternstunden dieser BBC sind die Vorlesungsreihen von Geistesgrößen vieler Fach- und Denkrichtungen sowie die großen Sinfoniekonzerte. Mancher Hörer schöpft in den dreißiger Jahren Zuversicht, wenn aus seinem Radio – wenn auch ein wenig knatternd – Sir Edward Elgars „Land of Hope and Glory" erklingt, vom Meister selbst dirigiert und gespielt vom Londoner Sinfonieorchester.

Am Abend des 10. Dezember 1936 hören die Engländer im Radio die Stimme König Edward VIII., der Anfang des Jahres seinem verstorbenen Vater George V. nachgefolgt war: „Vor wenigen Stunden habe ich meinen Pflichten als König und Kaiser entsagt. ... Sie alle kennen die Gründe, die mich zum Thronverzicht veranlaßt haben. ... Bitte glauben Sie mir, wenn ich sage, daß es mir unmöglich ist, die schwere Last der Verantwortung und der königlichen Pflichten ohne die Hilfe und Unterstützung der Frau zu tragen, die ich liebe. ..." Nun ist es geschehen, was erwartet und doch kaum vorstellbar gewesen war: ein Thron muß der Liebe weichen! Verliebt ist Edward in die falsche Person, in die lebensfrohe und schon zweimal geschiedene Amerikanerin Wallis Simpson, in deren Adern kein Tröpfchen blaues Blut fließt. Die Affäre brodelt schon lange, die Verleger der Massenblätter gaben ihre anfängliche Diskretion auf. Gespannt, geschockt und fasziniert verfolgte man die Haupt- und Staatsaktion, die dem Rücktritt vorausging. Schon als Prinz von Wales war Edward durch Extravaganzen aufgefallen, die gar nicht in den strengen Zuschnitt seiner Position paßten. Er hatte Slums besucht, für streikende Bergarbeiter 50 Pfund gespendet und wenig Hehl daraus gemacht, daß er die Konservativen für zu lasch im Angehen der sozialen Probleme hielt. Und dann dies! Politiker und Öffentlichkeit stritten sich um die Frage, ob ein König eine Gemeine – eine Geschiedene zumal – heiraten dürfe. Und wenn ja, ob diese dann Gemeine bleiben müsse. Das Privatleben eines Königs wird bestimmt durch ehrwürdige Traditionen. Die Regierungen der Commonwealth-Länder wurden befragt. Auch sie teilten die in

Mit der Krönung von König George VI. feiern die Engländer 1937 auch, daß die Zeiten allmählich besser werden. Links von George VI.: seine Mutter, Queen Mary, und seine Gemahlin, Queen Elizabeth. Davor: die Töchter Margaret Rose (rechts) und Elizabeth (links), die spätere Königin.

Auch in den Nachbarländern Großbritanniens werden die schwersten Zeiten überwunden. Unten: Die Milch kommt – Alltag im Königreich Belgien. Rechts: In Holland heiratet Kronprinzessin Juliana 1937 den deutschen Prinzen Bernhard von Lippe-Biesterfeld.

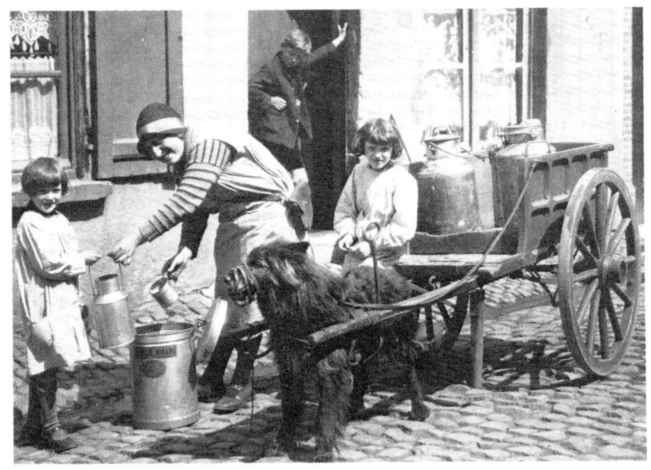

Großbritannien selbst vorherrschende Meinung, daß der König zwischen dem Thron und der flotten Wallis Simpson wählen müsse. Edward verläßt das Land und heiratet. Das neue Paar gehört bald zu den Lieblingen der High Society an der französischen Côte d'Azur. Dem schillernden Edward folgt sein Bruder auf den Thron, der als George VI. mit seiner Queen Elizabeth und seinen reizenden Töchterchen Elizabeth und Margaret den ganzen Tumult bald vergessen läßt. Die Monarchie hat nicht gelitten. Sie gehört zu den Kräften, die in den kommenden schweren Jahren zur außerordentlichen Stabilität Großbritanniens beitragen werden.

Ein Kranz konstitutioneller Monarchien – Belgien, die Niederlande, Dänemark, Norwegen und Schweden – umgibt Großbritannien jenseits der Nordsee und trägt zum Bewußtsein gemeinsamen Stehvermögens bei. Alle mit Ausnahme Schwedens sollten von Hitler überrannt werden. Im Westen, in Irland, haben sich nach langen Jahren des Blutvergießens die Verhältnisse einigermaßen beruhigt. Präsident Eamon de Valera verschafft dem irischen Nationalismus insoweit Genugtuung, als er in einer neuen Verfassung weder König noch Commonwealth erwähnen läßt, ohne daß dies die Verbindung mit dem Commonwealth in der Praxis zerschneidet. Aber das neue Irland rechnet nicht mit dauernder Teilung, und Terroranschläge der „Irish Republican Army" erinnern besonders die Londoner weiterhin an dieses Problem.

Großbritannien geht den späten dreißiger Jahren nicht ohne Zuversicht entgegen. Das Land ist auf dem Weg zu größerer sozialer Gerechtigkeit, besserer Demokratie, modernerer Wirtschaft. Dies beansprucht seine Kräfte. Durch die Straßen Cardiffs und Edinburghs, Birminghams und Londons ziehen die Friedensmarschierer. Der Wunsch nach Frieden und vor allem der Wunsch, in Frieden gelassen zu werden, verbindet alle politischen Richtungen. Und schließlich ist da ja immer noch der Kanal, was „Herr Hitler", wie der deutsche Diktator in der Presse so korrekt genannt wird, doch wohl in sein Kalkül aufgenommen hat. Doch für Hitlers Wundermittel gegen die Arbeitslosigkeit interessieren sich viele, die es für skandalös halten, daß in England immer noch so viel Not herrscht. Dieses Interesse verbindet sich mit einer verbreiteten Bewunderung für die Deutschen. Zu denen, die sich auf dem Obersalzberg mit Hitler fotografieren lassen, gehört auch der abgedankte König. Wichtiger jedoch sind andere Bilder in den englischen Zeitungen und Wochenschauen dieser Jahre. Es sind Bilder von brennenden Synagogen und von blassen jüdischen Kindern aus Deutschland, die im Dezember 1938 im Hafen von Dover eintreffen. Großbritannien bietet Zuflucht.

4.
Die Utopie als Wirklichkeit

Die Sowjetunion im Übergang von sozialistischer Hoffnung zu Stalins
Funktionärs- und Terrorstaat. Kolchosen und Kombinate.

Die alte Dampflokomotive mit ihrem trichterförmigen Schornstein keucht im Frühjahr 1930, von Westen her kommend, die schneebedeckten Hänge des Urals hinauf. Für so viele Güterwaggons war sie von der zaristischen Eisenbahnverwaltung nicht bestimmt worden. Doch wen kümmert das heute, im dreizehnten Jahr nach der Oktoberrevolution! Eine zweite Revolution hat eingesetzt: die Umformung des altmodischen Agrarlandes in den modernen Industriestaat Sowjetunion. Für dieses Ziel wird aus Mensch und Maschine das Letzte herausgeholt, ohne Rücksicht auf die Grenzen der Kraft. Die Güterwaggons hinter der alten Lok befördern Menschen. Auf rohgezimmerten Gestellen hocken sie zweistökkig und gedrängt, junge Männer mit zerschlissenen Jacken und hoffnungsvollem Gesicht unter der speckigen Kappe. Ziel solcher Transporte ist die Zukunft. Im Ural und in fernen Steppen Sibiriens werden Industriekombinate und Städte aus dem Nichts gestampft. Der Süden braucht Arbeiterheere für den großen Staudamm am Dnjepr und für die aufstrebende Industriestadt an der Wolga, die im Zeichen der neuen Herrschaft von „Zarizyn" in „Stalingrad" umbenannt wurde. Am 21. Dezember 1929 ließ Josef Wissarionowitsch Stalin das Land seinen fünfzigsten Geburtstag feiern. In diesem Jahr hatte er begonnen, sich dem Sowjetvolk nach dem Muster des faschistischen Führer-Kults als den großen Führer, Feldherrn und Vollender der Revolution darstellen zu lassen. Für die jungen Leute im Güterwagen ist Stalin der allmächtige, gottgleiche Former ihres Schicksals. In den „roten Ecken" russischer Häuser, wo man früher vor der Madonnen-Ikone betete, steht nun die Gipsbüste oder das Bild des Diktators. An der Schwelle zu den dreißiger Jahren wurde Stalin zum unumschränkten Herrscher der Sowjetunion. Vorbei ist die Zeit, in der es

schien, als habe die Revolution den Menschen auch Freiheit gebracht. Man raunt von einem Brief, den Lenin kurz vor seinem Tod im Jahre 1924 als eine Art Testament geschrieben hat. Darin habe Lenin die Fähigkeit Stalins bezweifelt, mit der Fülle seiner Macht als Generalsekretär sorgsam genug umzugehen. Seinen Kampfgefährten aus den Revolutionstagen habe Lenin die Absetzung des gefährlichen Mannes geraten.

Stalin gehört zu den Männern der ersten Stunde. Er wurde 1879 bei Tiflis in Georgien geboren, besuchte ein Priesterseminar, trat der kommunistischen Partei bei, nahm im Untergrund an terroristischen Aktionen teil, raubte eine Bank aus. Immer wieder wurde er verhaftet und verbannt, immer wieder entkam er der zaristischen Polizei. 1905 begegnete er Lenin und wurde zu dessen unentbehrlichem Helfer. Der fleißige Stalin übernahm es, den Parteiapparat zu betreiben – eine Aufgabe, die dem Ideenmenschen Lenin allzu lästig war. Dadurch konnte Stalin die Partei- und Staatsbürokratie so perfekt in die Hand bekommen und mit seinen eigenen Leuten durchsetzen, daß er bei Lenins Tod im Jahre 1924 in einer hervorragenden Ausgangsposition für den Kampf um die Macht war. Nach außen pflegte er das Erscheinungsbild des starken Mannes, der auf schnurrbärtig-väterliche Art um das Wohl der Menschen bemüht ist. Im Apparat selbst verbreitete er bald Furcht und Schrecken.

Revolution und Bürgerkrieg hatten das ehemalige Zarenreich in ein unbeschreibliches Chaos gestürzt. Mit dem Untergang der alten herrschenden Klasse hatte sich die staatliche Ordnung aufgelöst. Die Revolutionsführer waren sich über den neuen Weg nicht einig. Die Versorgungsstränge waren zerrissen. Hungersnöte suchten das Land heim. Das Ende des großen sozialistischen Experiments schien nahe.

Statt die Revolution in die Welt hinein zu tragen, galt es deshalb, zuerst den Sozialismus im eigenen Land zu sichern. In den Linien- und Flügelkämpfen der zwanziger Jahre erwies sich Generalsekretär Stalin als Meister der Kunst, Kräftefelder früh zu erkennen und zur richtigen Zeit auf das richtige Pferd zu setzen. Seinen Rivalen Leon Trotzki, den revolutionären Intellektuellen und Befehlshaber der Roten Armee, manövrierte er samt der weltrevolutionären „Linken" aus und ließ ihn später verbannen und schließlich im mexikanischen Exil ermorden. Stalin hielt nun auf Mittel- und Rechtskurs. Neben der Planwirtschaft durfte sich die Privatwirtschaft wieder in größerem Umfang entfalten, denn nur so war den Versorgungsnöten beizukommen.

Josef Stalin (in heller Uniform) wird Anfang der dreißiger Jahre zum allmächtigen Diktator. Viele seiner Gefährten aus der Revolution fallen seinem Terror zum Opfer.

Die Lage besserte sich. Die neue Wirtschaftspolitik bedeutete vor allem auch Duldung der privaten Landwirtschaft. Doch die Bauern trauten diesem Regime nicht. Wie in allen schwierigen Zeiten horteten sie ihre Erzeugnisse. Damit wehrten sie sich gegen die niedrigen offiziellen Agrarpreise und die hohen Steuern. Was hätten sie auch mit dem Geld anfangen sollen, wo es doch fast nichts zu kaufen gab? Weil die Bauern aus diesen Gründen zu wenig ablieferten, wurde die Versorgung der Städte mit Lebensmitteln gegen Ende der zwanziger Jahre wieder sehr schwierig, drohte erneut Hungersnot. In dieser Zeit wandelte sich Stalin so schnell, daß seine Getreuen nicht wußten, wie ihnen geschah. Hatte er kürzlich erst die Parteilinke verstoßen, so verstieß er jetzt die Rechte, steuerte auf die totale Plan- und Zwangswirtschaft zu und erklärte den Bauern den Krieg. Sein Gespür für künftige Machtfundamente hieß ihn, zugunsten einer neuen Industriegesellschaft die Nahrungsmacht der Privatbauern zu bre-

chen. War der Terror bisher eines von mehreren Instrumenten in Stalins Hand gewesen, so wurde er jetzt zum Herrschaftsprinzip. In der Sowjetunion begannen die dreißiger Jahre.

Auf der Fahrt durch den Ural rumpelt der lange Zug wieder einmal zu einem Halt auf freier Strecke. Eine Gruppe von Uniformierten und Zivilisten steht auf den Gleisen. Einer schwenkt eine rote Fahne. Aus der Nähe sieht man in ihrer Mitte gefesselte Männer, die nun in einen der haltenden Waggons mit den jungen Arbeitern hineingestoßen werden. „Zusammenrücken, Kameraden! Hier habt ihr ein paar fette Kulaken als Proviant!" Kulaken sind es also, Großbauern, die sich unter allgemeinem Gejohle nun angstvoll in eine Ecke kauern. Warum hat man sie nicht gleich totgeschlagen? Es zeigt sich, daß in Korovye eine Massenversammmlung angesetzt ist. Fünftausend Landarbeiter und arme Kleinbauern sollen kommen, um gegen die Kulaken zu protestieren und die vollständige Kollektivierung der Landwirtschaft zu fordern. Und dafür werden ein paar von diesen Kulaken als Schaustücke gebraucht. Also fährt man ein Stück mit in Richtung Korovye.

Solche Veranstaltungen, vom Regime „spontane Proteste des Volkes" genannt, finden überall in der Sowjetunion statt. Die Propagandamaschine Stalins hat die Kulaken zum nationalen Haßobjekt gemacht: sie sind schuld an der ganzen Not, sie müssen ausgemerzt werden. „Kulaken" sind die wohlhabenderen Bauern, die auch Lohnarbeiter beschäftigen. Sie machen weniger als ein Zehntel der bäuerlichen Bevölkerung aus. Das untere Ende der sozialen Ordnung im Dorf bilden die Dorfarmen, die „Byednyaks", mit ihren windschiefen Katen und dem bißchen Land, das zu wenig zum leben und zu viel zum sterben ist. Dieses Land beackern die meisten noch mit Holzpflügen. Wenige besitzen auch nur eine einzige Kuh. Viele müssen beim Kulaken arbeiten gehen. Etwa jeder Vierte im Dorf gehört zu diesen Armen. Zwischen ihnen und den Kulaken stellen die Mittelbauern, die „Serednyaks", zwei Drittel der Landbevölkerung. Sie können von ihrem Hof und ihren Äckern einigermaßen leben, beschäftigen keine Arbeiter und verdingen sich auch nicht als Landarbeiter.

Das Ziel Stalins ist, die bisher nur zögernd betriebene Kollektivierung der Landwirtschaft in einem

Noch ist die Sowjetunion ein altmodisches Agrarland. Mit der Zwangskollektivierung der Landwirtschaft zerstört Stalin die Bindung der Bauern an ihre Erde.

gewaltigen Kraftakt durchzusetzen. In die „Kolchosen" soll das Land und die Arbeitskraft der Bauern eingebracht werden. Großflächige Bewirtschaftung und moderne Anbaumethoden mit Hilfe der vom Staat einzurichtenden Maschinen-Traktoren-Stationen sollen allen ein gutes Auskommen gewähren und jene Überschüsse erzeugen, die für die Versorgung der Städte so dringend notwendig sind. Doch die Logik dieser Argumente hat die Masse der Landwirte bisher nicht zu beeindrucken vermocht. Nur die Dorfarmen, die ohnedies nichts zu verlieren haben, können auf Besserung ihrer Verhältnisse im Kolchos hoffen. Hier setzt Stalin den Hebel an. Tau-

59

sende von kleinen Trupps, aus je fünf bis zehn politisch geschulten Leuten bestehend, werden aus den Städten aufs Land geschickt. Sie sollen die Dorfarmen gegen die Kulaken aufstacheln, die Mittelbauern damit in die Zange nehmen und so Dorf nach Dorf kollektivieren. Die Hauptaufgabe ist die Gewinnung der breiten bäuerlichen Mittelschicht – mit den paar Kulaken allein würde man schnell fertig werden. Doch diese Bauern und mit ihnen auch viele der Armen im Dorf fühlen sich mit ihrem Stück Land untrennbar verbunden. Die Erinnerung an die Zeit der Leibeigenschaft ist noch allzu lebendig, und erst wenige Jahre vor der Revolution wurde den Bauern das Recht gewährt, aus der Zwangsmitgliedschaft in den „Kommunen" auszuscheiden und wirklich freie Bauern zu werden. In der Revolution waren sie auf der Seite der Kommunisten gewesen

und hatten diesen geholfen, die großen Landgüter zu zerschlagen. Und nun sollte ihnen das von Generationen Erträumte und endlich Erreichte weggenommen werden: das eigene Stück Land.

Dennoch könnte der eine oder andere gewonnen werden, wenn die Propagandisten der Kollektivierung in der Lage wären, wirkliche Vorteile anzubieten. Aber weder die nötigen Gebäude noch die nötigen Fachleute sind da, es fehlt an Saatgut und in der ganzen riesigen Sowjetunion gibt es bis jetzt nur 30 000 Traktoren. Der Überzeugungsarbeit folgt zunächst psychischer Druck. Die Hetze gegen die Kulaken wird auf mehr und mehr Bauern ausgedehnt: der Begriff „Kulake" ist schwammig. Schließlich gilt jeder als Kulake, der ein paar Stück Vieh oder ein ordentliches Haus besitzt und sich weigert, dem Kolchos beizutreten.

Dem Zwang, Gerätschaften und Vieh herauszugeben, widersetzt sich die Landbevölkerung durch Zerstören und Schlachten. Durch dieses Schlachten

weit über einen sinnvollen Eigenbedarf hinaus sowie durch den Mangel an Viehfutter sinkt der Viehbestand binnen vier Jahren auf weniger als die Hälfte. Der Umstand, daß sich allein die Zahl der Pferde um 18 Millionen verringert und daß die Zahl der Traktoren nur um 150000 steigt, läßt die Schwere der herannahenden Katastrophe ahnen.

Mehr und mehr Dörfer leisten geschlossen Widerstand. Die Kollektivierung artet in bürgerkriegsartige Zustände aus. Stalin setzt Truppen ein. In manchen Dörfern wird der Widerstand mit Maschinengewehrgarben zusammengeschossen. Viele begehen Selbstmord in ihrer Verzweiflung. Wer sich nicht fügt, wird verhaftet, enteignet, deportiert. Der Leidensweg der fünf bis zehn Millionen Bauern, Bäue-

Von einer Hungersnot wie in der Zeit unmittelbar nach der Revolution (Foto) wird die Sowjetbevölkerung Anfang der dreißiger Jahre heimgesucht. Die Zwangskollektivierung hat die Landwirtschaft ruiniert.

rinnen und Dorfkinder nach Sibirien gehört zu den großen Tragödien des zwanzigsten Jahrhunderts. Die meisten Transporte führen in den unwirtlichen Norden und Osten. In den ungeheizten Waggons – oft sind es offene Viehwaggons – sterben viele. Die GPU, die politische Staatspolizei, bewacht die Transporte. Millionen füllen die Lager, die zur Urbarmachung und zum Abbau der Bodenschätze in den Entwicklungsregionen entstehen. Im Zeichen des Sozialismus ist Zwangsarbeit zu einer fast schon normalen Lebensform geworden. Einige gehen auch „freiwillig" nach Sibirien, weil sie keine Lebensgrundlage mehr im eigenen Dorf haben. Mit primitivem Ackergerät versuchen sie, in der Einöde neu anzufangen.

Schon 1930 kann Stalin melden, daß mehr als die Hälfte der bäuerlichen Betriebe kollektiviert sind. Doch nun tritt Stalin heftig auf die Bremse, weil sich eine Versorgungskatastrophe abzeichnet. Wer will, darf die Kolchose verlassen. Eine Massenflucht setzt

ein: jeder zweite Kolchosbauer zieht sein Land aus dem Kollektiv heraus. Sofort steuert der Diktator wieder in die Gegenrichtung. Die Katastrophe läßt sich ohnedies nicht mehr aufhalten. Als Folge des Viehsterbens, des Widerstands und der chaotischen Verhältnisse in den Dörfern sowie der Leistungsunfähigkeit und mangelnden Ausrüstung der neuen Kolchosen erleidet die Sowjetbevölkerung in den Jahren 1932 und 1933 eine Hungersnot, die noch schlimmer ist als die Not in den Jahren nach der Revolution. Mit 3,3 bis 3,5 Millionen wird die Zahl der Opfer in einer Mitteilung der Geheimpolizei an Stalin angegeben. Andere Schätzungen liegen weit höher. Doch niemand darf über diesen Fehlschlag der Politik Stalins reden. Die bloße Erwähnung gilt als Verbrechen. So kommt es auch, daß die Tragödie der Außenwelt fast ganz verborgen bleibt. In diesen Jahren sind die anderen europäischen Länder und Amerika so sehr mit der Weltwirtschaftskrise und der eigenen Not beschäftigt, daß man sich dort ohnedies kaum für die viel schrecklichere Not in Stalins Sowjetunion interessiert hätte.

Aus dem brutalen Klassenkampf gegen die Bauern geht das Land noch tiefer verändert hervor als aus dem Revolutionsjahr 1917. Das bäuerlich Gewachsene, das die Völker der Sowjetunion geprägt hatte, ist ausgemerzt. Die Leute in den Kolchosen sind Arbeiter, nicht Bauern. Ihnen fehlt die Bindung an den Boden, weil es nicht ihr eigener ist. Die persönliche Hingabe ist aus der Landwirtschaft verschwunden. Dies wird sich trotz der zunehmenden Mechanisierung auf viele Jahrzehnte hinaus in mangelnder Leistungskraft und in der ständigen Abhängigkeit von ausländischen Agrarimporten auswirken. Nur auf dem Fleckchen Erde, welches das Regime dem Kolchosbauern schließlich für den Eigenbedarf und für ein wenig freien Handel auf dem örtlichen Markt beläßt, lebt eine Spur von Bauerntum weiter.

Die gefesselten Kulaken mit ihren Bewachern haben den Waggon verlassen. Der Zug mit den Jungarbeitern nähert sich seinem Ziel. Von dort geht es mit Lastautos und Fuhrwerken weiter hinein in die Berge, auf holperigen Trassen, denn die Straßen sind noch nicht fertig. Schließlich tauchen Zeltstädte auf, die überall zwischen aufgewühlter Erde stehen. Hier und da auch schon Baracken, dauerhaftere Unterkünfte. Magnitogorsk heißt dieser riesige Bauplatz im südöstlichen Ural. Schon jetzt hat das Wort „Magnitogorsk" nahezu magische Bedeutung. Es steht für den gewaltigen Sprung in die industrielle Zukunft, den Joseph Stalin der rückständigen Sowjetunion verordnet hat. Als Fundament dieser Zukunft wird hier eine neue Eisen- und Stahlindustrie aufgebaut. Im Rahmen der Fünfjahrespläne vervielfacht die Sowjetunion über schwere Rückschläge hinweg bis zum Ende der dreißiger Jahre ihr Industriepotential, das sich nun mit dem Potential Deutschlands und der anderen großen Industrieländer messen kann. In diesem Jahrzehnt steigt die Kohleproduktion um das Fünffache, die Stahlproduktion um das Vierfache, die Stromerzeugung um das Zehnfache, die Zahl der Werkzeugmaschinen um das Dreißigfache.

Nur ein Herrscher mit der absoluten Macht der ägyptischen Pharaonen oder des chinesischen Kaisers Qin Shihuang, der die große Mauer errichten ließ, kann ein Land so schnell und so radikal verändern. Nur er kann sich, mit der nötigen Skrupellosigkeit ausgestattet, über alles menschliche Leid hinwegsetzen. Aus dem Revolutionär des internationalen Sozialismus, der den Staat hinwegwelken lassen wollte, ist Stalin zum Vollender des starken totalitären Nationalstaates geworden. Der große Sprung nach vorn transportiert nicht nur die Arbeitslosen und die Zwangsarbeiter zu den neuen Industriezentren. Die Idee von der Erneuerung des Landes begeistert viele junge Sowjetbürger. Die Jugendorganisation Komsomol organisiert den Einsatz der Freiwilligen, die harte Entbehrungen auf sich nehmen. Stalin läßt diese Stimmung mit dem ganzen Register seines Propagandaapparates schüren. Eine faustische, heroische Atmosphäre geht von den Filmen aus, die das Entstehen des Stahlkomplexes „Komsomol" von Magnitogorsk oder der neuen Bahnstrecke zeigen, die den Namen „Turksib" trägt und über Wüsten, Gebirge und Eis hinweg Turkestan im Süden mit Sibirien im Norden verbindet. Für den Film „Komsomol" hat das Regime den holländischen Dokumentaristen Joris Ivens engagiert, der wie so viele westliche Linksintellektuelle die Sowjetunion bewundert. Auf Szenen vom Niedergang des Westens, von Arbeitslosigkeit und Tumulten, folgt das hohe Lied sozialistischen Fortschritts. Man sieht, wie die jungen Männer und Frauen mit ihren Bün-

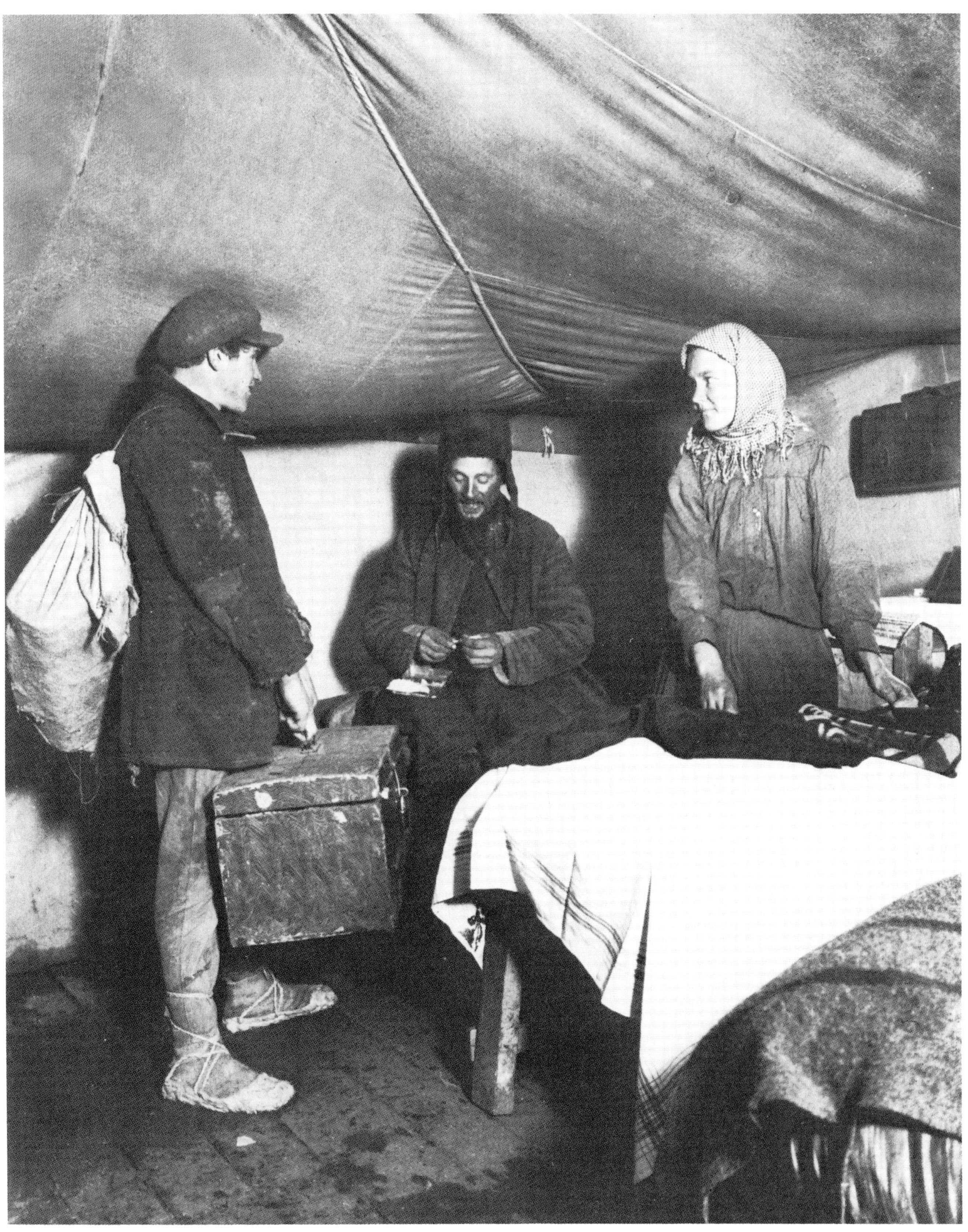

Arbeiter aus allen Teilen des Landes werden in menschenleere Regionen Sibiriens oder des Urals geschickt, wo sie zunächst in Zeltstädten hausen und große Industriekomplexe wie Magnitogorsk aufbauen.

Die Umwandlung der Sowjetunion in einen modernen Industriestaat gelingt binnen weniger Jahre. Schiere Muskelkraft ersetzt die zunächst noch fehlenden Baumaschinen.

deln in Magnitogorsk ankommen und ihre Arbeitsverträge bekommen. Manche unterschreiben mit drei Kreuzen, weil sie zu den Analphabeten gehören, die aber nun in die große Volksbildungskampagne einbezogen werden sollen. Viele Frauen arbeiten hier, in langen Ketten aufgereiht, um Steine zur Baustelle hochzuhieven: Gleichberechtigung in der Schwerarbeit. Das Zeitalter der Bagger ist noch nicht gekommen. Ein Gewimmel von Menschen mit Spitzhacken, Schaufeln und Schubkarren bewegt die riesigen Erdmassen. Im Licht der Fackeln arbeitet die Nachtschicht. Das Soll muß übererfüllt werden. 34 Monate nach der Errichtung des ersten Zeltes hier im fernen Ural fließt Stahl aus dem ersten Hochofen von Magnitogorsk. Der Film endet mit einer Hymne aus Feuer, gleißendem Metall, arbeitsfrohen Menschen und revolutionärem Gesang. Die

Welt des GULAG, wo die Zwangsarbeiter die neue Sowjetunion aufbauen, bleibt verborgen.

GULAG, die Zentralverwaltung der Gefängnisse und Zwangsarbeitslager, wurde 1930 errichtet, um Stalins finsterstes Reich zu regieren. Der Masse der Bauern, die sich der Kollektivierung widersetzt hatten, folgen die Millionen aus den Städten, die von den Spitzeln und Schnellgerichten des totalitären Apparats als Schädlinge ausgemacht worden sind und denen das fragliche Glück zuteil wurde, nicht gleich „liquidiert" zu werden. Das Denunziantentum wird zu einer nationalen Hysterie und macht sogar vor Mitgliedern der eigenen Familie nicht halt. Wer denunziert, hofft, selbst davonzukommen. Wer liquidiert, muß weiter liquidieren, um nicht von jenen liquidiert zu werden, die noch nicht liquidiert worden sind. In diesem Regelkreis des Terrors hat sich der Diktator eingerichtet. In Geheim- und Schauprozessen oder auch ohne Gericht läßt er die alte Garde der Bolschewiken, seine bisherigen Kampfgefährten, und alle jene zum Tode verurteilen oder – seltener – ins Straflager schicken, die

seine Allmacht antasten könnten. Dieser „Große
Terror" vor allem der Jahre 1934 bis 1939 mit seinen „Säuberungen" dezimiert die Führungsschicht,
die Intelligenz, das Offizierskorps. Ebenso geraten
die kleinen Leute in sein Räderwerk. Ein unvorsich-
tiges Wort kann Freiheit oder Leben kosten; das
Eigentum wird beschlagnahmt, die Familie verelen-
det. Aus dem Staatssicherheitsdienst GPU ist der
noch mächtigere und alles durchdringende Polizei-
apparat des NKWD geworden, dessen Chef Law-
renti Pawlowitsch Berija das schreckliche Werk
vollendet. Die Folter, die Angst vor der Folter und
die verzweifelte Hoffnung, vielleicht doch mit dem
Leben davonzukommen, zeitigen die abstrusesten
Geständnisse und Selbstbezichtigungen. Angeklag-
te, die man aus Propagandagründen in Schauprozessen auftreten und nicht gleich verschwinden läßt,

wirken wie gespenstische Marionetten. Die Gehirn-
wäsche läßt Menschen, die zu den führenden Köp-
fen des Landes gehört hatten, die vom NKWD ein-
gepaukten Litaneien aufsagen. Für viele beginnt der
Leidensweg in der Lubjanka, der Moskauer Zentrale des Terrors mit ihren Folterkellern. Für viele endet er auch dort. Die Zahl der Erschossenen allein
des Jahres 1938 wird auf mindestens eine Million
geschätzt. Sieben bis zwölf Millionen Einwohner
hat die Lagerwelt des GULAG. Man schätzt, daß
jeder dritte in ihr umkommt. Das modernste, hu-
manste Strafrecht sollte nach der Revolution gelten.
Die Häftlinge sollten die gleichen Löhne wie andere
Arbeiter erhalten und unter der Obhut der Gewerkschaften stehen. Den Menschen in der Welt des
GULAG wird eine menschliche Existenz versagt.
Diejenigen, die aufbegehrt haben, sollen gebrochen
werden, damit sie nie wieder aufbegehren können.
In endlosen Kolonnen ziehen die abgerissenen Gestalten zu den Großbaustellen. Sie heben mit schie-
rer Handarbeit das Bett der neuen Kanäle aus. Für
die 270 Kilometer des Fergana-Kanals in Usbeki-

stan brauchen 160 000 von ihnen nur 45 Tage. 500 000 bauen den Kanal durch die kalte Region zwischen Ostsee und Weißem Meer. Ein Überlebender berichtet aus der sibirischen Tundra, daß bei seiner Ankunft das Lager noch gar nicht stand. Die erschöpften Gefangenen mußten Erdlöcher ausheben, deren Grund sich rasch mit Schlamm füllte. Darüber breiteten sie Zweige als Nachtlager aus und schliefen dicht aneinander gedrängt, um nicht zu erfrieren. Doch immer wieder gab es Streit, Drohungen, verzweifeltes Geschrei. Um vier Uhr morgens wurden sie geweckt. Zum Frühstück gab es wie auch zu den anderen Mahlzeiten grobes Mehl, mit Wasser verknetet. Von denen, die sich krank meldeten, wurden die meisten zum Antreten für den Arbeitseinsatz geprügelt. Wer allzu schwach zum Aufstehen war, mußte einem anderen Kleidung und Schuhe abgeben.

Vor allem durch Zwangsarbeit wird die rapide Entwicklung der Sowjetunion in den dreißiger Jahren erreicht. Hier: auf dem Weg zum Bau des Fergana-Kanals 1939.

Der Terror erfüllt seinen Zweck. Statt revolutionärer Unruhe liegt Friedhofsruhe über dem Land. Die Sowjetbürger müssen sich damit abfinden, daß den alten Zaren ein schlimmerer neuer Zar gefolgt ist, daß die freieren Jahre vor und nach der Revolution ein kurzes Zwischenspiel in der Leidensgeschichte Rußlands waren. An die Stelle der liquidierten Führungskader und der revolutionären Intelligenz hat Stalin jüngere Leute gesetzt, die unbelastet sind von alten Linienkämpfen und Rivalitäten. Sie sind Stalin absolut ergeben in ihrer Dankbarkeit, so jung so hoch aufsteigen zu dürfen. Ihr Mangel an Erfahrung verursacht Fehler und Rückschläge, ihr Eifer jedoch läßt Stalins Machtfundament härter werden. Dem Diktator sind auch jene in Treue verbunden, die in Magnitogorsk, Dnepropetrowsk, Irkutsk und den anderen Stätten der sowjetischen Industrierevolution aus dem Nichts heraus Aufnahme fanden in der zukunftsreichen Klasse der Techniker und Manager. Die Basis ihres Erfolgs wiederum sind die Millionen, die der Armut durch die Arbeit in der neuen Industrie entrinnen konnten.

Stalin ist unnahbar geworden. Vorbei ist die Zeit, da er sich unter das Parteivolk mischte und im Treppenhaus der Parteizentrale mit diesem oder jenem Regionalfunktionär Erfahrungen austauschte und scherzte. In der Öffentlichkeit erscheint Stalin fast nur noch bei zeremoniellen Anlässen, in starrer Pose. Sein Gefolge, das Politbüro, umgibt ihn wie Höflinge in starrer Ordnung. In starren Formen huldigt ihm das Volk. Die Erinnerung an die Jahre nach der Revolution, als Moskau an geistiger Offenheit und Experimentierfreude mit Weltstädten wie Paris, Berlin oder London konkurrierte, ist durch Emigration, Tod oder Anpassung der meisten Beteiligten getilgt. 1930 bringt sich Wladimir Wladimirowitsch Majakowski um, der Dichter, Futurist, Theatermann, Star der kommunistischen Bohème von Moskau und Propagandist einer freien sozialistischen Gesellschaft. Der Schriftsteller Maxim Gorki, als Patriarch der proletarischen Kultur dem Bolschewismus früh verbunden, hält Stalin noch die Treue. Aber er wird nicht zum Hofdichter des Stalinismus. Gorki stirbt 1936. Stalin braucht keine Avantgarde, sondern eine Gebrauchskultur zur Propagierung des nationalen Aufbaus und zur Formung einer Gesellschaft, wie er sie sich wünscht. Nicht Ideen hat diese Gesellschaft nötig, sondern Gehorsam und Stabilität. In der Schule waren Bänke, feste Stunden, Hausaufgaben und Noten abgeschafft worden, die revolutionäre Schule sollte die Familie schwächen. Dies ist nun vorbei. Auf Disziplin und Lernen kommt es wieder an. Schule und Familie werden, ebenso wie die Fabriken, die Straflager und natürlich die Massenorganisationen, zu straff geführten Einheiten in der armeeartigen Organisation des Staates. Der Vater ist der Beauftragte des Staates in der Familie. Dem Niedergang der Familie infolge revolutionärer Neuerungen wie freier Liebe und leichter Abtreibung und Scheidung wird durch strengere Gesetze begegnet. Seine Familienpolitik läßt Stalin durch Parolen wie „Wendung zum Menschen" und „Hinabsteigen zu den Müttern" propagieren.

Bilder von einem Besuch bei seiner alten Mutter in Georgien sollen an die warme Seele des Diktators erinnern. In der öffentlichen Darstellung Stalins tritt das Bild des fürchterlich strafenden Gottes wieder hinter dem Bild des leutseligen Herrschers zurück.

In den Hymnen zu seinem Lobe kommen Worte wie „geliebt" und „gut" neben „stählern" und „genial" wieder zu Ehren. Zur doppelten Sicherheit sorgt ein Gesetz des Jahres 1934 dafür, daß die Familie dem Diktator in furchtsamer Treue verbunden bleibt. Es verpflichtet Kinder ab dem Alter von 12 Jahren, jeden anzuzeigen, der sich des „Vaterlandsverrats" verdächtig macht. Diese Kinder werden in die Sippenhaftung einbezogen. Dem Kollektiv namens „Familie" stellt das Regime auch mehr und mehr soziale Dienste zur Verfügung, vor allem Mütterheime und Kinderkrippen. Denn hohe Geburtenraten sind nötig, um den Bevölkerungsschwund der Kollektivierungs-, Hunger- und Terrorjahre auszugleichen und Industrialisierung und Aufrüstung zu ermöglichen.

Auch nach dem Ende der Hungersnot muß die Sowjetbevölkerung große Entbehrungen auf sich nehmen. Sie hat die enormen Kosten der Modernisierung zu tragen. Trotz des fortgesetzten Nahrungsmangels müssen sogar Lebensmittel exportiert werden, denn für den Import der Maschinen sind Devisen nötig. Die Reallöhne sinken bei wachsenden Leistungsanforderungen. Am 30. August 1935 schlägt der Hauer Alexei Stachanow im Bergwerk Irmino in der Ukraine in einer Schicht 102 Tonnen Kohle und übertrifft damit die bisherige Norm um 1300 Prozent. Und wie es sich in totalitären Ländern fügt: die „spontane" Tat des Kohlenhauers kommt just zur rechten Zeit, um eine große Kampagne zum Hinaufschrauben der Arbeitsnormen einzuleiten. Stachanow wird zum Helden der Nation und man erklärt das Jahr 1936 zum „Stachanow-Jahr". In einer nationalen „Stachanow-Bewegung" verpflichten sich Arbeiter und Brigaden zu immer höheren „freiwilligen" Leistungen, was zur Festlegung immer höherer Normen und einer immer erbarmungsloseren Ausbeutung der Arbeiter führt. Die Gewerkschaft macht diesen Kurs mit, denn sie hat ihre eigentliche Aufgabe verloren und ist – wie die nationalsozialistische „Arbeitsfront" – zum Instrument des Unterdrückungsapparates geworden. Prämien und Medaillen treiben die Normen voran. Presse und Wochenschau feiern wöchentlich neue Helden und Heldinnen der Stachanow-Bewegung, wie die Kolchosbäuerin Maria Demčenko oder die Textilarbeiterin Dusya Vinogradova, die in Iwanowo 216 Webstühle gleichzeitig betreibt. Die aufgestaute Wut vieler Arbeiter macht sich dadurch Luft, daß Aktivisten immer wieder verprügelt oder umgebracht werden.

Die Gleichheit, die das Ziel der Revolution war, muß wegen der Notwendigkeit von Leistungsanreizen und vor allem wegen des Entstehens neuer industrieller und politischer Führungsschichten einem Stufensystem von Entlohnungen und Privilegien weichen. Die „Datscha" des höheren Funktionärs kündigt die neue Klassengesellschaft an. Spezialkaufhäuser und besondere Speiseräume sind bestimmten Funktionärskategorien vorbehalten. Mit dem Aufstieg in höhere Schichten sind höhere Bezüge verbunden. Zu Orden und Titeln gehören besondere Privilegien. 1935 werden die Lebensmittelkarten abgeschafft. Doch dies benachteiligt die Arbeiter, weil damit auch die niedrigeren „genormten"

Viele Kinder haben durch die Revolution, die Hungersnöte und den Terror ihre Eltern verloren. Nun will man sie aus der Jugendkriminalität in die Gesellschaft zurückführen.

Preise für Grundnahrungsmittel entfallen. Es gibt wieder Reiche und Arme. Einem Funktionärsgehalt von 10000 Rubel steht ein Arbeiter-Lohn von 150 oder 200 Rubeln im Monat gegenüber. Brot kostet über einen Rubel, Fleisch 5 bis 9 Rubel das Kilo, ein paar Schuhe 290 Rubel, ein Hemd um die 50 Rubel. Zum Glück sind Kartoffeln und die Miete billig, aber die Wohnverhältnisse sind schwierig. Der Wohnungsbau kommt mit dem raschen Wachstum der Städte nicht mit. Die meisten leben in Gemeinschaftswohnungen mit primitivster Ausstattung: zwei Quadratmeter pro Person, gemeinsame Küche und Toilette, ständige Reibereien, Streit.

Dennoch: es geht aufwärts. Das Elend ist nicht mehr so augenfällig. Die kriminellen Kinder- und Jugendbanden machen nicht mehr die Straßen unsicher. Als Folge der Revolution und des Verlusts der Eltern durch Hunger und Terror sind sie eines der großen Probleme des Landes gewesen. Man hat die Jugendlichen in Umerziehungslager, Arbeitsbataillone oder Straflager gesteckt. In den Kolchosen ist der neue Alltag der ländlichen Sowjetunion eingekehrt. In vielen Sprachen schickt die Sowjetregierung Propagandaschriften in die Welt. In deutscher Sprache wird die Kolchose „Roter Oktober" im Gebiet von Kirowsk folgendermaßen geschildert: „Die Mitglieder der Kollektivwirtschaft führen ein wohlhabendes und kulturelles Leben. Sie besitzen ihr eigenes Erholungsheim, eine Badeanstalt mit Wannen- und Brausebädern, eine Speisehalle, ein elektrisches Kraftwerk und eine Wasserleitung. Im Laufe des Jahres 1937 wurden 57 Kinovorstellungen, 58 Theateraufführungen und Konzerte veranstaltet ... 126 Kinder aus den Familien der Kollektivbauern besuchen eine Mittelschule, während 20 an einem Technikum oder an einer Universität studieren. Die Erfolge der Kollektivwirtschaft „Roter Oktober" sind darauf zurückzuführen, daß ihre Mitglieder mit Stachanowmethoden arbeiten. ...."

Solche Vorzeige-Kolchosen beeindrucken manchen ausländischen Besucher; in den meisten Kolchosen bleiben die Verhältnisse ärmlich und primitiv.

Moskau präsentiert sich mit vielen neuen Gebäuden. Der „Zuckerbäcker-Stil" stalinistischer Architektur kündigt sich an. Mitte der dreißiger Jahre wird die Metro mit ihren palastartigen Bahnhöfen

Durch bombastische Propaganda läßt Stalin seine Sowjetunion als Land des Fortschritts preisen.

eingeweiht. In der Gorki-Straße 14 wird der berühmte Feinkostladen Jelissejew mit seinen Riesenlüstern und seinem Stuck aus der alten Zeit nun als größtes staatliches Lebensmittelgeschäft der Sowjetunion mit dem Namen „Gastronom Nr. 1“ eröffnet. Es signalisiert, daß die schlimmsten Zeiten vorüber sind. Den ausländischen Besucher der Sowjetunion verwirrt, daß es keinen Sonntag mehr gibt. Auf die Kirche muß keine Rücksicht mehr genommen werden. Sie wurde zerschlagen und die Gesetze von 1929 haben ihre Entmachtung vollendet. Nun wird den Arbeitern eine Fünftagewoche besonderer Art vergönnt: abwechselnd fünf Tage Arbeit und ein Tag frei, ohne Rücksicht auf die Sonntage. Jeden Tag haben also einige Sonntag. Wenn man die unsichtbare Sowjetunion des Terrors aus dem Bewußtsein verdrängt, bieten die spazierengehenden Arbeiterfamilien auf dem Roten Platz in Moskau, der Potjomkin-Treppe in Odessa oder im Peterhof-Park

bei Leningrad ein Bild bescheidenen Glücks. Die Kulturpaläste und Arbeiterclubs sorgen dafür, daß die Sowjetbürger auch in der Freizeit nicht dem Einfluß des Großen Führers entrinnen. Zu Billard und Schach ertönen aus den allgegenwärtigen Lautsprechern die Parolen und Klänge der Partei, die ab Mitte der dreißiger Jahre jedoch auch manchmal den Tango oder Foxtrott spielen läßt.

Die Sowjetunion geht dem Ende der dreißiger Jahre zwar industriell gestärkt, aber insgesamt noch nicht gefestigt entgegen. Der Terror hat die Führung der Roten Armee ausgedünnt. Das Unabhängigkeitsstreben einzelner Völker – besonders in der Ukraine und im Kaukasus – bedroht den Zusammenhalt der Sowjetunion. Aus diesen und den internationalen Verhältnissen schließt Stalin, daß nationale Stärke wichtiger ist als die kommunistische Weltrevolution. In Moskau kursiert der Spruch „Ein sowjetischer Traktor ist mehr wert als ein Dutzend guter ausländischer Kommunisten“. Im Gegensatz zur kühnen und gewalttätigen Innenpolitik ist die Außenpolitik Stalins die Vorsicht selbst. Nach wie vor erwartet Stalin den Angriff der kapitalistischen Länder – einer Übermacht, der auch eine gestärkte Sowjetunion noch nicht standhalten könnte. Deshalb ist der welterfahrene Außenminister Maxim Maximowitsch Litwinow auf allen diplomatischen Bühnen um Sicherheit und Bündnisse bemüht. Es ist eine zwiegesichtige Politik. Einerseits versucht die Sowjetunion, mit demonstrativer Bravheit Zeit und Spielraum zu gewinnen. Andererseits benötigt sie nach wie vor die in der „Komintern“ organisierten kommunistischen Auslandsorganisationen, um die kapitalistischen Länder in Unruhe zu halten und wenn nötig so zu schwächen, daß sie vor einem Angriff auf die Sowjetunion zurückschrecken. Diese Doppelstrategie macht es notwendig, die ausländischen Kommunisten hart an die Kandare zu legen. Denn die Kommunisten in Frankreich, Deutschland oder Spanien sind nur dann von Nutzen, wenn sie die taktischen Wendungen des Kreml bis zur absoluten Selbstverleugnung mitmachen. Zunächst hält Stalin die westlichen Demokratien samt den Sozialdemokraten für die gefährlichsten Gegner. Er befiehlt den kommunistischen Parteien, die Sozialdemokraten zu bekämpfen und zu diesem Zweck gelegentlich auch

Alltag im Moskau der dreißiger Jahre. Gegen Ende des Jahrzehnts kann mancher Sowjetbürger etwas aufatmen.

mit den Nationalsozialisten zusammenzuarbeiten. Die Sozialdemokraten wiederum müssen sich, um ihren Mitgliederstand gegen die als „wahre Arbeiterpartei" auftretenden Kommunisten zu behaupten, hart gegen die Parteien der Mitte abgrenzen. So kommt es weder in Frankreich noch in Deutschland zu jener dauerhaften Gemeinsamkeit der Mitte und der Linken, die als breites Fundament für die Demokratie notwendig wäre.

Auch nach Hitlers Machtübernahme ist Stalin trotz der Leiden der verfolgten deutschen Kommunisten auf ein gutes Verhältnis zu Deutschland bedacht. Erst 1934 beginnt er, die Nationalsozialisten und Faschisten für gefährlicher als die Sozialdemokraten zu halten. Indem er den Kommunisten Frankreichs und Spaniens erlaubt, „Volksfront"-Bündnisse mit Sozialdemokraten und Parteien der Mitte einzugehen, will Stalin die westlichen Demokratien als mögliche Partner gegen Hitler stärken. Um Vertrauen im Westen zu gewinnen, dämpft er während des spanischen Bürgerkriegs die linken Revolutionäre durch den Export seiner Terrormethoden. Denn er will den Anschein erwecken, daß es ihm nur um die Rettung der spanischen Republik geht.

Das späte Interesse Stalins an Gemeinsamkeit mit der demokratischen Linken im Westen verursacht jedoch eher Mißtrauen als Vertrauen. Die französische Volksfront mit ihren sozialistischen Experimenten und ihrem Chaos sowie die unheimlichen Vorgänge in Spanien verängstigen die bürgerlichen Wähler und stärken somit die konservativen Kräfte. Der sowjetische Diktator hat zwar durch den „Großen Terror" seine Position im Innern zu sichern vermocht, außenpolitisch jedoch bleibt er isoliert. Seinem Vertrag mit Frankreich kann er angesichts der Schwäche dieses Partners nicht viel Bedeutung beimessen. Zudem fürchtet Stalin, der Westen werde mit Hitler gemeinsame Sache gegen ihn machen. Ist es da nicht seine nationale Pflicht, sich mit Hitler zu verbünden? So geht die Sowjetunion dem Ende des Jahrzehnts und jenem Tag entgegen, an dem die Führer der beiden Terrorsysteme endlich zueinander finden – jenem bittersten Tag für alle Kommunisten, die in der Sowjetunion noch immer die Hoffnung auf eine bessere Gesellschaft verkörpert sehen.

5.
Der Untergang der Vernunft

In Deutschland enden Ansätze einer lebendigen Demokratie in der Massenbegeisterung
für Hitlers schreckliches Deutschtum.

„Hier können Familien Kaffee kochen!" verspricht ein großes Schild den Ausflüglern, die an einem schönen Sonntag im Mai 1930 von Berlin mit der Straßenbahn nach Schmöckwitz gefahren sind, zu den Seen und ins Grüne. Der Gaststätten-Kaffee ist zu teuer für die kleinen Leute. Sie bringen lieber den eigenen mit, zumal die Zeiten nicht mehr so gut sind wie noch vor zwei Jahren. Aber nach außen zeigt man das nicht. Kind und Kegel sind sonntäglich herausgeputzt. Vater trägt den guten Rock und die Krawatte, Mutter den tiefen Filzhut vom Kaufhaus Tietz. Volkslieder werden gesungen: „Im Wald und auf der Heide. ..." Einer zitiert seinen Goethe in den Wald hinein: „Vom Eise befreit sind Strom und Bäche. ..."

Frühling am Rand deutscher Städte. Manche Wanderer folgen jedoch nicht den üblichen Wegen. Sie streben tiefer in den Wald hinein, zu fernen Lichtungen, wo sie Gleichgesinnte treffen. Aus den Rucksäcken holen sie Uniformen, Armbinden, allerlei Schlagwerkzeuge, Waffen. Es wird angetreten. Kommandos. Angriffsübungen. Einige stehen Schmiere: nicht so sehr wegen der Polizei, sondern wegen der politischen Konkurrenz, die ebenfalls in den Wäldern den Bürgerkrieg probt. Ebenso wie in Österreich oder Frankreich versuchen Kampfverbände der Parteien, den Staat und das Recht in die eigene Hand zu nehmen. Jetzt, da die Weltwirtschaftskrise auch in Deutschland Not und Furcht verursacht, kommt wieder die Stunde der Radikalen. Die Rechten und die Linken tragen ihren blutigen Machtkampf auf den Straßen der gerade erst zehn Jahre alten Republik aus, die den Deutschen nach der Niederlage von 1918 die Demokratie bringen wollte.

Deutschland hat zwar den Ersten Weltkrieg verloren und beklagt die Millionen, die auf den Schlachtfeldern geblieben oder als Krüppel heimgekehrt sind. Aber die großen Schlachten hatten nicht auf deutschem Boden stattgefunden. Während Städte

Uniformierte Verbände der extremen Linken und Rechten sorgen für Chaos und Furcht in Deutschland. Oben: Kommunistenführer Ernst Thälmann (mit geballter Faust) beim „Roten Frontkämpferbund". Rechts: die nationalsozialistische „Sturmabteilung" (SA) fungiert unter Hitler als „Hilfspolizei" in Berlin.

und Landschaften in Frankreich, Belgien und im Osten Europas verwüstet worden waren, blieb das besiegte Deutschland fast unversehrt. Da das Leben trotz mancher Einschränkungen seinen gewohnten Gang genommen hatte und keine Siegertruppen durch das Land und durch Berlin zogen, waren die Deutschen auf die Wirklichkeit ihrer Niederlage nicht vorbereitet. Der scharfmacherische und pompöse Kaiser Wilhelm II. war ins Exil gegangen und die Generalität hatte sich aus der politischen Verantwortung zurückgezogen. Ausgerechnet in der Stunde der Niederlage wurde zum ersten Mal in der deutschen Geschichte das gewählte Parlament wirklich souverän. Und kaum war die erste demokratische Regierung entstanden, da mußte sie den Friedensvertrag von Versailles unterschreiben und die Folgen der Vergangenheit auf sich nehmen. Den de-

mokratischen Kräften wurde die Schuld an der Niederlage Deutschlands zugeschoben: sie hätten den „Dolchstoß" verübt, die Forderungen der Gegner erfüllt. Die Minister Rathenau und Erzberger wurden als „Erfüllungspolitiker" ermordet. Linke und rechte Extremisten – 1923 auch Hitler – putschten gegen den neuen Staat, der die chaotischen Jahre nach dem Krieg nur mit knapper Not überstanden hatte und wiederholt der Gefahr ausgesetzt war, zur Rechtsdiktatur oder zu einem kommunistischen Staat nach sowjetischem Vorbild zu werden. Das harte Pochen vor allem des kriegsgeschwächten Frankreichs auf Zahlung der Kriegsentschädigungen führte zu einer abenteuerlichen Inflation und – 1923 – zur Besetzung des Ruhrgebiets durch französische und belgische Truppen und damit zur gefährlichsten Situation für die neue Republik zwischen

den radikalen Kräften von links und rechts. Diese Lage entspannte sich erst, als die Einsicht Boden gewann, daß eine lebensfähige deutsche Republik besser sei als Chaos und drohende Revolution im Herzen Europas. So linderten amerikanische und britische Bemühungen die Last der Reparationen. Und das Glück wollte es, daß die deutsche Außenpolitik ab 1923 in den Händen Gustav Stresemanns lag. Dieser nationalbewußte Politiker sah die Interessen Deutschlands am besten durch den friedlichen Ausgleich mit den ehemaligen Feinden gewährleistet. Schritt für Schritt vermochte er die einschränkenden Bestimmungen des Versailler Vertrages zu überwinden, soweit sie nicht militärischer Art waren. Mit seinem wichtigsten Partner, dem französischen Außenminister Aristide Briand, begann er den Aufbau eines auf Zusammenarbeit gegründeten Systems europäischer Sicherheit.

Im Verlauf der zwanziger Jahre ging es wirtschaftlich aufwärts. Und trotz der politischen Wirrungen und des häufigen Wechsels der Regierungen konnte man hoffen, die Weimarer Republik – so genannt nach dem Tagungsort ihrer Verfassunggebenden Versammlung – werde sich zur dauerhaften Form eines demokratischen Deutschland entwickeln. An der Schwelle der dreißiger Jahre sprudelt dieses Deutschland förmlich über vor Aktivität auf allen Gebieten. Die Wirtschaft, die keinen sozialistischen Veränderungen ausgesetzt wurde, hat sich in Kartellen mit enormer Macht und technischer Fortschrittsleistung organisiert – Kartellen, derer sich Hitler schließlich bedienen wird. Berlin ist zum internationalen Mekka jener geworden, die den letzten Trend und die letzte Verrücktheit auf allen Gebieten der Kunst, der Unterhaltung, der Mode und der modernen Lebensart mitmachen wollen. Den Frauen bringt die Demokratie endlich das Wahlrecht. Gesetze bahnen Wege aus der völligen Unterordnung zur Gleichberechtigung. Elf Millionen Frauen sind nun berufstätig. Zu den vielgenannten Frauen dieser Zeit gehören der Revuestar Fritzi Massary und die Schauspielerin Elisabeth Bergner – beide werden das Deutschland Hitlers verlassen.

Die Zeitschrift „Der Querschnitt" reflektiert die aufregenden Entwicklungen dieser Jahre. Schriftsteller wie Kurt Tucholsky und Kabarettisten wie Werner Finck in seiner „Katakombe" schreiben ihre Satiren und Glossen gegen alte Zöpfe und Deutschtümelei. Dem amerikanischen Jazz entspricht das Zeitgefühl der Technizität. Die klaren Linien aus dem Bauhaus bestimmen mehr und mehr die Industrieprodukte. Bertolt Brechts episches Theater klagt die Gesellschaft an. Carl Zuckmayer verspottet in seinem Stück „Der Hauptmann von Köpenick" den preußischen Obrigkeitsstaat. Der dokumentarische Realismus in frühen Tonfilmen wie „Kuhle Wampe" zeigt, was Armut wirklich bedeutet. Spielfilme wie „Kameradschaft", in dem deutsche Bergleute eingeschlossene französische Bergleute im grenznahen Grubengebiet retten, drücken internationale Solidarität und den Wunsch nach Frieden aus. Die Filmgesellschaft UFA wird zum Hollywood Berlins und produziert Welterfolge wie „Der blaue Engel" mit Marlene Dietrich und Emil Jannings und „Der Kongreß tanzt". In den Berliner Uraufführungskinos „Capitol" und „Gloria-Palast" und den Revuen mit ihren internationalen Stars zeigt die Weimarer Republik ihre hochglanzpolierte und manchmal recht freizügige Seite. Überhaupt breitet sich seit den frühen zwanziger Jahren eine Lockerung der Sitten aus, die das allgemeine Bewußtsein zu überfordern scheint und die Behörden im Sommer 1932 zum Eingreifen veranlaßt. „Wahrnehmung der Geschäfte des preußischen Ministers des Innern: Frauen dürfen öffentlich nur baden, falls sie einen Badeanzug tragen, der Brust und Leib an der Vorderseite des Oberkörpers vollständig bedeckt, unter den Armen fest anliegt, sowie mit angeschnittenen Beinen und einem Zwickel versehen ist. Der Rückenausschnitt des Badeanzuges darf nicht über das untere Ende der Schulterblätter hinausgehen."

Noch mokieren sich die Kabarettisten über diesen „Zwickel-Erlaß" und andere deutsche Ordentlichkeiten. Im kommenden Jahr – 1933 – wird es mit diesem Spaß ein Ende haben. Noch bestaunt die Welt die Liberalität und geistige Weite jenes Deutschlands, das sich ihr in Berlin, München oder Hamburg präsentiert. Doch ist dies die deutsche Wirklichkeit? Oder ist es nur die Spielwiese von Intellektuellen, die sich die Freiheiten der neuen Demokratie herausnehmen? Ist das alte Deutschland das wahre Deutschland geblieben und wird das nun lediglich überstrahlt von ein paar funkelnden Neuheiten?

Mit dem Übergang zu den dreißiger Jahren, mit der erneuten Not und den Krawallen auf den Straßen, tritt das ‚Völkische‘ wieder in Erscheinung. Deutschtum wird gleichgesetzt mit hohem ethischem Wert: Deutschland, Deutschland über alles. Die nationalistische Rechte bezieht ihre Agitation auf den „Schandfrieden von Versailles" und hat damit leichtes Spiel. Denn während nach vorherigen Kriegen der Friedensvertrag zwischen Siegern und Besiegten ausgehandelt und damit wenigstens in der Form die Ehre der Besiegten gewahrt worden war, wurde der Vertrag von Versailles den Deutschen unter der Androhung eines neuen Krieges auferlegt. Das Gefühl nationaler Schande wird von der Rechten auch jetzt, Anfang der dreißiger Jahre, weiter geschürt, obwohl die Folgen des Friedensvertrages bereits zum großen Teil überwunden sind. Die Franzosen sind fünf Jahre früher als vorgesehen aus dem Rheinland abgezogen. Deutschland braucht keine Reparationen mehr zu zahlen. Doch solche Entlastungen kommen zu spät. Hitler ignoriert sie ebenso wie die weltweiten Ursachen der Depression und macht für alle Nöte der Zeit die Juden und das „System" verantwortlich, das Deutschland von den Siegern mit Hilfe deutscher Verräter aufgezwungen worden sei. Indem er dieses „System" – also die Demokratie – beschuldigt, das Deutschtum im Mark zu verderben, verleiht Hitler den Empfindungen breiter Bevölkerungsschichten Ausdruck. Zu wenige Deutsche wissen die demokratischen Freiheiten zu schätzen. Zu viele hatten sich im Obrigkeitsstaat bei Zucht und Ordnung wohlgefühlt. Parteienhader gilt als unwürdig. Leider begünstigt die Verfassung die Existenz von allzuvielen kleinen Parteien sowie den häufigen Wechsel der Koalitionen und der Regierungen. Der Kompromiß, jenes Alltagswerkzeug der Demokratie, wird als „faul" verachtet. Dieser Demokratie fehlt das Grandiose, Allumfassende, das im wilhelminischen Reich deutsche Sehnsüchte erfüllt hatte. Diese Sehnsüchte lebten weiter und beschworen bereits 1921 in einem Gedicht Stefan Georges den kommenden „Führer" herauf:

Der sprengt die Ketten fegt auf trümmerstätten
Die Ordnung, geisselt die verlaufnen heim
Ins ewige recht wo grosses wiederum gross ist

Herr wiederum herr, zucht wiederum zucht, er heftet
Das wahre sinnbild auf das völkische banner
Er führt durch sturm und grausige signale
Des frührots seiner treuen schar zum werk
des wachen tags und pflanzt das Neue Reich.

Sich Großem, Mystischem hinzugeben bleibt ein deutsches Seelenbedürfnis, das gerade auch in den Jugendbünden Ausdruck findet. Mit „Klampfe" und Wimpel ziehen die Jungen und Mädchen in ihrer einheitlichen „Kluft" hinaus „aus grauer Städte Mauern", weg von der nüchternen Industriewelt. Am Lagerfeuer erleben sie singend und sinnend die Einheit in der Kameradschaft und mit der Natur, dem Großen. Hier ist kein Platz für Diskussion. Gläubig zu gehorchen, hat seinen Wert in sich selbst. Die Inhalte dieses Glaubens werden von den Älteren vorgegeben. Da verbindet sich Religiöses mit Romantisch-Diffusem, mit alten Kulten und neuen Ideologien. Die Jungen und Mädchen stellen das nicht in Frage. Eines Tages werden sich die meisten in der Hitlerjugend wiederfinden, ohne daß ihnen der Übergang von ihrer Schwärmerei zum Dienst für einen Diktator richtig bewußt geworden ist.

Auch der Antisemitismus gehört zu den Stimmungen, die es Hitler leicht machen, das „gesunde Volksempfinden" aufzustacheln: die Juden sind an allem schuld! In der Geschäftswelt, in den freien Berufen und Künsten sind die Juden besonders erfolgreich und verursachen Neid. Denn hier durften sie sich entfalten. Also brandmarken die Nationalsozialisten das, was neu, kühn, aufregend ist, als Angriff einer „minderwertigen Rasse" auf die deutsche Kultur. Dies verschafft ihnen breite Zustimmung. In Deutschland unterscheidet man zwischen „Kultur" und „Zivilisation". Der letzteren wird das Materielle, Technische, Hygienische zugeordnet, der Kühlschrank des Amerikaners zum Beispiel. „Kultur" hingegen ist etwas Hehres, über das normale Leben Erhabenes. Die Deutschen empfinden sich als „Kulturnation" und neigen wenig dazu, auch anderen Völkern diesen Rang zuzubilligen. Dieser Kultur-Dünkel gehört zu den Ursachen von Hitlers Erfolg. Denn nicht zuletzt seiner Pose als Wahrer der deutschen Kultur verdankt er sein brei-

tes Machtfundament im Bildungsbürgertum, das in
der öffentlichen Meinung den Ton angibt. Zu viele
gebildete Deutsche nehmen ein bestimmtes Sortiment kultureller Erscheinungen fraglos und verehrend auf, als habe es mit der Wirklichkeit nichts zu
tun. Hitler kann dieses Sortiment weitgehend unver-
ändert in seinen Kulturbetrieb einfügen, der über
den alljährlichen Wagnerkult in Bayreuth schließlich in die Vernichtungslager führt, wo jüdische
Musiker ihren Peinigern Haydn und Beethoven vor-
spielen müssen.

Adolf Hitler kam 1889 in dem österreichischen
Städtchen Braunau am Inn zur Welt. Ohne Schulab-
schluß ging er nach Wien und versuchte, einsam

und erfolglos, als Maler und Architekt Fuß zu fassen. Der junge Bohemien las viel. Aus den politischen Strömungen, die zum Ersten Weltkrieg führten und die in Wien besonders heftig empfunden
wurden, formten sich bei Hitler Ansätze seiner politischen Überzeugung. Ebenso wie viele andere
Österreicher fühlte er sich als Deutscher, als Groß-
deutscher. So ging er dann auch mit 24 Jahren nach
Deutschland und meldete sich gleich zu Anfang des
Ersten Weltkriegs als Freiwilliger. Hitler war ein guter Soldat, wurde verwundet. Die Niederlage
Deutschlands, die er für ein schmachvolles Werk
von Verrätern hielt, formte nun endgültig seine politischen Vorstellungen. In den chaotischen Nach-
kriegsverhältnissen Münchens schloß sich der
Heimkehrer einer kleinen radikalen Partei an. Er
stieg zum „Werberedner" auf und entdeckte seine
magische Kraft der Massenbeeinflussung. Hitler

1932 erreicht die Arbeitslosigkeit in Deutschland die Schreckensquote von 37 Prozent – die Köpenicker Straße in Berlin tritt in den Mieterstreik. Ideologischer Konflikt im Hinterhof.

wurde Parteiführer. Sein Putschversuch im Jahre 1923 mißlang. In einer angenehmen Haftzeit schrieb er „Mein Kampf" und baute danach seine Partei zur nationalen politischen Kraft auf.

Hamburg im Jahre 1932: Schüsse, Trillerpfeifen, Polizei. Auf dem Rathausmarkt sind die Braunen und die Roten wieder einmal aneinandergeraten. Mit zunehmender Arbeitslosigkeit beherrschen die Parteimilizen die Straße, darunter der „Rot-Front-Kämpferbund" der Kommunisten und vor allem die „Sturmabteilungen" – die „SA" – der Nazis, die schlagkräftigste aller Bürgerkriegsarmeen. Mittlerweile hat die Arbeitslosigkeit ihren Höchststand erreicht und ist mit 37 Prozent, rund sechs Millionen, schlimmer als irgendwo sonst auf der Welt. In Dortmund und Nürnberg ähnliche Bilder wie in Pittsburgh oder Lyon: Obdachlose, Elendsquartiere, Bettler, Suppenküchen. Dabei ist in Deutschland erst 1927 eine beispielhafte Arbeitslosenversicherung eingeführt worden. Doch es blieb keine Zeit, die nötigen Reserven aufzubauen. Im Winter 1932/1933 können nur eine Million Arbeitslose diese Versicherung in Anspruch nehmen. Weitere vier Millionen werden durch irgendeine Art von Nothilfe wenigstens vor dem Verhungern bewahrt. Im Kampf der extremen Parteien um die Stimmen der Enttäuschten liegen die Nationalsozialisten bald vor den Kommunisten. Denn bei ihnen verbinden sich die zugkräftigsten Begriffe der Zeit, Nationalismus und Sozialismus. Einem solchen nationalen Sozialismus haben sich antidemokratische Bewegungen auch in anderen Ländern verschrieben. Der ursprünglich internationale Gedanke des Sozialismus ist vielen nationalbewußten Menschen dieser Jahre zu weit von ihrer eigenen Wirklichkeit entfernt. Hitler jedoch präsentiert sich als Verfechter eines dem Menschen nahen deutschen Sozialismus. Er finanziert seine Kampagnen weitgehend aus den gesammelten Groschen kleiner Leute, während er andererseits Spenden aus Wirtschaftskreisen kassiert. Diese Konservativen sehen den Wert Hitlers nicht zuletzt darin, daß er durch sozialistische Posen die wirkliche Linke schwächt. Sie hoffen, ihn nach Ablauf seiner Nützlichkeit bald wieder loszuwerden. Wegen der Wirkung Hitlers auf viele Arbeiter hat die deutsche sozialdemokratische Partei Schwierigkeiten, Mitglieder vor der Abwanderung zum falschen

Propheten zu bewahren. Ebenso wie Jugendliche aus der bündischen Jugend werden sich auch manche Sozialdemokraten und Gewerkschafter in nationalsozialistischen Massenorganisationen wiederfinden und die schreckliche Grenze zur Diktatur hin kaum wahrgenommen haben.

Die Weimarer Republik war entstanden, weil vor allem Sozialdemokraten, katholisches Zentrum und liberale Demokraten diese Republik angestrebt hatten. Doch der Dreierbund der Gründer hatte schon 1920 die Mehrheit im Reichstag an Kräfte verloren, die in der Republik nur ein Übergangsstadium zu einem anderen Staat sahen. Die Kommunisten wollten die Diktatur des Proletariats errichten. Die viel stärkeren Konservativen und Rechten strebten, gestützt auf eine im Land verbreitete Stimmung, die Rückkehr zu einem autoritären Staat an. Ihre Ausgangsposition war hervorragend, denn sie hielten nach wie vor die meisten Beamten- und Offiziersstellen besetzt. Wie der Journalist und Historiker Sebastian Haffner schreibt, hatte der Staat von Weimar also „von Anfang an eine ganze Armee von Verfassungsfeinden im öffentlichen Dienst".

1928 beteiligen sich die Sozialdemokraten nocheinmal an einer Regierung. Doch die Hoffnung, die Republik könne durch eine breite Mitte-Links-Koalition gerettet werden, verfliegt schon nach zwei Jahren. Ebenso wie in Frankreich fürchten die Sozialisten, sich selbst untreu zu werden und Mitglieder an die Kommunisten zu verlieren. Zum Untergang trägt auch bei, daß die Kommunisten ebenso wie in Frankreich auf Stalins Befehl den Sturz der Republik auch durch gemeinsame Aktionen mit den gleichen Kräften der politischen Rechten betreiben, mit denen sie sich sonst Straßenschlachten liefern. 1932 machen Nationalsozialisten und Kommunisten durch ihre Krawalle die Aufrechterhaltung der Ordnung in Preußen so schwierig, daß sie der Rechten den Vorwand für den Sturz der sozialdemokratischen Regierung in diesem wichtigsten deutschen Land bieten. Das Ende ist nun schon sehr nahe. Die rechtsgerichtete deutsche Reichsregierung bedient sich nun des 83-jährigen Reichspräsidenten, des Generalfeldmarschalls und populären Kriegshelden Paul von Hindenburg, der sein Amt korrekt geführt hat. Auf Grund verfassungsmäßiger Notverordnungen läßt Hindenburg das Land jetzt nahezu diktatorisch regieren. Unter dem Einfluß rechtsextremer Politiker ernennt der greise General schließlich am 30. Januar 1933 den von ihm so verachteten „böhmischen Gefreiten" Adolf Hitler zum Reichskanzler. Die Nationalsozialisten sind mittlerweile in freien Wahlen zur stärksten Partei geworden. Hitler kommt nach den Regeln der Verfassung zur Macht. Die Weimarer Republik ist an ihrer eigenen Schwäche zerbrochen. Wirtschaftliche Not hat dabei eine große Rolle gespielt. Doch Not herrscht in diesen Jahren überall auf der Welt. Die meisten Deutschen wollten keine Demokratie mehr.

Am Abend des 30. Januar 1933 feiern die Nationalsozialisten ihren Sieg. Riesige Fackelzüge ziehen durch Berlin und andere Städte. Noch kommt es zu einzelnen Prügeleien und Schüssen. Doch bald soll im Zuge der Gleichschaltung alles verschwinden, was den Eindruck nationaler Harmonie stört: die anderen Parteien und Organisationen, die anderen Meinungen. Überall im Land entstehen „Konzentrationslager" für die Kommunisten, Sozialisten, Geistlichen und alle anderen, die sich nicht fügen wollen. Noch sind es nicht die Vernichtungslager der späteren Zeit. Der Terror der Polizisten und SA-Schläger wird dosiert. Nachdem sie gequält und erniedrigt worden sind, kommen die meisten Häftlinge wieder heraus. Viele verlassen Deutschland. Manche nehmen sich das Leben. Die Gerüchte über die Vorgänge in solchen Lagern erzeugen genau jenes Klima der Angst vor der Willkür der neuen Herrscher, das Hitler und seine Funktionäre für die Einrichtung des totalitären Staates brauchen. Behörden und öffentliche Stellen und bald auch andere Betriebe werden „gesäubert" und mit Nationalsozialisten besetzt, viele Tausende also existentiell ruiniert. Am 1. April 1933 wird erstmals zum Boykott

Konzentrationslager gehören zu den ersten Errungenschaften des nationalsozialistischen Regimes: Häftlinge in Dachau im Frühjahr 1933.

„Undeutsche" Schriften werden am 10. Mai 1933 von nationalsozialistischen Hochschullehrern und Studenten auf dem Berliner Opernplatz Unter den Linden ins Feuer geworfen.

jüdischer Geschäfte aufgerufen. Am 10. Mai 1933 werfen nationalsozialistische Studenten und Dozenten unter großem Gejohle die Werke unliebsamer – vor allem jüdischer – Autoren auf den Scheiterhaufen. „Entartete" Kunst wird verboten. Binnen kurzem ist aus der Republik ein totalitärer Staat hervorgegangen. Der Diktator hat seine Hofdichter. Einer von ihnen, Heinrich Anacker, schreibt: „Wir folgen dir blind und in stürmischem Drang / Nun braust von den Alpen zum Meer unser Sang / Wir lachen der Sorgen, wir lachen der Not / Heil Hitler, dem Führer zu Freiheit und Brot."

Wer sich den neuen Verhältnissen anpaßt, darf sich geborgen fühlen. Die meisten Deutschen passen sich an: vom Arbeiter, Werkmeister oder Bauern über den Geschäftsmann und Rechtsanwalt hin zum Künstler und tief hinein in die großen gesellschaftlichen Institutionen. Die Kirchen vermögen nicht, geschlossen zu widerstehen. Die Hochschulen sind bald durchdrungen. Die Streitkräfte bereiten dem Diktator bis zum Ende der siegreichen Jahre verhältnismäßig wenig Schwierigkeiten. Allerdings hätte sich das Offizierkorps und mit ihm die alte Oberschicht eher die Herrschaft der eigenen Klasse als das krude Regime der Nazis gewünscht. Immerhin bleiben diese Konservativen die einzige Kraft, die den Sturz Hitlers bewerkstelligen könnte. Der Widerstand aus den Kreisen der einst so starken politischen Linken und der Mitte bleibt schwach und zersplittert. Die Gestapo, die Geheime Staatspolizei, hat nicht viel Mühe damit. Anders als in Ländern mit aufgezwungener Diktatur finden jene, die nicht mitzumachen bereit sind, kaum Schutz in der Masse. Sie sind einem Polizei- und Spitzelsystem ausgeliefert, das über den „Blockwart" in jede Wohnung hinein reicht. Dieser „Blockwart", ein zuverlässiger Nationalsozialist, sucht häufig die Nachbarn in seinem Wohngebiet auf. Während er für diesen oder jenen Parteizweck Geld sammelt und nachbarlich plaudert, stellt er fest, ob auch das Führerbild an der Wohnzimmerwand prangt, ob die Hakenkreuzfah-

Die Bildergeschäfte haben Konjunktur. Der neue „Führer" soll an der Wand jedes deutschen Wohnzimmers prangen.

ne zum jeweiligen Anlaß aus dem Fenster hängt, ob Sohn und Tochter regelmäßig zum Dienst in der „Hitlerjugend" oder dem „Bund deutscher Mädchen" gehen, wie es der Familienchef mit der Gesinnung hält und was er über die Gesinnung und das Verhalten der anderen Hausbewohner zu berichten weiß. Die wenigsten Deutschen, die ihre gewohnte bürgerliche Existenz bewahren wollen, können sich vor der Mitgliedschaft in diesem oder jenem der vielen nationalsozialistischen Interessen- und Fachverbände drücken. Es muß nicht immer die Staatspartei selbst sein, die NSDAP. Da kommt es darauf an, wie abhängig man beruflich von der Gunst der Partei und des Staates ist. Die meisten gehen deshalb in die Partei, weil sie sich diesen oder jenen Vorteil oder sogar eine sonst unerreichbare Karriere versprechen. Viele gehen in die Partei, weil sie mehr oder weniger überzeugte Nationalsozialisten sind. In mancher Hinsicht ähnelt Hitlers „Volksgemeinschaft" der kommunistischen „klassenlosen Gesellschaft". In beiden Systemen ist der Mensch in den Massenorganisationen kollektiviert. Beide Systeme zeichnen sich durch die Willkürherrschaft einer neuen, privilegierten Klasse aus: der Funktionäre.

Mindestens einmal in der Woche ist „Antreten" bei der Hitlerjugend (den Vierzehn- bis Achtzehnjährigen) und bei den „Pimpfen" (den Zehn- bis Vierzehnjährigen). Da geht es zu wie bei den Soldaten, da müssen Stiefel und Koppel geputzt sein, da muß das „Schiffchen" auf dem Kopf richtig sitzen. „Wir sind geboren, um für Deutschland zu sterben" und andere kernige Sätze müssen schon die Knirpse im Sprechchor schmettern. Da wird marschiert und gesungen und auch schon Schießen geübt. Den meisten macht das Spaß, zumal man viele spannende Dinge zusammen treibt: Sport, Wettkämpfe, Basteln, Kartenlesen und allerlei Sammelaktionen. Auch bei den großen Paraden vor dem Gauleiter oder sogar vor dem Führer auf dem Parteitag in Nürnberg darf man in frisch gestärkter Uniform mit seinem „Fähnlein" oder „Jungzug" schon dabei sein. Dinge, die Jungen ohnedies gefallen, kann man hier tun, ohne daß die Erwachsenen einen stören. Dazu gehören die Raufereien bei den „Geländespielen" – den Kinder-Manövern also, mit denen die Partei die vormilitärische Ausbildung vorantreibt. Stolzester Besitz ist das „Fahrtenmesser". Die Worte „Blut und Ehre" sind darauf eingraviert. „Auf Fahrt gehen" ist das größte Erlebnis: mit den Kameraden zwei Wochen unterwegs, mit Tornister und Fahrrad, das Leben im Zeltlager, Sport und Geländespiele, Lagerfeuer und Eintopf. . . .

Deutschlands Jugend ist fest in den Händen einer Partei, die den Einfluß der Eltern und der Kirchen zurückdrängt und die jungen Menschen zu perfekten Gliedern des nationalsozialistischen Systems machen will. Dabei wird sie von der willfährigen Masse der Lehrerschaft unterstützt. Der Hitlerjugend folgen Arbeitsdienst, Wehrdienst und die Mitgliedschaft in den anderen Organisationen, die den Menschen weiter formen und vereinnahmen. Ähnlich wie die Jungen sind die Mädchen organisiert: zunächst als „Jungmädel" und vom vierzehnten Lebensjahr an als „BdM-Mädel" im „Bund deutscher Mädel". Abgesehen von den militärischen Übungen entspricht der Dienst weitgehend dem in der Hitlerjugend, wobei die Mädchen im Sinne des nationalsozialistischen Ideals von der deutschen Frau und Mutter erzogen werden. Die Emanzipationsideen der zwanziger Jahre sind hier nicht gefragt. Die Frau hat zu dienen. Schminke und Lippenstift sind verpönt, Zöpfe oder Gretchenfrisur die Regel. Und natürlich raucht die deutsche Frau nicht. Aufgabe dieser deutschen Frau ist die kinderreiche deutsche Familie. Für siebzehn- bis einundzwanzigjährige Mädchen gibt es das Sonderprogramm „Glaube und Schönheit". Hier werden vor allem Gesundheitspflege und „Körperkultur" betrieben. Hier wird das Idol von der Reinheit der arisch-germanischen Rasse gepflegt, das auch zu Experimenten einer Zuchtwahl mit germanisch erscheinenden SS-Männern im „Lebensborn" führt. Ausgeschlossen von der „gesunden Volksgemeinschaft" sind einerseits die „rassisch minderwertigen" Juden und Zigeuner, andererseits die „Asozialen", die Ärmsten, die Bettler. Auf die Zwangssterilisation der „ungesunden" Deutschen folgt die Tötung von Kranken, folgt schließlich der Völkermord.

Derartige Verbrechen ihrer Führer können sich die Deutschen um die Mitte der dreißiger Jahre nicht vorstellen. Tatsächlich ging der Terror nach 1933 vorerst zurück, weniger Menschen kamen in die – seit Frühjahr 1933 bestehenden – Konzentrationslager. Viele Juden werden allerdings aus dem öffentlichen Dienst entlassen. Der Zugang zur Hochschule wird ihnen verwehrt. Junge Juden haben keine Zukunft mehr in Deutschland. Andererseits glauben viele Juden, die weiterhin ihrem Beruf nachgehen können, nun werde sich alles irgendwie normalisieren – über das Zeitalter der Pogrome sei man im Deutschland Goethes und Beethovens doch endgültig hinaus! Diese Zuversicht veranlaßt viele Juden zum Bleiben und wird sie das Leben kosten, denn bald sollten die schlimmen Jahre beginnen. Von den meisten Deutschen werden die Jahre zwischen 1935 und 1938 jedoch als gute Jahre empfunden. Mit kleinen Lästigkeiten wie dem Hitlergruß mit dem erhobenen Arm oder den langweiligen Parteiveranstaltungen findet man sich ab. Über den protzigen Lebensstil der Parteibonzen wird hinter vorgehaltener Hand gewitzelt. Wenn man bemerkt,

Die Bereitschaft so vieler Lehrer, totalitäre Ideen aufzunehmen und an die Jugend weiterzugeben, gehört zu den dunkelsten Aspekten der dreißiger Jahre in Deutschland.

daß jemand verhaftet worden oder verschwunden ist, vergißt man es am besten gleich. Jüdischen Nachbarn sagt man zwar meist noch guten Tag, aber man muß ja nicht unbedingt nähere Bekanntschaft pflegen. Jüdische Geschäftsleute spüren diese Zurückhaltung am Schwund ihres Kundenstamms.

Hitler brüstet sich in diesen Jahren damit, wirtschaftlich ein Wunder vollbracht zu haben. Tatsächlich geht es den meisten Deutschen besser. Doch auch in anderen Ländern wird die Depression allmählich überwunden. Hitler ist der tüchtigere Propagandist, und seine gelenkte Presse verschweigt die noch nicht gelösten Sozialprobleme. Im Schwung seines Sieges und des Vertrauens, das ihm die meisten Deutschen entgegenbrachten, hatte Hitler seine Reichsbank die nötigen Kredite herbeizaubern lassen. Die Gewerkschaften wurden verboten, die Arbeiterschaft steht Hitler uneingeschränkt zur Verfügung. Die „Reichsautobahn", in Zeiten der Republik begonnen, wird zum größten Aufschwung-Projekt und paßt strategisch gut in die im-

ARBEITERPARTEI
STURMABTEILUNG
ARBEITERPARTEI
STURMABTEILUNG
ERPARTEI

Adolf Hitler läßt sich in gewaltigen Schaustellungen seiner Macht als Vollender deutscher Größe feiern.

perialistischen Planungen. Ebenso wie die Kanal-
und Eisenbahnvorhaben der Sowjetunion oder der
Zuidersee-Damm in Holland wird die Reichsautobahn mit knappem Maschinenpark und großer
Muskelkraft gebaut. Wie Ameisenheere erscheinen
die Arbeitermassen auf den Baustellen. Der
„Reichsarbeitsdienst", aus dem freiwilligen Arbeitsdienst der Republik zu einer paramilitärischen Mas-
senorganisation geworden, löst das Problem der Ju-
gendarbeitslosigkeit. Moore werden trockengelegt,
Dämme errichtet. Weitere Hunderttausende finden
Arbeit bei den Siedlungsprojekten, die rasch vorangetrieben werden. Die Bauern, denen es in den
zwanziger Jahren schlecht gegangen war und denen
Hitler schon damals viele Stimmen verdankte, werden mit großzügigen Subventionen und mit Prestige
belohnt. Während Stalin das Bauerntum zerstört,
macht Hitler es zum Träger seiner Blut- und Boden-
Ideologie, ehrt es durch grandiose „Erntedanktage"
auf dem Bückeberg bei Hameln und gibt ihm die
Aufgabe, Deutschland von Lebensmitteleinfuhren
unabhängig zu machen.

Mit der Wiederaufrüstung wird ab 1936 praktisch
die Vollbeschäftigung erreicht. Doch die hohen Rüstungsausgaben und die „Vierjahrespläne" gehen
auf Kosten der privaten Lebenshaltung. Die Real-
einkommen derer, die nicht arbeitslos gewesen waren, steigen nur wenig. Viele Arbeiter können jedoch nun aus Elendsquartieren in neue Siedlungen
ziehen. Die „Volksgemeinschaft" wird durch ständige Sammlungen, die wegen ihrer Unentrinnbarkeit auf Zusatzsteuern hinauslaufen, zur Unterstützung der Ärmeren herangezogen. Es gibt nun auch
in Deutschland bis zu 15 Tage bezahlten Urlaub.
„Kraft durch Freude", die Freizeitorganisation der
„Deutschen Arbeitsfront", ermöglicht Hunderttausenden die erste Urlaubsreise in die Berge, an die See
und sogar auf hoher See. Die preiswerten Reisen mit
den „KdF"-Dampfern zu den norwegischen Fjorden
oder ins Mittelmeer können vor allem solche Volks-
genossen genießen, die sich gut angepaßt haben. An
Bord sind die Urlauber unter Hakenkreuzflaggen
fest in der Hand der Partei. Mit dem „deutschen
Gruß" – dem erhobenen rechten Arm – stehen sie
beim Einlaufen in fremde Häfen aufgereiht an Bord.

Zum Aufschwung der Wirtschaft und zur Überwindung der Arbeitslosigkeit kommen in diesen

Jahren Erlebnisse nationaler Selbstbehauptung.
1935 wird das Saargebiet wieder Teil des Reiches.
Im gleichen Jahr setzt sich Hitler über den Versailler
Vertrag hinweg und führt die allgemeine Wehr-
pflicht wieder ein. 1936 bricht er internationale
Abkommen und läßt seine Truppen in das Rhein-

*Schöne Tage für jene, die sich fügen: mit „Kraft durch
Freude" 1936 auf hoher See.*

land einmarschieren. Dies alles bleibt ohne Folgen.
Wie gelähmt blicken Frankreich und England auf
den Erfolgsmann in Berlin, der sich nun rühmen
kann, die nationalen Ziele Deutschlands mit friedlichen Mitteln zu erreichen. In diesem Jahr 1936 werden die Olympischen Spiele in Berlin als großes Fest
des Triumphs und der Weltgeltung Hitlers gefeiert.
Die Masse der Deutschen dankt ihrem „Führer"

Olympische Spiele 1936 in Berlin: die Siege des schwarzen Amerikaners Jesse Owens passen nicht zum Rassenwahn der Nationalsozialisten.

durch eine geradezu hysterische Hingabe bei seinen zeremoniellen Auftritten und Reichsparteitagen. Dieses ergebene Volk braucht Hitler, um sein Werk zu vollenden. Worin dieses Werk besteht, hat er den Deutschen und aller Welt schon vor vielen Jahren in seinem Buch „Mein Kampf" verkündet: „Lebensraum" für ein „rassisch reines" Volk, Eroberungskrieg, Ende des Judentums im deutschen Großreich der Zukunft.

Doch jetzt, in den Jahren zwischen 1936 und 1938, kann sich Hitler als Friedenskanzler feiern lassen und die Dankbarkeit des Volkes für die Leistung genießen, Deutschland aus einem trostlosen Zustand herausgeholt zu haben. Auch mehr und mehr Arbeiter, die früher SPD oder KPD wählten und Hitler noch 1933 ablehnten, jubeln nun dem „Führer" zu. Hitler steht in der Volksmeinung wie ein Heiliger über den Mängeln seines Regimes. „Wenn das der Führer wüßte …" raunt man einander zu, wenn von korrupten Parteigrößen, Exzessen und Ungerechtigkeiten die Rede ist. Und wahrhaftig: für die meisten Deutschen ist der Hitler dieser Erfolgs- und Friedensjahre jener Eine und Große, dessen Erscheinen seit dem Ende des Kaiserreichs herbeigesehnt wird.

Sonntag im nationalsozialistischen Deutschland. Wieder einmal ist „Eintopfsonntag". Der Ritus eines schlichten Mahls, gewiß dem christlichen Abendmahl nachempfunden, soll Verbundenheit in

Der Sieg Max Schmelings über den schwarzen amerikanischen Champion Joe Louis 1936 in New York wird von den Nationalsozialisten als Sieg der „arischen" Rasse propagandistisch genutzt.

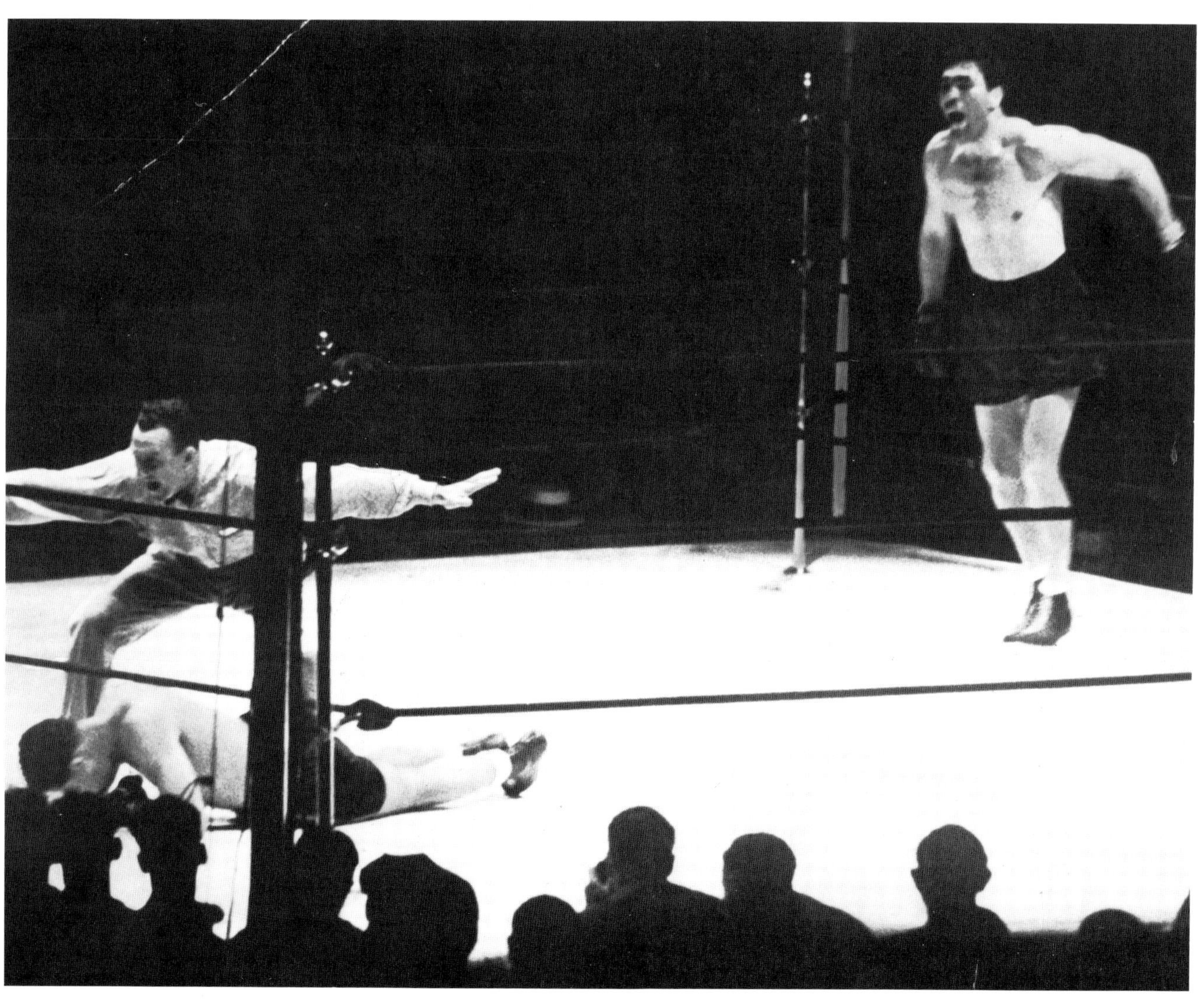

der „Volksgemeinschaft" bekunden. Das Geld, das diese Schlichtheit erspart, soll an die „Volkswohlfahrt" oder das „Winterhilfswerk" gehen. Die Gaststätten haben dieses Mahl zu einem vorgeschriebenen Preis anzubieten und entsprechende Spenden abzuführen. Das gleiche Mahl wird auf öffentlichen Plätzen angeboten. Zulässig sind Löffelerbsen mit Einlage, Nudelsuppe mit Rindfleisch, Gemüsekost mit Fleischeinlage. Mehr und mehr Familien befolgen diesen Eintopf-Ritus am heimischen Sonntagstisch: Ausdruck jener Geborgenheit im Gemeinschaftsempfinden, die der Nationalsozialismus bietet und deren Fehlen die Demokratie so unbehaglich machte.

Adolf Hitler erscheint den meisten Deutschen im Jahre 1938 als großer Friedenskanzler. Die Verfolgung der Juden, die sich mit der „Kristallnacht" im November dieses Jahres dem Völkermord nähert, beeinträchtigt seine Beliebtheit kaum. Erst in der Katastrophe nach den Jahren der militärischen Siege werden sich die Deutschen von Hitler abwenden.

Titelseite der „Berliner Illustrierte" Ende der dreißiger Jahre: „Vati ist ja auch Soldat".

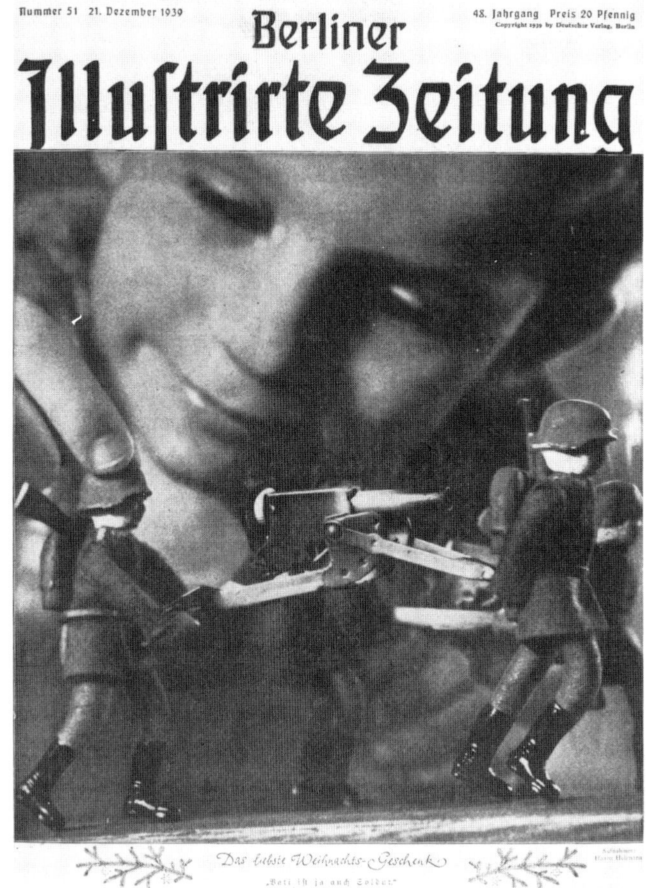

6.
Der neue Caesarenwahn

Wie sich Italien mit faschistischer Großmannssucht arrangiert.
„Mare Nostrum" und Gasbomben auf Stammeskrieger.

Schon bald nach ihrem sechsten Geburtstag dürfen die kleinen Italiener zu neuen Menschen werden. Auf einem Exerzierplatz am Stadtrand von Rom legen Hunderte von italienischen Knirpsen ihre Kinderkleidung ab. Funktionäre der faschistischen Partei reichen den nackten Kindern schwarze Unifor-

Im faschistischen Italien werden, ebenso wie im nationalsozialistischen Deutschland, schon die kleinen Kinder uniformiert und militärisch gedrillt.

men mit Quasten und glänzendem Leder und blitzenden Kokarden. Und zack-zack-zack steht da eine Kindertruppe von neuen faschistischen Menschen stramm und singt aus voller Kehle die „Giovinezza", die Hymne der Faschisten. Der rechte Arm ist ausgestreckt zum Heil auf den „Duce", den Führer Italiens, von dem der Führer Deutschlands so manche Idee zur Uniformierung des Menschen übernommen hat. Heute, am 3. Mai 1938, will der Duce dem Führer seine „Ballila"-Jungen und die Jung-

mädchen der faschistischen Jugendorganisation „Giovane Italiane" vorführen. Adolf Hitler und Benito Mussolini genießen es im Bewußtsein ihres Erfolgs, ihre Macht mit allem nur denkbaren Pomp zu demonstrieren. Zwar drücken sich viele römische Ladenbesitzer davor, Hitlerbilder ins Schaufenster zu stellen. Doch das Fahnenmeer, die Triumphbögen und die Massenaufmärsche mit ihrer geradezu preußischen Präzision verfehlen nicht ihren Eindruck auf Hitler. Darauf kommt es Mussolini an. Deshalb kümmert er sich persönlich um das Parade-Zeremoniell. Hitler soll nicht denken, Italien sei der geringere und militärisch minderwertige Partner in der Achse Berlin – Rom – Tokio, die sich nun herausbildet. Noch steht Mussolini unter dem Eindruck seiner Reise nach Deutschland im vergangenen Jahr, als ihm in den Krupp-Werken in Essen und bei der Wehrmacht die militärische Kraft des Dritten Reiches bewußt wurde, als ihn die Berliner Massen mit der schier unaufhörlichen Wiederholung des Rufes „Duce! Duce! Duce! …" feierten. Der Schicksalsbund der beiden Diktatoren ist inzwischen besiegelt. Das Gemeinsame ist stärker als das Trennende, die Südtirol-Frage wurde unter den Teppich gekehrt. Doch findet der Duce unter den Italienern ebenso große Zustimmung wie Hitler unter den Deutschen? Ist der Jubel hier auf der Piazza Venezia so echt wie der Jubel in Deutschland?

Mussolini, der schon seit 1922 an der Macht ist, hat nicht wie Hitler die Masse der Arbeiter und Bauern in eine „Volksgemeinschaft" aufgenommen und alle, die mitmachen, am zunehmenden Wohlstand beteiligt. Vielmehr hat der ehemalige Sozialist Benito Mussolini die Klassenschranken zementiert. Nach dem Ersten Weltkrieg stellte er sich an die Spitze der Bewegungen, mit denen das verschreckte italienische Bürgertum auf den Verfall seiner Werte und auf die Gefahr der kommunistischen Revolution reagierte. Die „fasci di combattimento", die dem Faschismus seinen Namen gaben, waren Kampfbünde der Art, wie sie auch in anderen Ländern die politischen Gegner drangsalierten und mordeten. Doch im Gegensatz zum nationalsozialistischen Führersystem beseitigte der italienische Faschismus nicht die alte politische Ordnung. Die italienische Monarchie und die staatliche Organisation blieben ebenso bestehen wie die Macht der römi-

Der Persönlichkeitskult, durch den sich Diktatoren vergöttlichen lassen, zeitigt im Italien des „Duce" auch solche Erscheinungen.

schen Kirche, die in den Lateran-Verträgen sogar noch gefestigt wurde. Dies ist die Welt der italienischen Oberschicht, als deren Sachwalter sich Benito Mussolini verstand, als er die liberale Demokratie durch seine faschistische Herrschaft ersetzte. Während Hitler im Ausland vor allem als eifernder Prolet gilt, wird Mussolini – der häufiger Frack als Uniform trägt – zunächst vielerseits als respektabler Politiker betrachtet. Man ist geneigt, den Terror, der zur Alleinmacht des „Duce" geführt hatte, als Entgleisung minderer Chargen zu betrachten. Und schließlich: ist die Mittelmeerinsel Lipari, auf der Mussolini seine politischen Gegner gefangen hält, nicht geradezu ein Sanatorium im Vergleich zu den Konzentrationslagern Hitlers? Ebenso wie in Deutschland sorgen die Mitläufer für eine breite Basis des Regimes. „Partita Nazionale Fascista" heißt die Staatspartei. Die Anfangsbuchstaben „PNF" werden gern als „per necessità familiare" gedeutet: Mitgliedschaft aus Familienrücksichten notwendig.

Mussolini bewegt sich gewandt in den hohen Kreisen seiner Förderer aus Wirtschaft und Aristokratie. Die Hochzeit seiner Tochter Edda mit dem Grafen Galeazzo Ciano, dem späteren Außenminister, ist das große gesellschaftliche Ereignis im Rom des Jahres 1930, samt Parade vor dem neuvermählten Paar und Empfang bei Pius XI. Immerhin schließen sich die faschistischen Spitzenfunktionäre nicht so gründlich vom Volk ab wie die Naziführer in Deutschland. An heißen Sommertagen sieht man den Duce und andere hohe Faschisten mit ihren pflichtgemäß großen Familien gelegentlich am Strand von Ostia, schwimmend und auf Strandfesten tanzend. Mussolini erntet nicht nur befohlenen Beifall, denn er posiert auch mit Geschick als Mann des Volkes. Doch seine ersten Regierungsmaßnahmen hatten zu Massenentlassungen und zur Besteuerung von bisher steuerfreien Einkommen vieler Arbeiter und Bauern geführt. Und ebenso wie in Deutschland wurden die Gewerkschaften gleichgeschaltet. Während allerdings die deutschen Arbeiter im großen und ganzen das Ende der freien Gewerkschaften wegen der besseren Lebensverhältnisse verschmerzen, wird der italienischen Arbeiterschaft ein solcher Trost nicht zuteil. Im Kern empfindet sie sich politisch und wirtschaftlich unterdrückt durch die kapitalistische Diktatur Mussolinis in einem Klassenkampf, der erst am 28. April 1945 zuende gehen wird. An diesem Tag nämlich erschießen kommunistische Partisanen den Duce und seine Geliebte Clara Petacci in der Nähe des Comer Sees.

Die meisten Eltern der Kinder, die nun in die Balilla-Jugend aufgenommen wurden und am Duce und am deutschen „Führer" vorbeimarschieren dürfen, halten den Dienst in der Faschistenjugend für das geringste Übel des Regimes. Denn zum einen kommen die Kinder dadurch ab und zu mal heraus aus der Mietskaserne, den dreckigen Gassen. Zum anderen spart das Kleidungskosten, denn der Staat hält den Preis der Uniformen niedrig. Und Sparen ist bei den kleinen Leuten das oberste Gesetz, auch wenn man seine Arbeit nicht verloren hat wie jene 36000 Eisenbahner, die entlassen worden sind. Auch bei den üblichen Löhnen kann man den Hun-

ger der wachsenden Kinder kaum noch stillen. *Pasta, pane* und *parmigiano* werden immer teurer, vom Fleisch ganz zu schweigen. Dabei müssen Millionen italienischer Familienväter seit Jahren erleben, wie ihre Löhne an Wert verlieren. Zum einen verringert sich die Kaufkraft durch die Teuerung. Zum anderen hat die faschistische Regierung angesichts der Weltwirtschaftskrise und der Arbeitslosigkeit die drakonische Maßnahme ergriffen, die Wochenarbeitszeit von 48 auf 40 Stunden zu verringern und die Löhne entsprechend um 17 Prozent zu senken – ein bitteres Freizeitgeschenk. Gewiß, Armut gehört überall in der Welt zur Normalität dieser Zeit. Aber hier ist der Unterschied zwischen Anspruch und Wirklichkeit besonders kraß. Die faschistische Propaganda stellt Italien als das Land dar, in dem die sozialen und wirtschaftlichen Probleme durch das „Korporationen-System" harmonisch und zum Wohle aller gelöst werden. Arbeitgeber und Arbeitnehmer sind gleichgestellt. Konflikte werden nicht durch Klassenkampf, sondern durch Ausgleich unter dem vermittelnden Einfluß des Staates überwunden. Dieses Ei des Kolumbus hat jedoch einen Schönheitsfehler. Die Arbeitgeber – ob Olivetti oder Agnelli, Perrode oder Parodi – verfügen über wirkliche Macht und ein großes Maß an Unabhängigkeit gegenüber dem faschistischen Staat. Die Arbeitnehmer jedoch haben ihre freien Gewerkschaften verloren. Sie werden von faschistischen Funktionären manipuliert. So weit geht die Erniedrigung, daß italienische Arbeiter auf Massenveranstaltungen der Kürzung ihrer eigenen Löhne im Zuge der Arbeitszeitreform Beifall spenden. Sogar der Wechsel von einem Arbeitsplatz zum anderen bedarf nun behördlicher Genehmigung. So kommt eine Ordnung ins Land, die von manchen ausländischen Beobachtern als Fortschritt verstanden wird. Eine neuartige Disziplin sorgt dafür, daß Züge pünktlicher fahren, daß Bettler von den Touristenzentren ferngehalten werden und Räuber aus den Abruzzen verschwinden. Die wirklichen sozialen und wirtschaftlichen Probleme bleiben in der „konsolidierten Gesellschaft", wie Mussolini sein System nennt, weitgehend ungelöst. Großartige Wohlfahrtsprojekte verlaufen im Sand und ändern nichts an der Not breiter Bevölkerungsschichten. Mussolinis Entschlossenheit, aus dem unterentwikkelten Italien ein modernes Land zu machen, wirkt sich in einem grandiosen Programm öffentlicher Arbeiten aus: Straßen, Brücken, Kanäle, Krankenhäuser, Schulen, Universitäten. Vieles wird angefangen, weniges vollendet. Faschistische Funktionäre schaffen einen guten Teil des Geldes beiseite in der nicht unvernünftigen Annahme, daß es sonst andere tun. Zu den Erfolgen Mussolinis gehören die Trockenlegung der Pontinischen und anderer Sümpfe. Auf dem neuen Land werden faschistische Idealsiedlungen wie das Städtchen Littoria errichtet. Dem Ziel, Italien von Lebensmitteleinfuhren unabhängig zu machen, dienen alljährliche „Getreideschlachten" mit großem Propaganda-Aufwand.

Als kräftiger Landarbeiter in solchen „Getreideschlachten" läßt sich Benito Mussolini besonders gern fotografieren, mit entblößtem Oberkörper und entschlossener Miene. Der Männlichkeitskult gehört zum Wesen seines Systems. Als Herrschaftsin-

Kraftmeierei gehört zum Stil Benito Mussolinis, der sich bei der „Getreideschlacht" – hier auf pontinischem Neuland – gern als Landarbeiter fotografieren läßt.

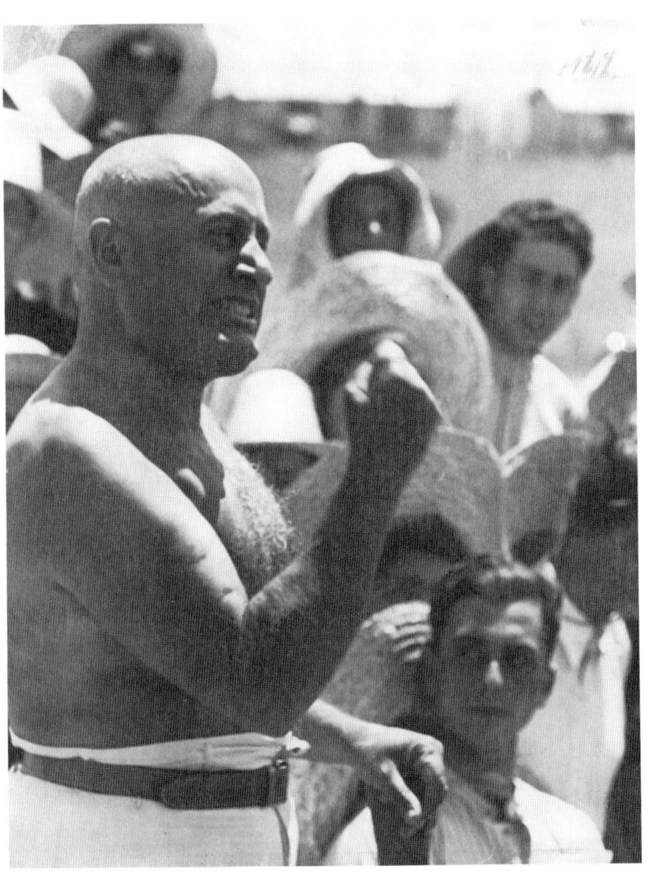

strument findet er Ausdruck im neuen Imperialismus, in der Unterordnung der Frau als Gebärmutter der faschistischen Großfamilie und in der straff militärisch organisierten und uniformierten Gesellschaft, die der Diktator den individualistischen Italienern aufzwingt. Schon kleine Kinder müssen schießen lernen. Ebenso wie Hitler hat Mussolini sein System ganz auf die eigene Person zugeschnitten. Sie gilt als Leitbild für alles, was verehrungswürdig sein soll im neuen Staat. In der Darstellung Mussolinis als Leitbild übertrifft der Faschismus sogar den Persönlichkeitskult Hitlers und Stalins. Mussolini als Führer, Bauer, Techniker, Flieger, Sportsmann, Denker oder Soldat prangt in allen Zeitungen und riesengroß auf den Plätzen der italienischen Städte. Die Pose ist starr, denkmalhaft. „Staatsroboter" nennen manche diesen Politiker, der Revolutionär sein wollte, stattdessen aber mit Zähigkeit die alten Machtverhältnisse bewahrt.

Der katastrophale Einschnitt, den der Erste Weltkrieg im Leben europäischer Völker verursachte, zerstörte gewachsene Bindungen, verwirrte die Menschen und ließ sie nach neuen Bindungen und neuer Harmonie suchen. Kommunismus und Sozialismus zogen Teile der Arbeiterschaft und viele Intellektuelle an. Mit ihrer revolutionären Unruhe versetzten sie jedoch die orientierungslos gewordenen breiten Bevölkerungsschichten und vor allem jene, die etwas zu verlieren hatten, in Angst und Schrecken. In diesem Zeitklima entstanden in verschiedenen Ländern Bewegungen der Art, wie sie in Italien unter dem Namen „Faschismus" und in Deutschland unter dem Namen „Nationalsozialismus" bekannt wurden. Ihr Erfolg ist am größten dort, wo nicht eine lange demokratische Tradition die politische Vernunft gekräftigt hat. Denn dieser Erfolg ist jenem von Wunderheilkuren vergleichbar, die dem Patienten ein trügerisches Gefühl neuer Stärke vermitteln und ihn für eine Weile wieder an das Leben glauben lassen. Der Führer oder Duce saugt gewissermaßen den Willen der Masse in sich auf und läßt ihn wie durch ein magisches Band verstärkt zurückströmen in die Masse. Die komplizierten, den „Volkswillen" behindernden Instanzen und Prozeduren verfassungsmäßigen Regierens sind hinweggefegt. Das Volk erlebt Harmonie und das Gefühl grenzenloser Möglichkeiten in der Wesensein-

93

Vor Supermännern aus Stein und antiken Kulissen feiert sich das faschistische Italien als neues Römisches Reich.

heit mit dem Führer, den es für die Verkörperung seines Strebens hält. In Wirklichkeit ist das Volk jedoch nur das jeden eigenen Willens entleerte Werkzeug des Diktators. In Gefühle und Vorurteile dieses Volkes verpackt der Diktator seine Absichten. Seine Patentrezepte werden gläubig aufgenommen. Dies alles funktioniert, solange das magische Band zwischen dem Führer und den Geführten nicht durch Ernüchterung zerschnitten wird.

Dem Ziel, diese Ernüchterung zu verhindern, dient ein gewaltiges und nie enden wollendes Staatstheater. Die Inszenierungen Mussolinis sind so meisterhaft wie die seines Schülers Hitler, die Uniformen der „Schwarzhemden" von martialischer Eleganz, die Hymnen festlich, die Phrasen heroisch. Als Kulissen ragen weiße Tempel aus Gips oder Marmor mit ihren römischen Bögen und ihren Skulpturen muskulöser Übermenschen in den blauen italienischen Himmel. An Größe werden sie allenfalls von den gigantischen Lettern „DUX" übertroffen, die weit über die Landschaft hin dem Duce huldigen. Hier vollziehen sich die Riten des Systems. Einer der feierlichsten Riten soll zur Finanzierung des Krieges gegen Abessinien beitragen. Die Partei veranlaßt Massen von italienischen Frauen, ihre Goldringe in einer Nachempfindung antiker Opfergänge zu patriotischer Musik und Weihrauch in Urnen auf faschistischen Altären zu werfen. Anschließend werden eiserne Ersatzringe als Ehrenzeichen ausgegeben. Böse Zungen behaupten allerdings, daß manche Frauen schummeln und den Altären des Vaterlandes Blech statt Gold anvertrauen. Episoden wie diese zeigen, wie dünn die Grenzlinie zwischen Pomp und Lächerlichkeit im italienischen Faschismus ist. Sie lassen ahnen, daß dieser Faschismus – im Gegensatz zum deutschen Nationalsozialismus – eher an seiner inneren Schwäche als an seinen Feinden scheitern wird. Zwar verehren die meisten Italiener ihren Duce und kreiden die negativen Seiten des Faschismus den Parteibonzen an. Aber sie zeigen sich kaum jener absoluten, fanatischen Ergebenheit fähig, die das Verhältnis zwischen Führer und Volk nördlich der Alpen kennzeichnet. Die faschistische Theatralik samt der Schau, die der wild gestikulierende und grimassierende Duce bei seinen Reden bietet, wird ein wenig nach Art der großen Oper erlebt. Die kleinen Parteifunktionäre ähneln eher dem kommunistischen Dorfbürgermeister Peppone, so wie ihn Giovanni Guareschi später beschreibt, als den deutschen Ortsgruppenleitern. Die faschistische Brutalität ist gewöhnlicher Art und entbehrt der bürokratischen Perfektion des nationalsozialistischen Terrors. Mussolini kann sich nie gänzlich von Skrupeln freimachen. Nachdem er von Hitler abhängig geworden ist, läßt er den Antisemitismus zwar propagieren. Aber er läßt ihn nicht hart praktizieren, weil dies zu unpopulär wäre. Faschistische Funktionäre jüdischer Abstammung können sich unter den Augen der Partei die nötigen Ariernachweise kaufen. Die Bemühungen der Partei um Gleichschaltung des geistigen Lebens verursachen zwar Anpassung auf der einen und Not auf der anderen Seite. Der Dirigent Arturo Toscanini geht nach Amerika. Doch es gibt keine Unterdrückung „entarteter" Kunst, moderne Kunst bleibt möglich, und moderne Industrieformen – Schreibmaschinen von Olivetti, Nähmaschinen von Necchi, Autos von Fiat – kündigen die große Zukunft des italienischen Design an.

Beschaffenheit, Erfolg und Schrecklichkeit jeder Bewegung faschistischer Art werden also von den Bedingungen des Landes bestimmt, in dem sie entsteht. Elemente des Faschismus sind in allen Führerstaaten und Militärdiktaturen der zwanziger und dreißiger Jahre enthalten. Da ist die Entwicklungsdiktatur Kemal Atatürks, der aus der orientalischen Türkei binnen weniger Jahre ein westliches Land zu machen versucht. Da sind Pilsudski in Polen, Primo

de Rivera und später Franco in Spanien, da sind Vargas und die anderen Caudillos in Südamerika, da sind die Militärs auf dem Balkan. Die Zeitverhältnisse nach dem Umbruch alter Strukturen, den der Erste Weltkrieg bewirkt hat, begünstigen diktatorische Lösungen. Zu den Modellen für solche Lösungen gehört auch die Sowjetunion. Doch die teuflische Vollendung der Bewegungen, deren Wegbereiter Mussolini war, bleibt Hitler vorbehalten. Unter dem Einfluß und meist auch mit dem Geld Hitlers und Mussolinis breitet sich der Faschismus wie eine Seuche nicht nur in schwachen und rückständigen Ländern aus, sondern auch in modernen Demokratien wie Frankreich und England, den USA und Skandinavien, Belgien und Holland. In Ländern wie Frankreich und Spanien, die schwere Krisen durchmachen, kann er zusammen mit anderen Rechtskräften gefährlich werden. In den anderen Ländern bleibt er eine kleine und rabiate politische Sekte, die hier und da von deutschen oder italienischen Einwanderergruppen gesteuert wird. In einen kurzen Genuß politischer Macht kommen solche Bewegungen allenfalls unter der späteren Besatzung, als Vasallen Hitlers oder Mussolinis.

Ein faschistisches Regime muß von Aktion zu Aktion vorandrängen, um seine Basis in der Masse nicht zu verlieren. Wenn diese Dynamik durch die Unlösbarkeit der wirklichen Probleme gebremst zu werden droht, wie das in Italien der Fall ist, müssen Ablenkungsmanöver den Anschein ungebrochener Vitalität wahren. Mussolinis größtes, liebstes und dauerhaftestes Ablenkungsmanöver ist seine Rolle als Erneuerer und Vollender des römischen Imperiums. Was für Hitler die alten Germanen, das sind für Mussolini die alten Römer. Mit dem Unterschied, daß sich mit den alten Römern mehr Staat machen läßt als mit den primitiven Germanen. Römische Elemente werden systematisch in die Selbstdarstellung des Regimes eingefügt, vom Symbol des Liktorenbündels über die Aufmachung und Choreographie der Parteiveranstaltungen bis hin zur Architektur. Zur militärischen Gigantomanie des Duce paßt, daß er die Idee vom „mare nostrum" aufwärmt, das Mittelmeer für Italien beansprucht und auch über den Mittelmeerraum hinaus Erfolg in kolonialer Eroberung sucht.

Einige Kolonien besitzt Italien zwar. Doch der

Vergleich mit den Kolonialreichen Großbritanniens oder Frankreichs beleidigt den Nationalstolz und macht begehrlich. In den dreißiger Jahren ist die Unterordnung von „Eingeborenen" weiterhin die natürlichste Sache der Welt. Als der großen Idee vom Selbstbestimmungsrecht der Völker würdig werden eigentlich nur weiße Völker betrachtet. Mussolini festigt zunächst die koloniale Macht Italiens in den vorhandenen afrikanischen Kolonien. Siedler werden nach Libyen geschickt. In Ostafrika

Jenseits des Mittelmeers, in der Kolonie Libyen, sollen diese Siedler ein größeres Italien schaffen. Zur Verschiffung treffen sie in Venedig ein.

besitzt Italien die beiden Kolonien Eritrea am Roten Meer und Italienisch Somaliland am Indischen Ozean. Durch Einverleibung Abessiniens sollen sie miteinander verbunden werden, soll die italienische Großkolonie Ostafrika entstehen. Neues koloniales Land wird neuen Wohlstand bringen, verkündet Mussolini den Italienern, die sich gern in diese imperialistische Stimmung versetzen lassen. Während die alten Imperien bereits Haarrisse aufzuweisen beginnen, setzt sich im Jahre 1935 das italienische Expeditionskorps zu einem Eroberungskrieg nach dem schrecklichen alten Muster in Bewegung. Am nötigen Grenzzwischenfall zur Rechtfertigung dieser Aktion hat es nicht gefehlt. Und die internationale Lage ist günstig. Noch befindet sich Mussolini nicht im Fahrwasser Hitlers. Frankreich möchte angesichts der zunehmenden Bedrohung durch Hitler die alte Verbindung mit Italien nicht riskieren. Im Interesse des europäischen Gleichgewichts hält Frankreich dem italienischen Diktator deshalb den Rükken für sein abessinisches Abenteuer frei. In England allerdings ist unter dem Eindruck der Vorgänge in Europa eine breite Friedensbewegung entstanden, die für die Stärkung des Völkerbundes gegen jede Aggression eintritt. Doch dieser Völkerbund ist schwach. Die USA gehören ihm nicht an. Japan, das seine Eroberungspläne nicht stören lassen will, und Deutschland haben den Völkerbund bereits verlassen. Unter diesen Voraussetzungen kann es nicht zu entscheidenden Maßnahmen gegen Italien kommen. Die italienischen Truppentransporter fahren unbehindert durch den Suezkanal. Ein halbherziger Boykott anderer Länder nützt Mussolini mehr als er ihm schadet, denn nun kann er die imperialistische Stimmung noch besser anheizen.

Abessinien ist das letzte große Gebiet Afrikas, das noch nicht von europäischen Mächten einverleibt wurde. Es ist ein christliches Reich, dessen Kirche seit der Missionierung im vierten Jahrhundert ihre Unabhängigkeit bewahrt hat. Regiert wird es von Kaiser Haile Selassie I., der seine Herkunft von König Salomon und der Königin von Saba ableitet, sich auch „Negus Negesti" (König der Könige) und „Löwe von Juda" nennt und gern mit Löwen als Machtsymbolen auftritt. Mit seinen 43 Jahren ist dieser Aristokrat unendlich würdevoll — und sehr arm an wirklicher Macht. Sein Bemühen, eine zen-

trale Verwaltung zu schaffen, ist in diesem zerklüf-
teten Land nur schwer durchführbar. Die Abessinier
können froh sein, wenn sie die periodischen Hungersnöte überleben. Geld für ein modernes Straßen-
netz oder eine starke Armee wäre auch dann nicht
vorhanden, wenn die Stammesfürsten auf die Idee
kämen, so etwas zu wünschen. Diese Stammesfürsten – Ras genannt – möchten die kaiserliche Zen-
tralgewalt in Grenzen halten. Der Staat Abessinien
ist lediglich eine lockere Gruppierung von Stämmen
unterschiedlicher Herkunft, unterschiedlicher Interessen. Manchen Stämmen ist es ganz recht, daß die
Italiener ihnen die Gelegenheit geben, die Vorherr-

schaft der Amharen, des Kaisers also, abzuschüt-
teln. Diejenigen Stammesfürsten, die dem Kaiser die
Treue halten, ziehen angesichts der italienischen Aggression mit ausgesuchten Kriegern vor den bescheidenen Palast in der noch bescheideneren Hauptstadt
Addis Abeba. Sie verneigen sich tief vor dem Kaiser,
werfen sich in die Brust, verkünden mit großem Pathos frühere Heldentaten. Mancher Ras hat schon
als junger Mann unter dem Kaiser Menelik im Jahre
1896 gegen die Italiener gekämpft, als diese das
Land zu erobern versuchten. Nach den Fürsten tän-
zelt Krieger nach Krieger mit wilden Gesten und
Kampfrufen halb zum Thron des Kaisers empor, der
wie üblich einen europäischen Tropenhelm trägt.
Die Flinten der Krieger sind so altertümlich wie ihr
Gebaren. Solchen Flinten und einer Anzahl schwa-
cher Geschütze wird die geballte technische Macht

*Der Kaiser von Abessinien, Haile Selassie, kann gegen
die technisierte italienische Armee lediglich Stammeskrieger mit alten Flinten aufbieten.*

der italienischen Armee gegenüberstehen. Die äthio-
pischen Krieger sind ihren Fürsten untertan, die
nicht verpflichtet sind, sie für den Kaiser kämpfen
zu lassen. Nur eine kleine Streitmacht untersteht
dem Kaiser direkt.

Wenn die Italiener trotz ihrer Überlegenheit anfangs nur langsam vorankommen, so liegt dies einerseits an der Unwegsamkeit des Geländes und andererseits an der traditionellen, vorsichtigen Krieg-
führung des Generals Emilio de Bono. Mussolini
ersetzte ihn bald durch den Marschall Pietro Bado-

glio, der den Abessiniern und der Welt zum ersten
Mal den modernen, totalen Vernichtungskrieg de-
monstriert. Der britische Journalist Geoffrey
T. Garratt beschreibt die abessinischen Soldaten,
gegen die sich dieser totale Krieg richtet: „Viele hatten nicht einmal ein Gewehr, sondern nur ein
Schwert oder einen Speer. Es waren anständige, mu-
tige Männer, anspruchslos, hart, abergläubisch in
ihrem einfachen Christentum. Die Europäer, die sie
in den Tod gehen sahen, wußten, was unsere Zivilisation ihnen zugedacht hatte. Zum Glück wußten
sie selbst es nicht. ... Mit hölzernen Stangen mußten sie gegen Stahl kämpfen, mit Schleudern gegen
Panzer, und über ihnen vierhundert italienische
Bomber. ...“ Garratt zitiert Mussolinis Sohn Vitto-

rio, der an diesem Feldzug teilnahm und der das Bombardieren von berittenen abessinischen Kriegern als „wunderbaren Sport" empfand: „Als eine Bombe in eine Gruppe von Reitern fiel und sie nach allen Seiten hochgingen, sah das aus wie eine aufblühende Rose. Hat viel Spaß gemacht." Die Abessinier besitzen natürlich keine Luftwaffe. So kann unbehindert alles gebombt oder aus der Luft niedergeschossen werden, was die Italiener stört. Das Senfgas Yperit zerfrißt den Stammeskriegern und ihren Frauen und Kindern Füße, Hände und Gesicht. Doch vor den Einsätzen segnet der italienische Feldkaplan die Waffen, die gegen diese afrikanischen Christen losgelassen werden. Die italienische Propaganda preist die zivilisatorische Mission, die der Faschismus hier zu erfüllen hat. Das Rotkreuz-Hospital von Dessie wird zerbombt. Der Kaiser bleibt solange es geht beim armseligen Rest seiner Krieger und flieht dann nach England, wo mit-

gebrachte Schätze das Exil im Städtchen Bath finanzieren. Die italienischen Truppen erreichen im Mai 1936 die Hauptstadt Addis Abeba. Die Massaker dieses Krieges, die Tötungskommandos und das langsame Sterben Tausender von Abessiniern in den Gefangenenlagern lassen erahnen, welches Unheil durch den Faschismus über die Welt kommen sollte.

Am Nachmittag des 5. Mai 1936 fahren die Lautsprecherwagen durch Rom. Das Plärren der „Giovinezza" wird durch Aufrufe an die Bevölkerung unterbrochen, sich abends auf der Piazza Venezia zu versammeln. Dort steht dann im gleißenden Scheinwerferlicht der Duce auf dem Balkon des Palazzo Venezia und verkündet, jedes einzelne Wort auskostend: „Il maresciallo Badoglio mi telegrafa: Oggi 5 maggio, alle ore 16, alla testa delle truppe vittoriose sono entrato in Addis Abeba." – „Marschall Badoglio hat mir telegrafiert: heute um 16 Uhr bin ich an der Spitze der siegreichen Truppen in Addis Abeba

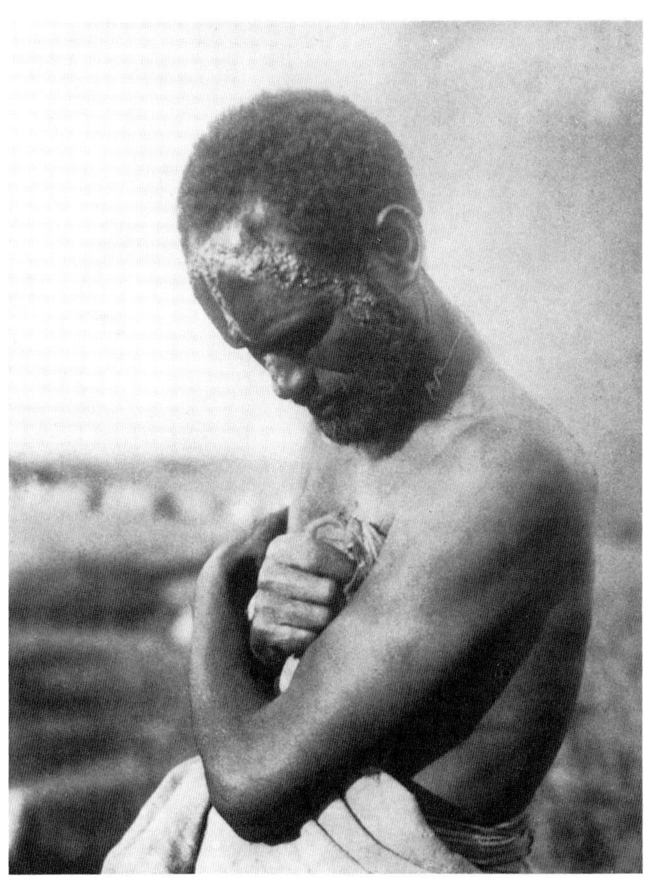

Mit Bomben und Senfgas gegen Dorfbewohner bricht das faschistische Italien den letzten Widerstand in Abessinien.

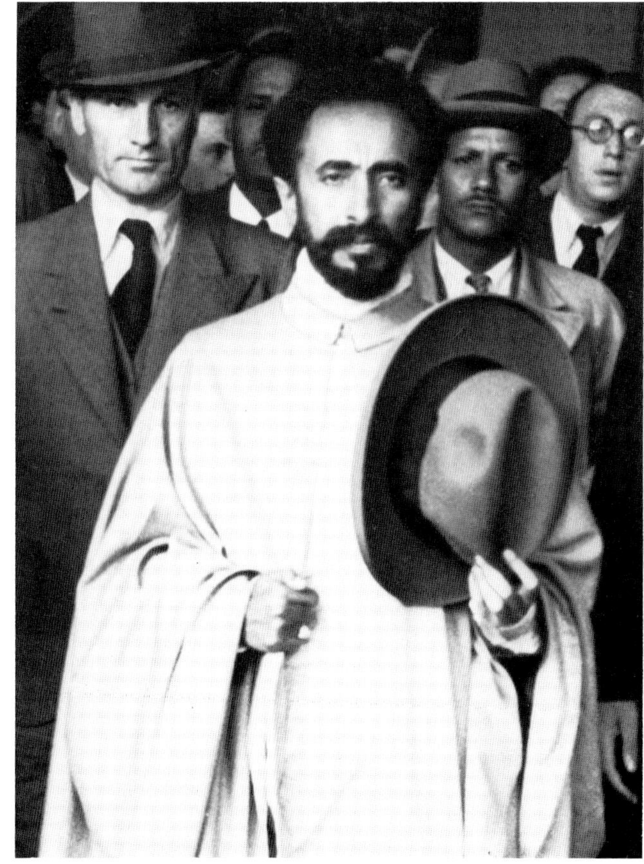

Als Bittsteller für sein Land tritt der abessinische Kaiser Haile Selassie 1936 vor den Völkerbund in Genf. Es ist zu spät. Der Völkerbund hat versagt.

Indem sich der italienische Diktator Mussolini international mehr und mehr isoliert, wächst seine Bindung an das Deutschland Hitlers.

einmarschiert". Nie war der Jubel größer. „Der Krieg ist aus!", ruft Mussolini, spricht vom „Pace Romana", vom „römischen Frieden". Es ist Mussolinis stolzeste Stunde. Doch sie birgt bereits den Keim seines Niedergangs in sich. Die Befriedung des besiegten Landes ist schwierig, die Kosten für seine Entwicklung zur lohnenden Kolonie übersteigen Italiens Möglichkeiten. Zu einer großen Besiedlung durch Italiener kommt es nicht mehr. Wenige Jahre später ist das Kolonialreich verloren. Vor allem aber leidet der gute Ruf, den Mussolini bis jetzt hatte, durch diesen schmutzigen Krieg und durch die Mißachtung der im Völkerbund vertretenen Weltmeinung. Vor diesen Völkerbund in Genf tritt am 30. Juni 1936 der geflohene Kaiser Haile Selassie und erinnert die Welt an die Folgen einer nachgiebigen Haltung gegenüber totalitären Mächten: „Wenn eine starke Regierung meint, ein schwaches Volk ungestraft unterjochen zu dürfen, dann hat für dieses schwache Volk die Stunde geschlagen. Ich frage die zweiundfünfzig Nationen, die dem abessinischen Volk Unterstützung gegen den Angreifer versprachen: was wollen Sie für Abessinien tun?"

Die Mahnung Haile Selassies verhallt. Erst unter dem Eindruck der ständigen Mißachtung internationaler Vereinbarungen und Regeln durch Hitler wird die Politik der Beschwichtigung zu Ende gehen. Mussolini aber verläßt mit dramatischer Geste den Völkerbund, um sich an der Seite Deutschlands und Japans zu finden – der Mächte, die den Weltfrieden zerstören und Mussolini mit in den Untergang reißen werden. Vor diesem Untergang wird Mussolini noch versuchen, sein neues römisches Reich nach Osten auszuweiten, über die Adria hinweg nach Albanien, Jugoslawien, Griechenland.

Im Westen des Mittelmeers bildet sich eine weitere faschistische Macht heraus: das Spanien des Generals Francisco Franco, der ein paar Wochen nach Mussolinis Sieg in Abessinien den Kampf gegen die verfassungsmäßige Ordnung aufnimmt. Der Eifer, mit dem Mussolini in den spanischen Bürgerkrieg eingreift, kommt Hitler gelegen. Verstärkt doch der Kampf an der Seite der deutschen „Legion Condor" die Bindung Italiens an Deutschland.

7.

Die Republik und
der Tod

Spaniens uralte Gesellschaft und das zwanzigste Jahrhundert. Ideale
und ihr bitteres Ende im Kreuzzug des Bürgerkrieges.

In karger Landschaft niedrige Häuser, aus grobem Feldstein aufgeschichtet. Verhärmte Menschen auf den Lehmgassen des Dorfes, dazwischen ein paar Schweine. Der Spanier Luis Buñuel hält diesen Ausschnitt aus der iberischen Wirklichkeit der frühen dreißiger Jahre in seinem Dokumentarfilm „Las Hurdes" über den Alltag eines armen Dorfes in der spanischen Extremadura unweit der portugiesischen Grenze fest. Die Kinder gehen barfuß, obwohl nun die kalte Jahreszeit gekommen ist. Wegen der Läuse hat man ihnen die Köpfe geschoren. Wir blikken hinein in ein Haus. Der Rauch des Feuers unter dem Suppentopf entweicht durch die Ritzen zwischen dem rohen Gestein der Küchenwände. Im einzigen anderen Raum wurden Laub und Zweige auf den nackten Erdboden geschüttet. Hier schläft die ganze Familie in ihrer zerlumpten Kleidung. Hier liegen auch Kranke und Sterbende.

Als Kontrast könnte man einen anderen Ausschnitt aus der spanischen Wirklichkeit schildern – etwa den Lebensstil eines aristokratischen Großgrundbesitzers in seinem maurischen Palais in Andalusien. Nirgendwo im westlichen Europa ist der Gegensatz zwischen Arm und Reich krasser als hier auf der iberischen Halbinsel. Für die Ideen der Aufklärung und die Impulse der französischen Revolution, welche die sozialen Klüfte in anderen Ländern durch einen gewissen sozialen Fortschritt verringert haben, erwiesen sich die Pyrenäen als ebenso schwer zu überwindende Barriere wie für die industrielle Revolution. Anfang der dreißiger Jahre wird der ausländische Besucher nur im Norden – in Katalonien und im Baskenland – den Eindruck haben, im zwanzigsten Jahrhundert zu sein. Das übrige Land steckt noch tief in vergangenen Epochen. Seine gesellschaftlichen Verhältnisse sind am ehesten mit denen Rußlands in der Zeit vor der Revolution zu vergleichen. 1,25 Millionen Bauern besitzen nur zwei Prozent des Landes, weitere zwei Millionen Bauern sind landlos. Die Masse der spanischen Kleinbauern und Landarbeiter verdient drei bis höchstens sechs Peseten am Tag, zu wenig zum Leben und zu viel zum Sterben. Manche verdienen nur eine Pesete, oder überhaupt nichts. Denn wenn die Preise für Landprodukte fallen, stellen viele Großgrundbesitzer die Bewirtschaftung ihrer Latifundien völlig ein. Die Verwaltung der Güter überlassen sie dem „cacique", der auch für die richtige politische Haltung der Landbevölkerung sorgt. Am frühen Morgen versammeln sich die ländlichen Tagelöhner, die „braceros", auf dem Dorfplatz, um sich vom „cacique" anwerben zu lassen. Sie tragen Baumwolljacken und Sandalen, die aus Hanf geflochten sind. Wer dem „cacique" politisch oder in anderer Hinsicht – etwa durch Unzufriedenheit mit dem Lohn – unangenehm auffällt, hat keine Chance. Den Pachtbauern geht es in ihrer Abhängigkeit vom Landbesitzer und seinem „cacique" nicht viel besser. Sie sind so arm, daß sie sich für den Kauf von Gerätschaften und Saatgut ständig beim Geldverleiher verschulden müssen. Die Segnungen der Zivilisation sind dünn gesät. Kinder besuchen nur unregelmäßig und nur wenige Jahre die Schule, weil sie arbeiten müssen. Soweit es überhaupt Schulen gibt. Das Schulwesen wird von der Kirche dominiert, deren geistliche und weltliche Macht weiterhin das Land prägt.

Im Norden und entlang der Mittelmeerküste bis nach Valencia sind die Lebensverhältnisse im allgemeinen besser als im übrigen Spanien. Das Land ist

101

nicht so trocken, und in den Städten läßt die wirtschaftliche Entwicklung allmählich den Mittelstand wachsen. Dorthin, vor allem nach Barcelona mit seiner Industrie, bewegt sich ein Strom ländlicher Arbeitsloser aus den armen Regionen und bildet ein Proletariat, dessen politisches Bewußtsein zum Sprengsatz für die Zukunft werden soll. Zu den wenigen fremden Ideen, die nach Spanien dringen konnten, gehört ein Anarchismus der Art, wie er im vorigen Jahrhundert von Bakunin in Rußland gelehrt worden war. Anarchistische Aktivisten ziehen, von der allgegenwärtigen Guardia Civil ständig bedroht, wie Wanderprediger durch das Land. Sie verkünden die perfekte Gesellschaft der Zukunft. Nach der Beseitigung der ihrem Wesen nach bösen Machtstrukturen des Staates, der Kirche und des Grundbesitzes sollen sich die Menschen in kleinen Gemeinschaften auf freiwilliger Basis zusammenfinden und ihr Leben zum gegenseitigen Wohl einrichten. Die künftige Gesellschaft wird also aus locker zusammenwirkenden Kooperativen in allen Lebensbereichen bestehen, aus Fabrik-, Berufs- und Bürgergemeinschaften in den Städten, aus dörflichen Gemeinschaften auf dem Lande. Die Anarchisten verschließen sich in ihrem Idealismus jedem Zweifel an der Realisierbarkeit einer Gesellschaft ohne Macht, müssen aber selbst Macht anstreben, um die bisherige Ordnung zu stürzen. Anarchistische Streiks und Gewaltakte stören Jahrzehnte hindurch die Ruhe des alten Spaniens. Neben diesem revolutionären Idealismus, der besonders in Andalusien Wurzeln schlägt und wohl auch Träumen von dörflicher Vollkommenheit vergangener Zeiten entspricht, kann sich ein moderner Kommunismus zunächst nur schwer durchsetzen. Viele der Armen in Spanien finden Trost in der Hoffnung auf eine Revolution, die den „cacique", den Gutsherren, den Geldverleiher und den Priester und mit ihnen die bösen Einflüsse der Stadt und des Staates wegfegt und ein dörfliches Glück in tugendhafter Selbstgenügsamkeit herbeiführt.

Zu den Kräften, die Spanien auseinander zu reißen drohen, gehört das Selbstbewußtsein der Katalanen und Basken, die gegen die Macht der Regierung in Madrid ankämpfen. An der Spitze dieses schwierigen Staatswesens steht bis zum Jahre 1931 der elegante König Alfons XIII., der gern Straßen

sperren läßt, um darauf seine Sportwagen auszuprobieren. Dieser König fürchtet die Revolution. Er hat deshalb im Jahre 1923 die Macht des Parlaments durch die Macht des Generals Miguel Primo de Rivera ersetzt, der ihm als kompetenter und vergleichsweise maßvoller Diktator dient. Aber „des Königs Mussolini", wie der alte andalusische General im Volksmund hieß, scheiterte an den Auswirkungen der Weltwirtschaftskrise auf Spanien. Die Not im Lande wurde noch größer. Der Druck der republikanischen, liberalen und revolutionären Bewegungen im Untergrund wuchs. Die politische Rechte jedoch, auf die Primo de Rivera sich stützte, war uneins. Die Armee ist durch ihr Versagen in den Kämpfen gegen die aufrührerischen Stammeskrieger des Abd el Krim in Nordafrika demoralisiert, das Kolonialreich in schlechtem Zustand. Zu viele unterbeschäftigte Offiziere dilettieren in Politik und machen das Durcheinander noch größer. Kurzum, der Diktator gibt auf. König Alfons weiß bald, daß auch seine Tage gezählt sind. Denn auch bisher königstreue bürgerliche Schichten wenden sich von ihm ab in der Angst vor einem „roten Massaker" für den Fall, daß der König bleibt. Als schließlich sogar die Armee dem König die Abdankung empfiehlt, verläßt Alfons das Land. Am 14. April 1931 wird die spanische Republik ausgerufen. Die Plätze und Hauptstraßen von Madrid, Barcelona und anderen Städten sind zum Bersten angefüllt mit Menschenmassen. Jubel, Siegesgeschrei, seit Jahrzehnten aufgestaute Gefühle machen sich Luft. Polizisten, bis gestern verhaßte Schergen des alten Regimes, verbrüdern sich mit der Masse – wohl auch in der Hoffnung, mit heiler Haut davonzukommen. Doch in dieser Masse sieht man sorgenvolle Gesichter. Kann dies gutgehen? Wird eine Nacht der langen Messer alle Hoffnungen auf ein modernes, demokratisches Spanien zunichte machen? Werden die Anarchisten losschlagen? Wird die Armee zurückschlagen? Wird alles vergebens gewesen sein? Es mag am Überraschungseffekt der plötzlichen Wende liegen, daß Spanien das große Blutbad zunächst erspart bleibt. Trotz einzelner Brutalitäten kann am 28. Juni 1931 eine demokratische Wahl stattfinden. Die liberalen und linken Parteien siegen. Die Rechte wird weit zurückgeschlagen. Zu ihr gehören auch Vorläufer einer faschistischen Partei, die dem Land

Hoffnung auf ein neues, fortschrittliches Spanien: in Valencia feiert man am 14. April 1931 die Ausrufung der Republik.

unter dem Namen „Falange" später zum Schicksal werden soll.

In der fieberhaften Atmosphäre, die dem Sturz des Königs folgt, macht sich die republikanische Regierung an die Erneuerung Spaniens. Die bürgerlich-liberalen Gruppen wollen Spanien nach dem Vorbild der großen westlichen Demokratien formen. Die linken und revolutionären Parteien machen sich an Umwälzungen, die bis hin zum Vorbild der Sowjetunion reichen. Die Anarchisten allerdings, diese heftigste Kraft der Linken, entziehen sich der Verantwortung, weil sie nicht nur diesen, sondern jeden Staat überhaupt ablehnen. In chaotischen Monaten beginnt sich Spanien zu verändern. Die Kirche wird entmachtet, der Jesuitenorden verboten. Der Staat übernimmt das Schulwesen, beschlagnahmt die gro-

ßen Latifundien, beginnt mit der Verteilung des Landes. Er greift in das Wirtschaftsleben ein, gibt den Gewerkschaften Macht, verfügt den Achtstundentag, führt die Sozialversicherung ein. Die Macht der Armee wird beschnitten, das Offizierskorps verkleinert. Doch die meisten Reformen bleiben im zunehmenden Hader der nun regierenden Parteien und in den regionalen Sonderinteressen stecken. Zu allem kommt das Unglück, daß Spaniens Weg in die Zukunft ausgerechnet in der schlimmsten Weltwirtschaftskrise beginnen muß. Konservative Interessen behaupten sich wieder. Für das enteignete Land soll volle Entschädigung bezahlt werden. Da hierfür im Staatshaushalt nur lächerliche 50000 Peseten vorhanden sind, bricht die Landreform zusammen. Chaotische Verhältnisse lehren die liberal-bürgerlichen Kräfte die Furcht vor den linken Veränderern. Der Haß auf die Kirche führt zum Terror gegen einfache Priester. Nonnen werden auf die Straße gezerrt und verhöhnt, kirchliche Wohlfahrtseinrich-

Chaotische Zustände herrschen in der neuen spanischen Republik. Hier werden Aufständische in Asturien abgeführt. Ein schreckliches Schicksal erwartet die meisten.

tungen zerstört. Andererseits zwingen die Anlaufschwierigkeiten seines Bildungswesens den Staat wieder zur Duldung kirchlicher Schulen. Die wirren Zustände verstellen den Blick auf die Leistungen großer Spanier für die Republik. Da ist das Verfassungswerk, an dem die Philosophen José Ortega y Gasset und Miguel de Unamuno beteiligt sind. Da ist das Volksbildungswerk der Republik. Der Dichter Federico García Lorca zieht mit seiner Wanderbühne „La Barraca" durch das Land, um den Menschen in den Kleinstädten und Dörfern die großen spanischen Dramen vorzuführen. Idealistische Junglehrer und Studenten gehen in die Dörfer, um Jung und Alt das Lesen und Schreiben beizubringen. Denn die wirtschaftliche und soziale Rückständigkeit der Bevölkerungsmasse ist eng mit ihrer kulturellen Rückständigkeit verbunden.

Insgesamt sind die Verhältnisse im Land aber so schlimm, daß der Reformkurs scheitert. Doch auch die Mitte-Rechts-Regierung des Jahres 1933 vermag die Lage nicht zu bessern. Die Depression läßt die Preise spanischer Landprodukte auf den Weltmärkten sinken. Streiks, Verschwörungen, Gewalttaten, Bauernaufstände machen Spanien schier unregierbar. Die Anarchisten sehen ihre große Stunde nahen. Gemeinsam mit Kommunisten und Sozialisten verursachen sie im Oktober 1934 den Aufstand der Bergarbeiter im nordspanischen Asturien. Gewalt wird mit fürchterlicher Gegengewalt beantwortet, der Bürgerkrieg vorweggenommen. Die „Rote Armee" der 30000 Arbeiter wird von den marokkanischen Fremdenlegionären des Generals Francisco Franco aufgerieben. Man hört von 2000 Toten und Verwundeten, von ebenso vielen Opfern der Abschlachterei nach der Niederlage, von Zehntausenden von Gefangenen.

Dieses Spanien ist nicht mehr zu heilen. Unter dem Eindruck solcher Vorgänge wächst auf der Rechten der Einfluß der faschistischen Falange, auf der Linken der Haß, während in Madrid eine Regierung nach der anderen stürzt. Am 16. Februar 1936 wird erneut gewählt. Inzwischen hat Stalin seinen Kommunisten in Frankreich und Spanien die Beteiligung an „Volksfront"-Regierungen erlaubt. Diese Volksfront gewinnt die Wahlen. Neben Kommunisten, Sozialisten, gemäßigten Republikanern und separatistischen Gruppen tragen nun auch die Anarchisten

die Macht. Die neue Volksfront-Regierung will die gebremste Revolution von 1931 durchsetzen, die alten Mächte endgültig beseitigen. Streiks überall im Land, Kirchen und Klöster werden angezündet, Landbesitz wird enteignet. Am 25. März 1936 besetzen 60000 Bauern über 3000 Güter in der Extremadura. Die nationale Einheit Spaniens beginnt sich aufzulösen. Terror von links wie von rechts. Killertrupps der Falange auf den Straßen. Morde an Politikern, Vergeltungsmorde. Die Rechte sieht Spanien an der Schwelle der Machtübernahme durch moskauhörige Kommunisten. General Franco, der auf die Kanarischen Inseln abgeschoben worden war, fliegt am 18. Juli 1936 insgeheim nach Spanisch Marokko und verkündet von dort aus den Aufstand gegen die Republik. Wenige Tage später landen 30 deutsche Transportflugzeuge vom Typ Ju 52 in Marokko, um aufständische Truppen nach Spanien zu schaffen. Kurz darauf greift Italien auf der Seite Francos in den beginnenden spanischen Bürgerkrieg ein. Der größte Teil der Armee schließt sich Franco an, während die See- und Luftstreitkräfte weitgehend der Republik die Treue halten. Die „Nationalisten", wie sich die Rebellen nennen, bringen schnell das westliche Spanien in ihre Gewalt. Der Rücken wird ihnen von dem portugiesischen Diktator Salazar freigehalten, dessen konservatives Regime das Übergreifen des spanischen Brandes verhindern konnte. Das östliche Spanien – von der französischen Grenze bis fast nach Granada – bleibt in der Hand der Republik, die auch die Hauptstadt Madrid halten kann. Das Schicksal Spaniens wird in den drei Jahren dieses Bürgerkriegs von Grausamkeiten gezeichnet, wie sie bis dahin nur aus den Berichten über den Dreißigjährigen Krieg bekannt waren. Die Nationalisten ermorden schätzungsweise 75000 Menschen, die Republikaner schätzungsweise 55000. Hinzu kommen die Hunderttausende, die bei den Kämpfen und Luftangriffen sterben. Die Ereignisse im Dorf Lora del Rio und in ein paar Nachbardörfern gleich zu Beginn des Bürgerkrieges kennzeichnen diesen Krieg. In einer kurzen Bauernrevolte werden 95 Nationalisten umgebracht. Der Vergeltung fallen etwa tausend Menschen zum Opfer. Nachdem die Nationalisten mit dem Schlachtruf „Viva la muerte!" – „Es lebe der Tod!" – durch die Puerta de la Trinidad in die Stadt Bajadoz nahe der portugiesischen Grenze eingedrungen sind, treiben sie nach einem Bericht der „Chicago Tribune" Hunderte von Einwohnern, darunter Frauen, in die Stierkampfarena und mähen sie mit Maschinengewehrgarben nieder. Überall im Land ist es das gleiche Bild, überall die Leichen und Leichenhaufen an den Straßenrändern und auf den Plätzen. Viele der Leichen sind durch die ausgesuchte Grausamkeit des Tötens gezeichnet, in der sich Nationalisten und Republikaner ebenbürtig sind.

Am schlimmsten ist dieser Krieg hinter den Fronten, wo die Bevölkerung Jahre der Angst vor den Mordkommandos der einen oder anderen Seite erdulden muß. Die großen Fronten stabilisieren sich

nach der Anfangsphase des Krieges, nach einigen größeren Schlachten und nach epischen Ereignissen wie der Verteidigung des Alcázar von Toledo durch Francos Truppen. Diese Fronten werden von sehr unterschiedlichen Streitkräften gehalten. Auf der Seite Francos ist es, abgesehen von Milizverbänden, die aufständische Armee mit der großen militärischen und technischen Unterstützung durch Hitler und Mussolini. Einheiten der deutschen Luftwaffe unter der Bezeichnung „Legion Condor" beherrschen weitgehend den Luftraum. Auf der Seite der rechtmäßigen Regierung sind es loyale Reste der Streitkräfte, vor allem aber Milizen der verschiedenen politischen Gruppen und ausländische Idealisten, die in den „Internationalen Brigaden" für Republik und Revolution in Spanien kämpfen. Die Sowjetunion unterstützt die republikanische Seite ein paar Jahre lang mit Waffen und Material. Es ist eine zögerliche Unterstützung, aber die großen europäischen Demokratien – Großbritannien und Frank-

1936 beginnt unter der Führung des Generals Francisco Franco (vorne rechts) die Rebellion gegen die verfassungsmäßige Regierung und damit der spanische Bürgerkrieg. Links: Oberst Moscardó, der den Alcázar von Toledo gegen die Regierungstruppen gehalten hat.

Gegenseitiger Terror kennzeichnet den spanischen Bürgerkrieg. Gefangene erschießt man meist. Hier führen Falangisten gefangene Kommunisten ab.

reich – tun praktisch überhaupt nichts zur Rettung der spanischen Republik. Weder dem Westen noch der Sowjetunion paßt dieser Bürgerkrieg ins Konzept. Im Westen fürchtet man, durch eine Verwicklung in diese innerspanische Katastrophe von der entscheidenden Aufgabe abgedrängt zu werden, nämlich der Wahrung des europäischen Friedens durch vorsichtigen Umgang mit den Diktatoren in Berlin und Rom. Außerdem tragen die radikalen Maßnahmen der spanischen Linken wenig dazu bei, die Sache der Republik in den westlichen Ländern beliebt zu machen. Die Angst vor der roten Revolution ist durch den Aufstieg Hitlers nicht verringert worden. Diese Angst wiederum veranlaßt Stalin zur Vorsicht. Er fühlt sich mehr und mehr durch Hitler bedroht. Er fürchtet, ein Sieg der spanischen Linken und die Errichtung einer Sowjetrepublik Spanien würde die westlichen Länder an die Seite Hitlers und Mussolinis bringen und einen Krieg auslösen, den die Sowjetunion nicht überleben könnte. Außerdem befindet sich die UdSSR noch in der Phase des „Großen Terrors" und braucht Zeit, um sich innerlich zu festigen. Zur Beruhigung des Westens befiehlt Stalin den spanischen Kommunisten also, auf alle revolutionären Pläne zu verzichten und allein für die Rückkehr der verfassungsmäßigen Ord-

nung zu kämpfen. Nur unter diesem Vorbehalt schickt Stalin Hilfe nach Spanien.

Doch die moskautreuen Kommunisten sind nur eine der linken Gruppen. Es gibt andere kommunistische Parteien und vor allem die Anarchisten. Sie interessieren sich nicht für die weltpolitischen Rücksichten Stalins. Sie wollen Spanien umkrempeln. Ebenso ergeht es den Tausenden von Freiwilligen aus aller Welt, die sich – oft nach dem Verkauf ihrer Habseligkeiten – über die Pyrenäen oder auf dem Seeweg in das republikanische Spanien durchschlagen und sich dort bei den Rekrutierungsstellen der Internationalen Brigaden melden. Für sie ist Spanien Jerusalem. Hier sehen sie die große Chance, die perfekte menschliche Gesellschaft im Kampf gegen die Mächte von gestern zu formen. Die meisten sind Sozialisten und Kommunisten, darunter abgebrühte Veteranen der Straßenkämpfe in anderen Ländern. Der Idealismus der vielen jungen Freiwilligen ist noch nicht durch die Kenntnis dessen erschüttert, was sich in diesen Jahren an Schrecklichem in der Sowjetunion ereignet. Hier in Spanien nehmen sie in der Gemeinschaft mit Gleichgesinnten aus aller Welt an einem Kreuzzug teil, dessen Erlebnis sich tief in das Bewußtsein einer ganzen Generation eingräbt. Schätzungsweise 40000 Freiwillige dienen in den Internationalen Brigaden, die meist von kommunistischen Offizieren befehligt werden. Sie kommen aus England und Amerika, aus Frankreich und Holland, aus den meisten demokratischen Ländern

rischen Ausbildung kommen die Idealisten in den Kriegseinsatz. Auf militärisches Zeremoniell gibt man nichts. Der General ist „Genosse General" und hat keine Privilegien. Man vereinbart, Befehlen zu gehorchen. J. Alvarez Del Vayo, der es erlebt hat, beschreibt in seinem Buch „Freiheitskampf", wie es auf der republikanischen Seite zuging. „Das wichtigste war, ein Gewehr und soviel Munition wie nur möglich zu ergattern. Wer keinen Patronengurt hatte, steckte die Munition in die Taschen seines Overalls. Statt Stiefeln trug man Sandalen. Dem Essen maß man wenig Bedeutung bei: ein Kanten Brot und ein paar Büchsen Sardinen halten lange vor, wenn der Geist nach Höherem strebt. Jeder kämpfte mit den Waffen, die er gerade vorfand. Die Schäfer in den Bergen benutzten ihre Schleudern, um Dynamit gegen die Nationalisten zu katapultieren. Den Kämpfern folgten die unbewaffneten Reservisten, um an die Stelle der Fallenden zu treten und deren Waffen zu übernehmen. ... Viele Frauen begnügten sich nicht damit, im Hinterland die Arbeit der Männer zu leisten. Vor allem die Mädchen aus den Ju-

Linke Intellektuelle aus vielen Ländern engagieren sich im spanischen Bürgerkrieg für die republikanische Seite. Der Amerikaner Ernest Hemingway schreibt „Wem die Stunde schlägt" und macht zusammen mit dem holländischen Dokumentarfilmer Joris Ivens (rechts) den Film „Spanische Erde".

Viele Sozialisten und Kommunisten, die für die Freiheit kämpfen wollen, werden in Spanien dem Terror Moskauer Politkommissare ausgesetzt. Stalin dominiert diese kommunistische Versammlung in Madrid.

und aus dem kommunistischen und sozialistischen Untergrund Deutschlands und Italiens. Schriftsteller, Journalisten und Dokumentarfilmer kommen, um zu kämpfen und um der Welt mitzuteilen, was hier geschieht: André Malraux, Stephen Spender, Arthur Koestler, George Orwell, Joris Ivens und viele andere. Aus dem Erlebnis dieses Krieges heraus beschreibt Ernest Hemingway in seinem Roman „Wem die Stunde schlägt" das Schicksal eines amerikanischen Spanienkämpfers.

Die ausländischen Freiwilligen werden ebenso wie die spanischen Kämpfer in Arbeiter-Overalls als Ersatz für nicht vorhandene Uniformen gesteckt. Overalls tragen übrigens auch die Milizionäre auf der falangistischen Seite. Die Baskenmütze vollendet die Ähnlichkeit. Nach einer elementaren militä-

Viele spanische Frauen kämpfen im Bürgerkrieg mit, vor allem in sozialistischen und kommunistischen Verbänden.

gendorganisationen gingen an die Front, sobald sie sich eine Arbeitermontur beschaffen konnten."

Im republikanischen Gebiet wird versucht, die gesellschaftliche Umwälzung zu vollenden. George Orwell, der einem der nicht von Moskau abhängigen kommunistischen Kampfverbände angehört, kommt im Dezember 1936 nach Barcelona. In seinem Erlebnisbericht „Mein Katalonien" schreibt er: „Es war ein ganz neues Gefühl, eine Stadt zu besuchen, in der die Arbeiterklasse herrscht. Sogar die Schuhputzer sind kollektiviert und haben ihre Schemel rot und schwarz angestrichen. Die Kellner und die Verkäufer in den Läden schauen einem geradewegs ins Gesicht und behandeln einen von gleich zu gleich. ... Mir wurde sofort bewußt, daß es sich lohnt, für diese Verhältnisse zu kämpfen." Manche revolutionäre Situation ergibt sich durch die Umstände. Arbeiter übernehmen die Fabriken von Besitzern, die geflohen sind oder erschossen wurden. Es gibt „revolutionäre Hochzeiten". Die anarchistische Gesundheitsministerin Federica Montseny legalisiert die Abtreibung, eine Ungeheuerlichkeit im katholischen Spanien.

Doch die schwache Regierung auf der republikanischen Seite vermag die revolutionären Vorgänge kaum zu steuern. Die Milizen der verschiedenen politischen Gruppen ziehen wie Privatarmeen durch das Land. In Aragonien wird nach sowjetischer Terrormethode kollektiviert, werden auch kleine Bauern wie die Kulaken liquidiert. Der Idealismus vieler Freiwilliger, die einer humanen Gesellschaft wegen in Spanien kämpfen, wird durch das Erlebnis derar-

Deutsche und italienische Bomber tragen Tod und Zerstörung in spanische Städte, üben für den zweiten Weltkrieg.
Oben: Flugzeuge über Madrid, Sirenengeheul – der Augenblick, bevor die Bomben fallen.
Oben rechts: Einsatzbesprechung der deutschen „Legion Condor“.

schickt seine Politkommissare und die Experten der GPU nach Spanien, um jene kommunistischen Gruppen zur Räson zu bringen, die immer noch eine sozialistische Gesellschaft errichten wollen. Eine Filiale des „Großen Terrors" wird in Spanien errichtet, komplett mit Entführungen, Folterkellern, Schnellprozessen, Erschießungen. Diese Vorgänge beschleunigen auch bei vielen Intellektuellen die Loslösung von Moskau. Mögen sie ihr Wissen um das von Moskau befohlene gelegentliche Zusammenwirken von Kommunisten mit den Faschisten in Frankreich und Deutschland bisher verdrängt und Berichte über den Terror in der Sowjetunion als faschistische Propaganda abgetan haben: hier erleben sie die Wirklichkeit des stalinistischen Systems. Für Kommunisten wie George Orwell bricht eine Welt zusammen. Er erkennt, daß „jede Gesellschaft, die ein Paradies auf Erden errichten will, notwendi-

tiger Grausamkeiten erschüttert. Dem Idealismus der Kommunisten wird der härteste Stoß jedoch durch das Verhalten der Sowjetunion versetzt, dem verehrten Mutterland des Sozialismus. Stalin

Das bittere Ende: Flucht vor dem Sieg Francos über die Pyrenäen nach Frankreich.

gerweise und immer in der Tyrannei enden muß".
Wie Arthur Koestler und viele andere wendet er sich
vom Kommunismus ab.

Die Lage der Republik wird immer schwieriger.
Aber noch ist die Hauptstadt Madrid nicht verloren, die fast den ganzen Krieg hindurch Frontstadt
bleibt. Zeitweise schiebt sich die Front durch die
Außenbezirke von Madrid hindurch vor. Aus einer
seltsamen Mischung von Normalität und Katastrophe besteht das Leben in Madrid in diesen Jahren.
Während in den Straßencafés an der Plaza Mayor
oder am Paseo de Recoletos friedlicher Betrieb
herrscht und nur hier und da ein Milizionär in seinem Overall an die Wirklichkeit erinnert, jagen die
Ambulanzen durch die Straßen und bringen die Verwundeten von der Front in die Krankenhäuser. Ab
und zu ist der Kriegslärm zu hören. Oft beginnen
die Sirenen zu heulen, Menschen rufen: „Aviones!
Aviones!" – „Flugzeuge!", flüchten in Hauseingän-
ge. Der deutschen und der italienischen Luftwaffe
dient Spanien als Versuchsgelände für die neuen
Bomber. Das Städtchen Guernica fällt am 26. April
1937 in Schutt und Asche. Den Bombern folgen
Messerschmidt- und Heinkel-Jagdflugzeuge und
mähen Überlebende nieder. Wochenschaufilme zeigen dem Kinopublikum im Ausland, wie es in Madrid und Barcelona unmittelbar nach den Luftangriffen aussieht. Straßenzüge brennen, Menschen
stehen verstört herum. Verzweifelte versuchen, ihre

Kinder aus den Trümmern zu bergen. In diesen Jahren sehen die Menschen in den glücklicheren Ländern ähnliche Filmaufnahmen vom Bombenterror
in China. Die vorherrschende Stimmung, den
Schrecken solcher Kriege um den Preis des Nachge-
bens gegenüber den Diktatoren zu entgehen, wird
durch diese Eindrücke nur noch verstärkt.

Im Jahre 1938 erobert Franco den größten Teil
Spaniens. Es geht mit der Republik zu Ende. Im
folgenden Winter versuchen Massen verängstigter
Menschen, durch den Schnee der Pyrenäen den
Truppen und der Polizei Francos zu entkommen.
Mit letzter Kraft schleppen Frauen ihre Kinder über
die Grenze in das französische Auffanglager Le Bou-
lou. An einem einzigen Tag kommen 15 000 Flücht-
linge herüber. Insgesamt können sich fast eine halbe
Million Spanier nach Frankreich retten.

Am 1. April 1939, fünf Monate vor Beginn des
Zweiten Weltkrieges, ist der spanische Bürgerkrieg
vorüber. Die Exekutionskommandos leisten ihre
Arbeit, die große Säuberung fängt an. Die Falange
ist Staatspartei. Aber der spanische Faschismus ist
keine volkstümliche Massenbewegung, wie man sie
von Deutschland oder Italien her kennt. Der „Caudillo" Francisco Franco ist kein Volkstribun, sondern ein verschlossener, starrer Mann. Das Land
kehrt nach seinem Ausflug in eine chaotische Freiheit in die dumpfen Verhältnisse seiner Vergangenheit zurück.

8.
Das finstere Tal

Das neue Japan und sein Absturz in den Militarismus. Chinas
Hoffnungen, Unterdrückung und ungewisse Zukunft.

In Tokio spaziert an einem schönen Oktobertag des
Jahres 1931 ein junges Paar von Chuo-ku durch die
Geschäftsstraßen zum Hibiya-Wallgraben des Kai-
serpalastes. Ein paar ältere Japaner bleiben stehen,
tuscheln, wenden sich ab. Zwei Mädchen in Kimonos gucken und kichern. Offiziere der kaiserlichen
Armee, die vom Palast her dem Paar entgegenkom-

*Die japanischen Eroberungszüge in China, die 1931
beginnen, stärken die Militaristen und schwächen die
Demokraten Japans.*

men, stutzen und gehen schimpfend auf die andere
Straßenseite. Denn Anstößiges geschieht hier. Es
schickt sich nicht, daß ein junger Mann und ein
Mädchen so miteinander herumlaufen und sich
auch noch die Hände halten. Und die ganze Aufmachung ist geschmacklos fremdländisch: der kurze
Rock und die Ponyfrisur des Mädchens genauso wie
die Knickerbocker des jungen Mannes. „Moga"
(modern girl) und „Mobo" (modern boy) nennt
man solche verwestlichten jungen Leute in japanischer Verkürzung. Vor allem Studenten lassen sich

Japan in den frühen dreißiger Jahren: west-östlicher Charme.

von den Hollywoodfilmen und den Ideen aus Europa und Amerika beeinflussen und vom richtigen japanischen Weg abbringen. Die „Marx boys" unter den Studenten gefallen sich darin, von Revolution zu reden. Als ob man keine anderen Sorgen hätte. Es scheint in der Welt kein Geld mehr für japanische Produkte zu geben. Vor allem kein Geld mehr für die Rohseide, von der so viele japanische Bauern leben. Zu viele Leute müssen hungern. Dabei nimmt die Bevölkerung um eine Million Menschen pro Jahr zu. 60 Millionen Japaner gibt es bereits.

Nervöse Spannung liegt in diesen Herbstwochen des Jahres 1931 über dem Land. Viele Japaner schöpfen Hoffnung aus den Nachrichten, die jetzt vom chinesischen Festland herüberkommen: aus der Mandschurei, wo Japan Wirtschaftsregionen gepachtet hat und auch die Eisenbahn betreibt, die Erze und andere Rohstoffe zum Export nach Japan in die Hafenstadt Dairen bringt. Die Wirtschaft des rohstoffarmen Japan hängt von solchen Rohstoffen ab. Doch so frei schalten und walten wie im benachbarten Korea darf Japan in der Mandschurei nicht, so begehrenswert diese Pforte zu den unermeßlichen Rohstoffschätzen Chinas auch sein mag. So versucht man, den japanischen Einfluß mit allerlei Tricks zu vergrößern. Schließlich, in der Nacht vom 18. zum 19. September 1931, fliegt ein Stück der Südmandschurischen Eisenbahn in der Nähe der Stadt Mukden in die Luft. Offenbar handelt es sich nicht um chinesische Sabotage, sondern um eine japanische Inszenierung. Jedenfalls nehmen die japanischen Truppen, die zum Schutz der Bahnlinie in der Mandschurei stationiert sind, diesen Vorfall als Anlaß zum Losschlagen. Binnen kurzem erobern sie große Teile der Mandschurei. Die Regierung in Tokio hatte diese Entwicklung zu verhindern versucht. Sie ist auf das internationale Ansehen der japanischen Demokratie bedacht, die sich seit einigen Jahren herausbildet. Doch ebenso wie der Kaiser, der das Vorgehen der Militärs in der Mandschurei wohl ebenfalls mißbilligt, ist die parlamentarische Regierung zu schwach und versagt. Die Armee wird zum Staat im Staate. Sie zieht den im Kaiser verkörperten nationalen Willen zu ihrer Rechtfertigung heran und erfreut sich breiter Zustimmung in einem Volk, dem die Eroberung chinesischen Landes Rettung

vor dem Hunger und der Überbevölkerung im eigenen Land verheißt.

„Kurai Tanima" – das finstere Tal – werden nachdenkliche Japaner später die Periode ihrer Geschichte nennen, die Anfang der dreißiger Jahre mit der imperialistischen Aktion in der Mandschurei beginnt und mit dem Niedergang Japans im zweiten Weltkrieg enden wird. Es hatte so hoffnungsvoll angefangen. Erst sechzig Jahre zuvor hatte sich Japan voll der Welt geöffnet und sich aus noch weitgehend mittelalterlichen Verhältnissen durch intensive Modernisierung direkt in das zwanzigste Jahrhundert begeben. Den Umbruch seines traditionellen Gefüges hatte es in einem nationalen Kraftakt bewältigt. Die kaiserliche Macht, die dabei zunächst gefestigt worden war, hatte Anfang der zwanziger Jahre aufgehört, die Regierungsgeschäfte direkt zu steuern. Bisher hatten die aus der Samurai-Ritterschaft hervorgegangenen edlen „genro" die kaiserlichen Entscheidungen vorbereitet und für ihre Umsetzung in praktische Politik gesorgt. Doch nun waren die letzten dieser mächtigen Adelsherren gestorben. Nun hatte das parlamentarische System eine Chance, das nach westlichem Muster gebildet worden war. Der Einfluß der kaiserlichen Gottähnlichkeit auf das japanische Bewußtsein ließ es zwar nicht zu einer wirklichen Demokratie wie in Großbritannien oder Skandinavien kommen, wo die Krone nur noch symbolisches Oberhaupt ist. Doch an der Schwelle der dreißiger Jahre gehört auch ein gewisses Maß an Liberalität und Weltläufigkeit zum Bild des Landes.

In Tokio ist dies besonders augenfällig. Das Erdbeben von 1923 hatte Tokio zur Hälfte und die benachbarte Hafenstadt Yokohama fast ganz zerstört, schätzungsweise 130000 Menschen waren umgekommen. Der Wiederaufbau ging, auch mit Hilfe großer amerikanischer Spenden, zügig voran. Wo ein Gewimmel kleiner Holzhäuser und enger Gassen gewesen war, entstanden die neuen Geschäftsviertel. Zwischen Hauptbahnhof und kaiserlichem Park wuchsen die Konzernpaläste von Marunouchi hoch. Und im Straßenbild herrscht nun westliche Kleidung vor. Auch dies ist eine Folge des Erdbebens. Viele Leute konnten ihre kostbaren Kimonos und Yukatas nicht retten. Es fehlte an Geld. Die westliche Kleidung war billiger und schließlich auch praktischer im großstädtischen Leben. Seltsam wirkt es nun allerdings, wenn die meist westlich gekleideten Frauen und Männer sich bei der Fahrt in der Straßenbahn entlang dem kaiserlichen Park erheben und sich gemeinsam in Richtung ihres Herrschers verneigen. Die anmutigen Kimonos sind auch im Vergnügungsleben seltener zu finden. Wenige Japaner können sich noch die Gesellschaft exquisiter Geishas leisten. Eher geht man nun in die Tanzpaläste mit den „taxi-girls" in ihren engen Röckchen. Aus Grammophonen tönen amerikanische Schlager. Auch die Verkäuferinnen tragen nicht mehr den Kimono. Bei einem Kaufhausbrand in Tokio sind nämlich vierzehn Verkäuferinnen umgekommen, weil sie sich nicht auf den Rutschen der Feuerwehr in Sicherheit bringen wollten. Unter dem Kimono trug man keine Unterwäsche. Die Mädchen hatten Angst, sich zu entblößen. Gerade in Fragen der Schicklichkeit kommt es in diesen Jahren zum Konflikt zwischen traditionellen Vorstellungen und fremden Vorbildern. Hier und da hört man sogar, daß junge Leute sich der elterlichen Ehevermittlung durch eine Liebesheirat entziehen.

Japanische Impressionen zu Anfang der dreißiger Jahre, bevor die schlimmen Zeiten anfangen. Es ist Frühling. Im Ueno-Park von Tokio läßt die Kirschblüte die sonst so reservierten Japaner aus sich herausgehen. In Massen sind sie gekommen. Auf dem Rasen sitzt man beim Picknick. Grüppchen von Männern torkeln, Bierflaschen in der Hand, in milder Fröhlichkeit durch das Gedränge. In Pavillons spielen Kapellen westliche Schlager, während aus anderen Richtungen alte japanische Weisen herüberklingen. Es ist ein Fest jener charmanten Mischung von Orient und Okzident, die Japan seit einigen Jahren kennzeichnet. Kleine Mädchen tragen Kleider, die mit den Mickey-Mäusen aus Amerika bedruckt sind. Drüben, zum Gojoten-Schrein hin, ein Bild wie eines jener zarten japanischen Aquarelle. Über geschwungene Brückchen bewegen sich junge Frauen mit lackierten Schirmen, ihre Kimonos in Blau- Rot-, Grau- und Goldtönen unter den alten Bäumen, dahinter im Dunst der Shinobazu-Teich. Und jetzt stören zwei Dutzend Leute das Idyll: offenbar ein Betriebsausflug. Alle Männer steif westlich gekleidet, einige Frauen in Kimonos, jüngere Frauen in Frühlingskleidchen mit den kekken Hütchen, wie sie in Paris Mode sind. Hier in Japan fassen Frauen im Berufsleben schneller Fuß als in anderen Ländern, die aus ihren Traditionen gerissen werden. Die Betriebsausflügler machen neckische Spiele, rennen mit verbundenen Augen rückwärts, Männer und Frauen sogar gemeinsam! Gesellschaftsspiele sind eine große Passion. Man widmet sich ihnen mit dem gleichen Eifer wie den importierten Sportarten, vor allem Tennis und – für die Wohlhabenden – Golf. Schließlich gehen im Ueno-Park die Lampions an. Am Abend des Kirschblütenfestes versammelt sich mehr und mehr Volk in den Tanzpavillons.

Und da ist das Japan des Alltags, der großen Bescheidenheit. Die meisten Japaner wohnen in engen Holzhäuschen. Seltener sind die eleganten weitläufigen Häuser mit den Schiebetüren aus edlem Japanpapier. Viele Wohlhabende leben nun auch in festen, steinernen Häusern und fangen an, sich an Fremdes, Klotziges zu gewöhnen: an Tische, Stühle, Schränke. Manche bewahren in ihren westlichen Häusern aber doch noch einen echt japanischen Raum.

Und schließlich das ländliche Japan, karg und malerisch zugleich. Da sind die vielfach den Himmel widerspiegelnden Reisfelder, die geschwungenen grünen Wülste der Teepflanzungen an den Hängen, die bunten Trachten der Pflückerinnen. Am Ufer eines Flüßchens ein Tretrad, auf dem eine Frau steht und Tritt für Tritt Wasser für ihre Felder emporholt. Bauernhäuser mit tiefgezogenen Strohdächern. In den Höfen drischt man das Getreide mit riesigen Flegeln. Auf den Feldern arbeiten lange Reihen von Frauen mit breiten Strohhüten. Büffel ziehen Erntewagen, suhlen sich am Ufer des Flüßchens.

In der japanischen Wirtschaft gehen Tradition und Fortschritt hochaktive Verbindungen ein. Das zeigt sich besonders an den großen Familienkonzernen, den „Zaibatsu", die ihren Aufstieg einem Zusammenwirken von japanischem Feudalismus und westlichen Geschäftsmethoden verdanken. In den frühen Jahren der Modernisierung, des Eisenbahn- und Schiffsbaus, schanzten die Regierenden ihren politischen Freunden und ihren Verwandten die großen Konzessionen und Aufträge und die großen Gelder für die Entwicklung des Landes zu. So entstanden die Wirtschaftsimperien der Mitsui und Mitsubishi, der Sumitomo und Yasuda. Die Verbindung zwischen den Konzernen und der Regierung sollte stets eng bleiben und zu einer Besonderheit der japanischen Industriemacht werden. In ihrer Struktur sind die Konzerne mit ihrer komplizierten Verschachtelung von Banken, Handels- und Industrieunternehmen dem alten Schogunat nicht unähnlich. Auch hier sorgt der Grundsatz persönlicher Loyalität für Zusammenhalt und die Durchsetzung des Unternehmenszwecks. In den ersten Jahrzehnten des zwanzigsten Jahrhunderts werden auch mehr und mehr Facharbeiter und Werkmeister — wie bisher schon die Manager — für ihr ganzes Leben mit dem Konzern verbunden. Treuer Dienst führt zu regelmäßiger Lohnerhöhung. Man fühlt sich sicher in der Großfamilie des Unternehmens, dessen Oberhaupt man so wie den Patriarchen der eigenen Familie verehrt. Das ist kein gedeihliches Klima für Gewerkschaften. Bis jetzt sind die Dauerbeschäftigten der Zaibatsu allerdings nur eine kleine und glückliche Minderheit. Man schätzt, daß Anfang der dreißiger Jahre jeder vierte japanische Arbeiter ohne Beschäftigung ist. Die Arbeitsbedingungen der meisten anderen sind weit schlechter als jene, die Europäern oder Amerikanern noch zugemutet werden können. In seinem Buch „Japan über Asien" beschreibt William Henry Chamberlin das Leben eines jungen Webers in Kyoto: „Er arbeitete von halb sieben Uhr morgens bis acht oder neun Uhr abends. Dazwischen hatte er insgesamt zwei Stunden Pause. Zwei Tage pro Monat waren frei, und an jedem fünften Tag durfte er bereits ab sieben Uhr nachhause gehen. Dafür erwartete man aber auch, daß er in Stoßzeiten bis halb zwölf Uhr nachts am Webstuhl blieb. ... Er war blaß wie die meisten anderen Weber von Kyoto in ihren düsteren Schuppen." In den Textilfabriken, immer noch dem größten Industriezweig Japans, arbeiten vor allem die unverheirateten Mädchen. Viele bekommen überhaupt keinen Lohn in die Hand, weil ihre Väter sich den Lohn auf Jahre im Voraus auszahlen ließen und die Mädchen dafür zum Pfand gaben. In der äußersten Not verkaufen Bauern Töchter an Agenten aus der Stadt, die im Auftrag von Teehäusern und Bordellen über Land ziehen. Auch in einer Gesellschaft, deren Normen sich von denen des Westens unterscheiden, ist dies die tiefste Erniedrigung des Armen.

Wie in den meisten asiatischen Ländern ist äußerste Armut auch in Japan stets das Los der Bevölkerungsmasse gewesen. Die Unfruchtbarkeit von mehr als vier Fünfteln der kleinen Landfläche aller japanischen Inseln zwang die Japaner schon immer zu besonderen Anstrengungen als Bauern, Fischer und Arbeiter. Härte und Genügsamkeit wurden nationale Tugenden. Als nach der Öffnung zur Welt das Industriezeitalter ins Land kam, schien es so, als werde Japan mit seinen anspruchslosen, fleißigen und technisch so begabten Menschen bald aus seiner Not herauskommen. „Exportieren oder Sterben" ist nun die Losung. Die billigen japanischen Fertigprodukte kommen auf den Weltmarkt und erschrecken die alten Industriemächte. Niedrige Löhne machen große Preisunterbietungen möglich. Doch bald erkennt man die Grenze, die der Mangel an verarbeitbaren Rohstoffen den neuen Hoffnungen setzt. In der gleichen Zeit bedrückt eine andere Ausweglosigkeit die Japaner. Die USA haben den Strom der japanischen (ebenso wie der chinesischen) Einwanderung, deren Hauptziel Kalifornien gewesen war, gestoppt. Das war eine Folge starker antiorientalischer Gefühle. Man fürchtete, der pazifische Westen Amerikas könne „gelb" werden. Mit dieser Maßnahme war das wichtigste Ventil für den japanischen Bevölkerungs-Überdruck verschlossen. Darüber hinaus empfanden die Japaner diese Maßnahme ihres bewunderten Nachbarn östlich des Pazifik gewissermaßen als Liebesentzug. War doch Amerika der natürliche Partner des in die moderne Welt aufstrebenden asiatischen Landes. Die japanischen Kirschbäume, die seit 1912 die amerikanische Hauptstadt Washington zieren, waren ein Freundschaftsgeschenk in diesem Geiste. Das Gefühl, von Amerika verlassen worden zu sein, steht nun im Hintergrund des weiteren Geschehens. Die Bevölkerung wächst weiter, die Rohstoffe werden immer knapper, die Weltwirtschaftskrise läßt die Märkte für japanische Produkte schrumpfen. Zur Entmutigung trägt bei, daß China, das man sich als riesigen Markt für japanische Erzeugnisse vorstellte, jetzt seine eigene Industrie aufbaut und unter dem General Chiang Kai-shek auf dem Weg zu nationaler Einigung und bedrohlicher Stärke zu sein scheint.

Trotz aller Modernisierung konnte sich in Japan keine breite Strömung freiheitlichen Denkens her-

Nur noch Rettiche haben diese japanischen Kinder im November 1934 nach einer Mißernte in der Präfektur Iwate zu essen. Mit dem Bevölkerungsdruck auf den kleinen und rohstoffarmen Inseln wächst Japans Aggressivität.

ausbilden. Dabei bewunderte man die westlichen Demokratien. Denn sie hatten den ersten Weltkrieg gewonnen und damit die Kraft ihres politischen Systems bewiesen. Doch das umfassende Bildungswesen, das binnen weniger Jahrzehnte entstanden ist, fördert kein neues Denken. Vielmehr erzieht es die jungen Japaner gemäß der militärischen Tradition, macht sie zu fanatischen Nationalisten und vermittelt jene Fertigkeiten, die für den wirtschaftlichen Fortschritt wichtig sind. In einer Pervertierung alter japanischer Gehorsamspflichten gegenüber den Älteren, den Vorgesetzten und natürlich dem Kaiser formt die Schule den Untertan des modernen totali-

tären Staates. Je perfekter im Laufe des Jahrzehnts die Indoktrination wird, desto weniger Rückhalt finden die demokratischen Politiker, wenngleich viele Wähler ihren Abgeordneten bis in die Jahre der Unterdrückung hinein die Treue halten. Anders als in der Sowjetunion, in Deutschland oder Italien wird der totalitäre Staat hier nicht durch eine Massenpartei unter einem starken Führer erzwungen, sondern vor allem durch die Militärs. Für sie ist die erfolgreiche imperialistische Aktion in der Mandschurei im Jahre 1931 das Signal zur Veränderung Japans. Galt es bisher, die Zukunft Japans durch friedliche Erschließung neuer Märkte zu sichern, so ist Eroberung nun die Devise. In der Mißachtung des Völkerbundes geht Japan seinen späteren Partnern Italien und Deutschland voran. In Japan selbst wird von der „Spezialpolizei" zuerst die ohnedies nicht starke Gruppe der linken Intellektuellen aus-

Tokio, 26. Februar 1936: ein Militärputsch scheitert zwar, aber die gewählte Regierung hat nicht mehr viel zu sagen.

geschaltet. Hunderte von Professoren, Studenten, Gewerkschaftsführern kommen in die Gefängnisse. Mißliebige Schriften werden verboten. Alles „Unjapanische" wird in einer heftigen Reaktion auf die fremden Einflüsse verpönt. Aus den Straßen- und Bahnhofsschildern verschwinden die englischen Bezeichnungen, die bisher unter den japanischen standen. Die so beliebt gewordenen Tanzpaläste gelten fortan als sündig, und die Ansätze einer Emanzipation der japanischen Frau werden zurückgedrängt.

Dieses Klima fördert den Aufstieg kleiner patriotischer Vereinigungen zu mächtigen Organisationen, die zusammen mit den Militärs die Verfassung untergraben. Eine Serie von Morden an mißliebigen Politikern schüchtert die demokratischen Kräfte ein. Und die neue Stimmung im Land sorgt dafür, daß solche Morde als Kavaliersdelikte behandelt werden. Bei einem der Prozesse wird das Gericht durch eine makabre Aktion unter Druck gesetzt. Dutzende von jungen Japanern hacken sich einen kleinen Finger ab und schicken ihn per Post an das Gericht mit dem Ersuchen, statt der Angeklagten selbst vor das Hinrichtungskommando treten zu dürfen.

An einem Februartag im Jahre 1936 sehen die Bürger von Tokio, wie im Schneematsch der Straßen MG-Stellungen hinter Sandsäcken aufgebaut werden und Panzer durch die Stadt rollen. Extremistische junge Offiziere putschen. Sie töten mehrere Politiker bei dem Versuch, alle Kräfte zu beseitigen, die den „Weg des Kaisers" – „Kodo" genannt – versperren. Mehr und mehr beziehen sich die Militaristen auf den Kaiser. Die von der sonnengöttlichen Ahnherrin aller japanischen Kaiser ausgehende religiöse Staatsdoktrin des „Shinto" – „Weg der Götter" – soll in der neuen Doktrin des „Kodo" ihre irdische Vollendung finden. In diesen „Weg des Kaisers" hinein deuten die nationalistischen Kräfte ihre Wünsche. Japan soll „gereinigt", seine Ehre wiederhergestellt werden. Jeder Japaner hat dem „Kodo" sein Leben zu widmen und wenn nötig zu opfern. Die Imperialisten sorgen dafür, daß „Kodo" auch ihren Zielen gemäß als Aufgabe Japans ausgelegt wird, für Reinheit in der übrigen Welt zu sorgen. So wird der „Weg des Kaisers" zum Programm der Militaristen, die unter der scheinheiligen Bezeichnung „Sphäre gemeinsamen Wohlstandes" das japanische Kolonialreich errichten wollen.

Wenngleich der Putschversuch vom Februar 1936 scheitert und der Kaiser den Kriegsminister anweist, die jungen Offiziere als Meuterer zu behandeln, nimmt die Macht der Militaristen weiter zu. Dem Kaiser, für den zu handeln sie vorgeben, ist seit Gründung der nun um die zweitausend Jahre herrschenden Dynastie Entrücktheit auferlegt. Schogunen und andere Machthaber regierten im Namen der Kaiser. Vorübergehend übten japanische Kaiser zu Beginn der Modernisierungsphase selbst Macht aus. Diese Zeit war bereits vorbei, als 1926 der 25-jährige Hirohito Kaiser von Japan wurde. Der Kaiserpalast liegt mitten im geschäftigen Tokio, doch in seinem göttlichen Nimbus ist der Kaiser ein Wesen einer höheren Welt. Bei seinen seltenen zeremoniel-

Die Verehrung, die der junge Kaiser Hirohito als Abkömmling der Sonnengöttin im japanischen Volk genießt, wird von den Militärs für ihre imperialistischen Ziele genutzt.

len Auftritten in der Öffentlichkeit darf er nicht lächeln. Das Volk darf ihm nicht zujubeln, darf ihn nicht einmal direkt anblicken, muß tief verneigt vor ihm stehen. Erst nach dem zweiten Weltkrieg soll Hirohito im Zeichen der Demokratisierung gewissermaßen ein „menschlicher" Monarch werden.

Für die Damen und Herren der Aristokratie von Tokio, die bei Hofe verkehren, ist die Menschlichkeit Hirohitos schon in den dreißiger Jahren ein beliebtes Thema. Ihnen stellt sich der Abkömmling der Sonnengöttin als zurückhaltender, freundlicher

Herr zwischen dreißig und vierzig dar, von typisch japanischer Kurzsichtigkeit, der viel lieber Wissenschaftler als Kaiser geworden wäre. Er hat sich zum Meeresbiologen ausgebildet und betreibt diese Wissenschaft nicht als Hobby, sondern als professioneller Forscher. Seine Arbeiten – unter einem Pseudonym veröffentlicht – gehören zur anerkannten Fachliteratur. Bemühungen der Höflinge, den Kaiser mit charmanten jungen Hofdamen zu ergötzen, scheitern offenbar an der professoralen Ernsthaftigkeit Hirohitos. Sowohl die kaiserliche Position wie die persönliche Neigung erklären jenen Eindruck von Weltentfremdung, den Hirohito in den kritischsten Jahren seines Landes hervorruft. Könnte dieser Monarch, dem eine politisch gemäßigte Haltung zu-

Wie in Deutschland und Italien wird die Jugend auch in Japan vormilitärisch erzogen, wobei sich der nationalistische mit dem religiösen Fanatismus vermischt.

geschrieben wird, das Unglück abwenden? Was weiß er von dem Geschehen jenseits der Gräben um den kaiserlichen Park? Man raunt, er bitte die Kommandeure geradezu flehentlich um Auskunft über ihre Pläne. Doch selbst wenn er Bescheid weiß – kann er den Gang der Dinge ändern? Ist er zum Gefangenen im goldenen Käfig geworden? Hätte der Kaiser 1931, als die Militärs ihren eigenmächtigen Krieg in der Mandschurei begannen, ein Zeichen zugunsten der verfassungsmäßigen Ordnung setzen und verhindern können, als Rechtfertigung für einen totalitären „kaiserlichen Weg" zu dienen? Am Ende dieses Weges, angesichts der Schrecken von Hiroshima und Nagasaki, wird Hirohito ein solches Zeichen setzen und sein Land vor einem noch schlimmeren Schicksal bewahren. Doch was in den dreißiger Jahren im Kaiserpalast von Tokio vor sich geht, wird noch lange ein Rätsel bleiben.

Jedenfalls kann das immer stärker werdende militaristische Regime den Japanern klarmachen, daß seine Macht von der göttlichen Macht des Kaisers ausgeht. Der nationale Geist wird auf die Verherrlichung des Krieges eingestimmt. Der Krieg gilt als reinigendes Erlebnis, als heroische Vollendung. Die ideologische Voraussetzung für das Bündnis mit Hitler und Mussolini zeichnet sich ab. Die Shinto-Religion wird immer deutlicher zum Staatskult des militärischen Regimes geformt. Shintoistische Massenveranstaltungen entsprechen den Aufputsch-Veranstaltungen anderer totalitärer Systeme. An der Küste und an kalten Bergseen finden die großen Reinigungs- und Abhärtungszeremonien statt. Schon in der Nacht bewegen sich Massen von weißgekleideten Menschen dorthin und begrüßen mit rhythmischen Verneigungen das Aufsteigen der Sonne, der Ahnherrin des Kaisers. Die Männer, deren Abzeichen das weiße Stirnband ist, steigen in das Wasser zu zeremoniellen Übungen, die am Ufer fortgesetzt werden. Paukenschläge veranlassen die Masse zu immer rascher zuckenden, marionettenartigen Bewegungen. Der Mensch wird aus seinem Ich herausgehoben und zum fanatischen Element dessen gemacht, was als Weg des Kaisers gilt. Hieraus erwächst der Geist des „Kamikaze", der viele junge Japaner im zweiten Weltkrieg zu Selbstmord-Bombern werden läßt.

Nach der Eroberung der Mandschurei setzt Japan dort ein Vasallenregime ein und bereitet sich auf die weitere Durchdringung Chinas vor. Dieses China glich in den vergangenen Jahrzehnten einem torkelnden alten Giganten. Hin und wieder in der langen Geschichte des großen Reiches hat es derartige Phasen scheinbarer Auflösung gegeben. Die bisherige Dynastie hat abgewirtschaftet, wurde von einer Revolution hinweggefegt. Aus den Nachfolgekämpfen ging noch keiner hervor, der stark genug wäre, das Land zu regieren. Kriegsfürsten beherrschten die Provinzen, lagen im Kampf miteinander, während die Zentralregierung kaum mehr als dem Namen nach existierte. So wie andere fremde Mächte nutzte Japan seit langem die Schwäche Chinas, um Brückenköpfe seines Einflusses zu errichten. Die Westmächte hatten ebensowenig wie Rußland Grund, sich über den neuen japanischen Expansionsdrang zu empören, war China doch seit dem vorigen Jahrhundert Objekt ihres eigenen Imperialismus. Großbritannien, Rußland, die USA, Frankreich, Deutschland, Portugal – sie alle ebenso wie Japan haben sich „Interessensphären" oder „Konzessionen" oder sogar Kolonien wie Hongkong und Macao gesichert. Das hilflose China unterschrieb jene „ungleichen Verträge", die sein Nationalgefühl noch bis zum Ende des zwanzigsten Jahrhunderts schmerzen werden. Die fremden Mächte beherrschten Wirtschaft und Handel. In Schanghai ebenso wie in Tientsin und anderen großen Hafenstädten schufen sie sich eigene Hoheitszonen mit eigener Gerichtsbarkeit und eigenen Streitkräften. Das Netz ihrer Privilegien ist verwoben mit dem Netz chinesischer Abhängigkeiten. Doch die Masse der 400 Millionen Menschen, die Anfang der dreißiger Jahre in China leben, wird weder von diesen Verhältnissen noch vom staatlichen Chaos wesentlich berührt. In diesem altertümlichen Land gibt es keine nationale Wirtschaft, das Eisenbahnwesen ist kaum entwickelt, Auto und Flugzeug sind Dinge einer ferneren Zukunft. Das Wohl und Wehe der bäuerlichen Bevölkerung wird von örtlichen und regionalen Gegebenheiten bestimmt, vom Grundbesitzer, vom Geldverleiher, vom Steuereinnehmer, von den Mächten des Glaubens und der konfuzianischen Tradition, von den guten und den schlechten Jahren. Nur die Hälfte der chinesischen Bauern besitzt eigene Höfe. Die übrigen arbeiten als Pachtbauern. Manche be-

123

Fremde Mächte haben sich die Schwäche Chinas zunutze gemacht, besitzen Hoheitsrechte – wie hier in Schanghai – und fühlen sich als Herren Chinas.

wirtschaften daneben noch ein kleines Stück eigenes Land. Der durchschnittliche Landbesitz der Bauernfamilien, die vier Fünftel der Bevölkerung ausmachen, ist klein, beträgt wenig mehr als einen Hektar. Und wenngleich dieses Land mit unendlichem Fleiß bewirtschaftet wird, ist der Ertrag gering. Der Boden ist erschöpft, Heuschrecken und andere Schädlinge vernichten ganze Ernten, Dürren und Überschwemmungen suchen das Land heim. Gemindert wird der Ertrag ferner durch altertümliche Anbaumethoden, durch den Mangel an Düngemitteln und nicht zuletzt durch den Ahnenkult, der die Respektierung der zahllosen über die Äcker verteilten Gräber verlangt. Die Pachtbauern müssen fast die Hälfte ihrer Ernte an die Grundbesitzer, die Ti-chu, abliefern. Die meisten Bauern sind chronisch verschuldet. Der Wucherer nimmt vierzig bis achtzig Prozent Zinsen im Jahr und sichert sich das bäuerliche Hab und Gut als Pfand. Zu den schlimmsten

Heimsuchungen der Bauern gehört der Steuereinnehmer. Steuern werden willkürlich auferlegt, je nach dem Geldbedarf der Regionalverwaltung oder des Kriegsfürsten, der die Gegend beherrscht. Üblich sind Zusatzsteuern für allerlei wirkliche oder erfundene Projekte – für den Bau eines Kanals zum Beispiel, oder für den Kampf gegen Banditen. Oft werden die Steuern auf Jahre oder sogar Jahrzehnte im Voraus erhoben. Ebenso wie der Wucherer rechnet sich der Steuereinnehmer zur Klasse der Grundbesitzer. Im Vergleich zur landbesitzenden Aristokratie in Europa ist diese Oberklasse ärmlich, denn ihre Domänen sind klein und aus den chinesischen Verhältnissen läßt sich nicht viel herauswirtschaften. Doch angesichts der allgemeinen Armut erscheint diese Klasse reich. Sie wird der kommunistischen Revolution zum Opfer fallen.

Seit Jahrtausenden hoffen die chinesischen Bauern in guten, regenreichen Jahren, der Not entgehen zu können. In solchen Jahren dringen sie in sonst öde Gebiete vor, machen sie urbar, können dank größerer Ernten mehr Kinder ernähren und am Leben halten. Aber dann kommen wieder die schlechten Jahre, in denen die neugewonnenen Felder verdörren – Jahre des millionenfachen Hungertodes. Und wenn dann der Regen kommt, wird er von dem gerodeten Neuland nicht mehr aufgesogen, sondern schwemmt die Erde hinweg in die Flüsse, die in immer schrecklicher werdenden Fluten auch das alte Land verwüsten. Bis die guten Jahre wiederkommen und der tödliche Zyklus erneut beginnt. Erst in neuerer Zeit versucht man, die Opfer solcher Katastrophen zu zählen. Auf 140000 schätzt man die Zahl der Toten bei der Überschwemmung des Gelben Flusses im Jahre 1931. Doch eine nationale Lösung für die Grundprobleme Chinas durch weiträumige Dammbau- und Bewässerungsprojekte konnte es bisher nicht geben. Die kaiserliche Macht war zu gering. In der Weite Chinas beschränkte sie sich auf die Anwesenheit einer verhältnismäßig kleinen Zahl von schriftkundigen Beamten in den Provinzen. Und nach dem Ende der letzten Dynastie konnte von nationaler Einheit überhaupt keine Rede mehr sein. Die Kriegsfürsten zwangen die Söhne der Bauern in ihre Armeen, die plündernd und brandschatzend durch viele Provinzen zogen. Die lebenswichtigen Dämme zerfielen in den Kriegsgebieten. Wer aus

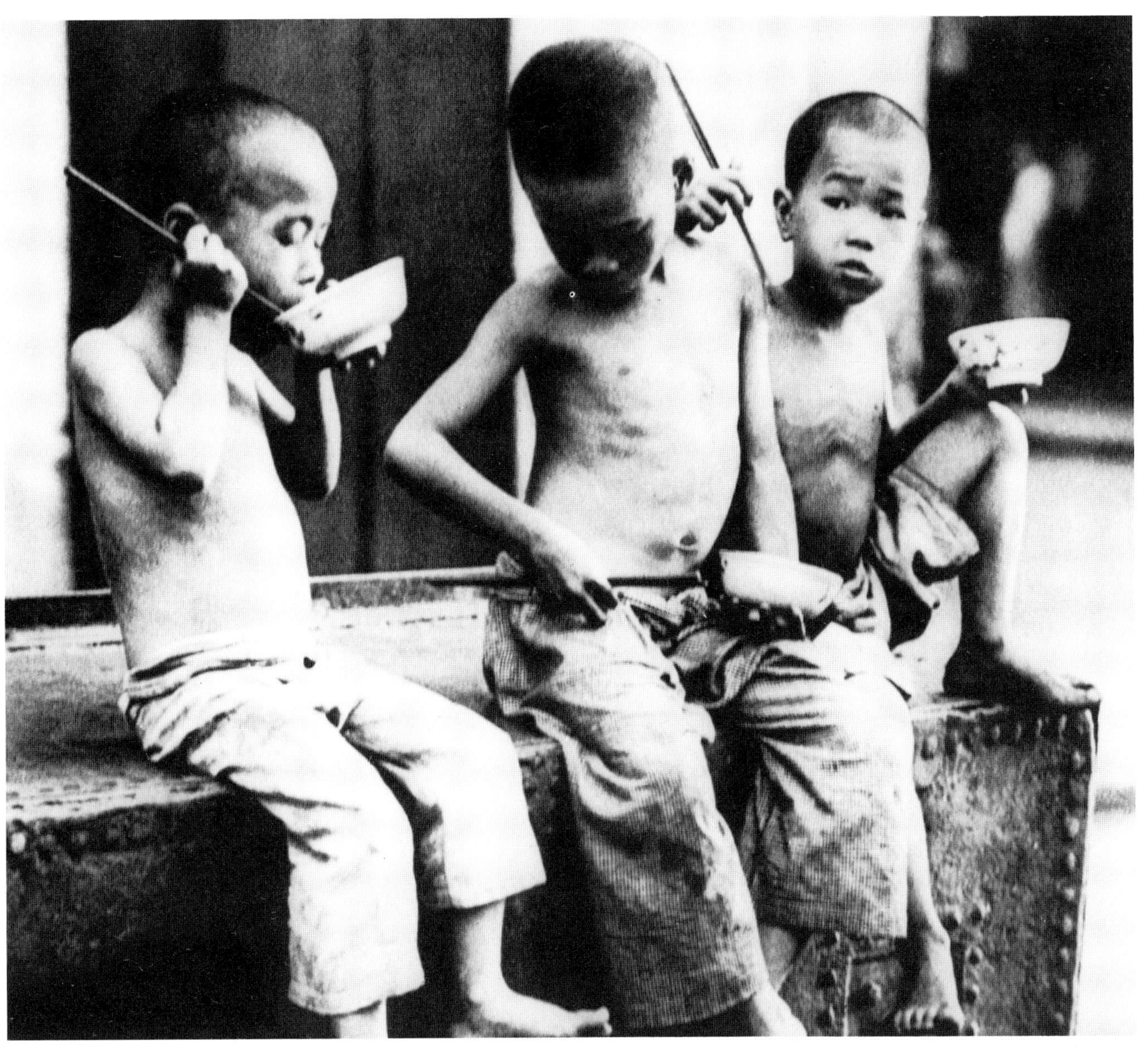

Die gefüllte Schale Reis ist nicht alltägliches Glück für viele der 400 Millionen Chinesen.

diesen Verhältnissen flieht, kann sich vielleicht eine Weile als menschliches Zugtier für Frachtkähne oder Lastkarren oder als Rikscha-Kuli in den Großstädten durchschlagen. Der deutsche Diplomat Erwin Wickert erinnert sich in seinem Buch „China von innen gesehen" an das Schanghai dieser Jahre. Er berichtet von verkrüppelten Kindern, die von Bettlern zwecks höherer Einnahmen ausgeliehen und zur Schau gestellt werden. An der Avenue Edward VII. beobachtet er: „Auf den Bürgersteigen, am Eingang von Quergassen, liegen jetzt am Morgen oft Matten aus Stroh, und ich weiß, was darunterliegt. Ich sehe weg, aber ich sehe doch wieder hin. Manchmal sind die Matten etwas klein, und die Beine sind nicht ganz bedeckt. Die Fußgänger steigen darüber hinweg, wenn sie rechts oder links nicht vorbeigehen können. Unter den Matten liegen Tote". Es sind die Leichen von Obdachlosen, die in kühleren Nächten an Entkräftung sterben. Die Hausbesitzer schleppen sie morgens vom Bürgersteig vor ihren Häusern weg zur Durchgangsstraße und decken sie mit alten Strohmatten zu. Um neun Uhr morgens fährt ein Lastwagen durch die Straße, um die Leichen abzutransportieren. Auf einem Feld vor der Internationalen Niederlassung werden sie

Dürre, Fluten, Hunger und plündernde Soldatenbanden suchen von alters her die chinesische Landbevölkerung heim. Wer in die Stadt flieht, kann sich vielleicht als Kuli verdingen.

verbrannt. Zu den Grausamkeiten des Lebenskampfes in dieser Stadt gehört auch ein besonderer Spaß einiger reicher Leute. Sie werfen kleine Münzen in das Straßengewühl, weil dann die Rikscha-Kulis vor lauter Gier durcheinander purzeln. In Zeiten äußerster Not sieht man auch, wie Verzweifelte aus den Dörfern in die Städte kommen und ihre kleinen Töchter für ein paar Dollar feilbieten. Und in manch einem dahinhungernden Dorf wird der Kannibalismus zur letzten Konsequenz.

Den meisten Chinesen ist dieses Elend selbstverständlich. Es bedarf sozusagen neuer Augen, um es zu erkennen. Mit neuen Augen kehren in den ersten Jahrzehnten des Jahrhunderts junge Chinesen aus Amerika und Europa zurück, wo sie – oft mit Stipendien christlicher Missionsgesellschaften – studiert hatten. Sie bringen die liberalen, humanitären, revolutionären Ideen des Westens mit. Die Empörung über die Zustände in ihrer Heimat erzeugt in diesen Chinesen eine starke revolutionäre Energie. Während der chaotischen, blutigen Jahrzehnte nach dem Sturz der Monarchie im Jahre 1911 sucht diese revolutionäre Energie nach Ausdruck in der Formung eines neuen Chinas. Die Chinesen sollen sich endlich aus der fremden Bevormundung lösen und die Würde ihres großen Landes wiederherstellen. Die zunehmende Bedrohung durch Japan stärkt diesen chinesischen Nationalismus. Manche Neuerer bemühen sich, westliche Konzepte mit der konfuzianischen Tradition zu verbinden, um sie dem Volk nahebringen zu können. Diesen Weg geht der verehrte Gründer des neuen China, der Bauernsohn und westlich gebildete Christ Dr. Sun Yat-sen. Andere Neuerer sehen die einzige Chance des Landes darin, alle Tradition als lähmenden Ballast

Chinas tiefste Erniedrigung: auf einem Marktplatz bietet eine Frau zwei Kinder feil.

abzuwerfen. Diesen Weg gehen die Kommunisten. Jedenfalls sind die Ideen und Institutionen der schwachen neuen Republik nur einer kleinen gebildeten Minderheit begreiflich. Allein schon der Umstand, daß die Kunst des Lesens und Schreibens das sorgsam gehütete Privileg der alten Oberschicht von gelehrten Beamten ist, macht die Vermittlung so radikal neuer Konzepte wie „Nationalismus", „Volkswohlfahrt" und „Demokratie" an die in altertümlichen Denkweisen und Kulten verhafteten 400 Millionen nahezu unmöglich. Auf diesen Ideen beruht das Programm der „Kuomintang", der Nationalen Volkspartei Sun Yat-sens. Doch die bedrängten Ansätze einer chinesischen Demokratie finden zunächst nicht die nötige Unterstützung bei den westlichen Demokratien. Sun Yat-sen wendet sich der jungen Sowjetunion zu. Von dort kommt Hilfe sowie das Versprechen, die nationale Einigung und Unabhängigkeit Chinas zu fördern. Sowjetische Berater formen die „Kuomintang" um zu einer Staatspartei nach dem Muster der eigenen kommunistischen Partei. Demokratische Ziele rücken ferner. Autoritäre Methoden erscheinen gerechtfertigt durch die Notwendigkeit, in China die elementaren Voraussetzungen für den Weg in die Zukunft zu schaffen. Moskau läßt zu, daß die kleine kommunistische Partei Chinas in die Kuomintang-Partei eingefügt wird. Es wartet auf den geeigneten Zeitpunkt für seine eigentliche Revolution in China.

An der Schwelle der dreißiger Jahre – Sun Yat-sen lebt nicht mehr – bestimmt General Chiang Kai-shek das Schicksal Chinas. Er hat dafür gesorgt, daß der anfangs nur kleine Machtbereich seiner „Nationalregierung" nun das ganze Land umfaßt. An tatsächlicher Macht bedeutet dies allerdings noch nicht viel. Rein militärisch wäre die Vereinigung Chinas gegen die Macht der regionalen Kriegsfürsten nicht durchsetzbar gewesen. Chiang Kai-shek brachte solche Machthaber auch durch die Wahrung von Privilegien und durch allerlei Ehrenämter dazu, seine Regierung anzuerkennen. Er hofft, sie im Laufe der Zeit dann wirklich bezwingen zu können. Seiner kommunistischen Partner im Kampf um die Einheit Chinas hat sich Chiang Kai-shek bald nach dem Tode Sun Yat-sens entledigt. 1927 ließ er mit einem entsetzlichen Gemetzel in Schanghai die Unterdrückung der Kommunisten einleiten, weil er

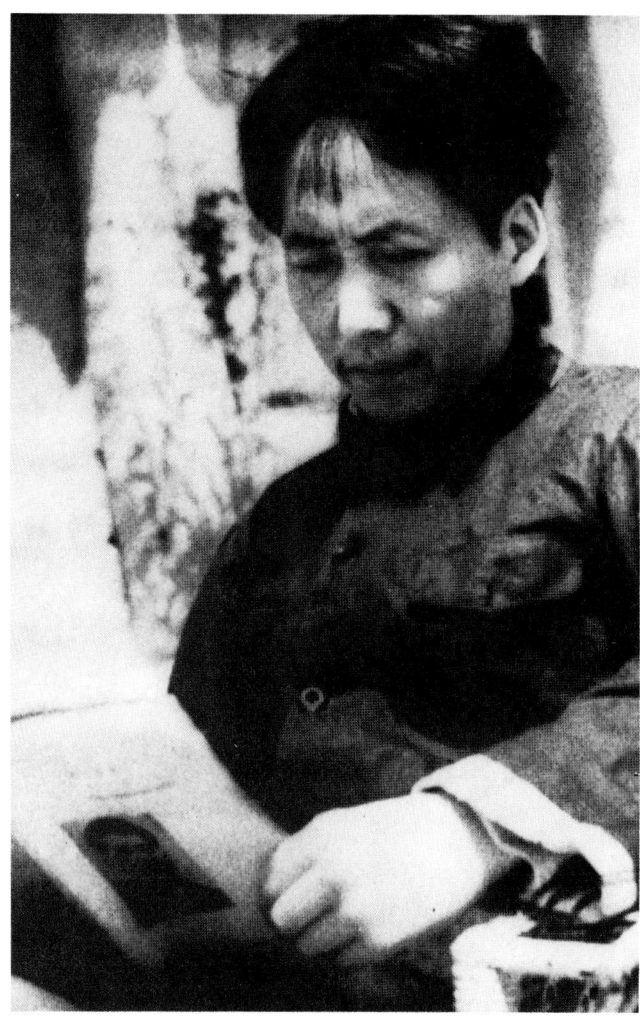

Der Kommunist Mao Tse-tung schreibt Gedichte, führt Guerillakriege, verspricht Hoffnung, wird zum Schicksal Chinas.

fürchten mußte, sein neues China an diese radikaleren Kräfte zu verlieren. Im Untergrund und in den Kämpfen der kommunistischen Partisanenarmee gewannen jetzt die künftigen Führer Chinas Profil: Männer wie Mao Tse-tung und Tschou En-lai. Dieser Bürgerkrieg fordert Opfer in den gewohnten Riesendimensionen chinesischer Verhängnisse. In der gleichen Zeit bemächtigt sich Japan der Mandschurei und verstärkt seinen militärischen Druck in Nordchina. Dennoch gelten die Jahre von 1927 bis 1937, bis zur großen japanischen Invasion, als „gute" Jahre, als „Dezennium von Nanking".

Nanking ist Sitz der Nationalregierung. In Nanking residiert General Chiang Kai-shek mit seiner klugen und schönen Frau, der Millionärstochter

*General Chiang Kai-shek – hier mit Madame Chiang –
will die bürgerliche Revolution Chinas in einem modernen Staat vollenden, wird scheitern.*

Soong Mei-ling. Als „Madame Chiang" wird sie der
Welt als eine der großen politischen Frauen des
Jahrhunderts bekannt. Die Verhältnisse sind soweit
stabilisiert, daß sich eine Ideologie dieses Staates als
Gegenkraft zum Marxismus herausbilden kann.
Diese Ideologie heißt „Neues Leben" und verbindet
westliche, christliche Elemente mit den Lehren des
Konfuzius, die von den chinesischen Revolutionären so scharf bekämpft worden waren. Moralische
und geistige Kräfte sollen China erneuern. Zu diesem Zweck wird dem Volk eine Liste mit 96 Gebo-
ten zur genauen Regelung des Lebens anheimgege-
ben. Das „rote Büchlein" Mao Tse-tungs wird spä-

ter eine ähnliche Funktion haben. Madame Chiang
reist als geschickte Propagandistin der neuen Bewegung durch das Land und gewinnt auch das Vertrauen vieler junger Chinesen auf diesen Weg in die
Zukunft. Die demokratischen Hoffnungen der chinesischen Revolution schwinden jedoch dahin.
Chiang Kai-sheks Regime wird zu einer Art Volks-
bildungs-Diktatur mit zeitgemäßen Anleihen aus
der kommunistischen und faschistischen Staatspra-
xis Europas. Dabei wird dem antikommunistischen
General jenes Wohlwollen der westlichen Demokratien zuteil, das seinem Mentor – dem Revolutionär
Sun Yat-sen – versagt geblieben war. Binnen weniger Jahre verringern sich die fremden „Konzessionen" in China, fremde Rechtsprechung wird durch
chinesische ersetzt, China erlangt endlich wieder die

*Die Bewegung „Neues Leben" zieht viele junge Men-
schen an. Chinesische Studentinnen betreuen verwundete
Soldaten im Hospital von Paoting in der Provinz Hopeh.*

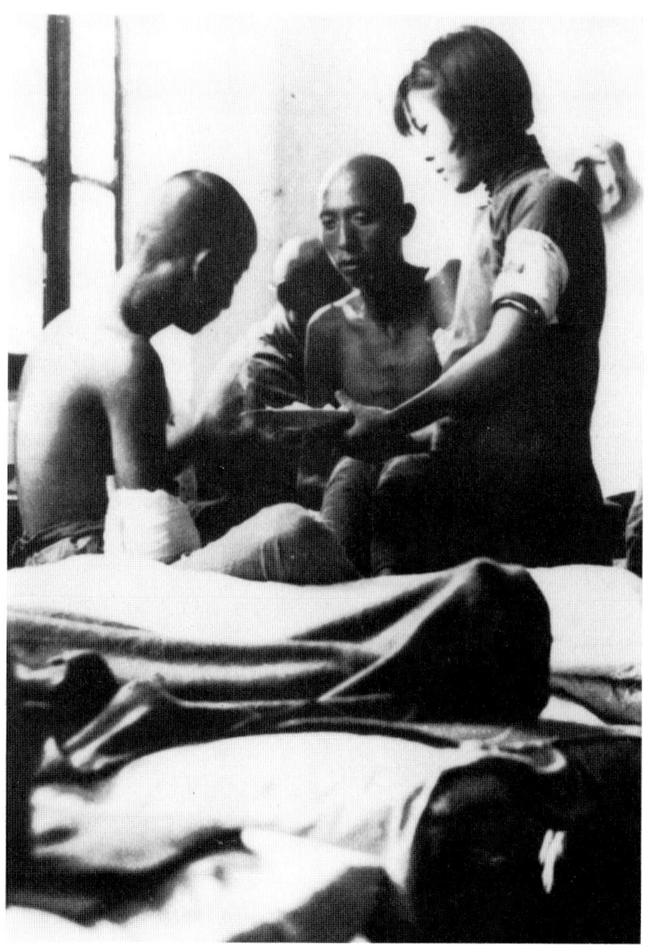

*Gegen das bürgerliche China Chiang Kai-sheks
mit seiner modernen Armee ziehen die Partisanen Mao
Tse-tungs zu Felde, tauchen „wie Fische im Wasser"
in der bäuerlichen Bevölkerung unter.*

Zoll- und Posthoheit im eigenen Land. Die historische Bedeutung Chiang Kai-sheks als Einiger und Erneuerer Chinas erscheint um die Mitte der dreißiger Jahre gesichert. Das Ende der Kommunisten ist abzusehen. Und die Sympathie des Westens – wo die elegante Madame Chiang die gern gesehene Botschafterin Chinas ist – läßt Schutz vor dem Imperialismus Japans erhoffen. Selbst die bisher so hoffnungslose Aufgabe, China wirtschaftlich zu modernisieren und die Massen zu ernähren, nimmt sich im Optimismus dieser Jahre als durchführbar aus. Die westlich gebildeten jungen Technokraten projektieren das China der Zukunft. Neue Eisenbahnlinien, Straßen, Fabriken, Bewässerungssysteme entstehen. Agrarexperten gehen in die Dörfer, Verwaltungsexperten konzipieren einen leistungsfähigen Staatsapparat, Bildungsexperten reformieren das Schulsystem. Die Armee wird vor allem mit Hilfe deutscher Offiziere modernisiert.

Im Elan dieser Zeit bemerkt kaum jemand die tönernen Füße, auf denen das chinesische Zukunftswunder steht. Während die moderne Betriebsamkeit städtische Zentren erfaßt, behaupten sich kommunistische Verbände in großen Regionen und vor allem in ländlichen Gebieten, trotz der unbarmherzigen Verfolgung durch die Nationalarmee. Diese zusammengewürfelten Partisanentruppen rekrutieren sich aus eigentlichen kommunistischen Milizen, aus ehemaligen Soldaten der Kriegsfürsten und anderen Überläufern, aus Bauern, Studenten und allerlei Menschen, die unter die Räder der chinesischen

In den kommunistisch besetzten Dörfern Chinas dürfen die Bauern kurzen Prozeß mit dem Grundbesitzer, dem Wucherer, dem Steuereinnehmer machen.

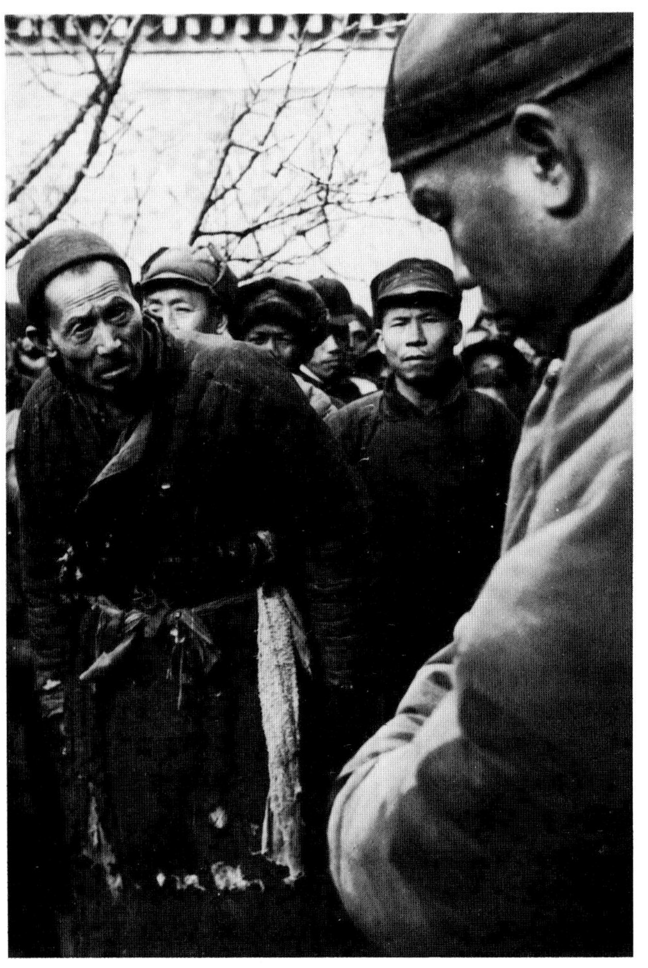

Verhältnisse geraten waren. Alte Männer sind ebenso dabei wie Halbwüchsige. Nach der Strategie Mao Tse-tungs gehen sie, wenn nicht gekämpft werden muß, wie „Fische im Wasser" in der bäuerlichen Bevölkerung auf. Sie bearbeiten die Felder, versorgen die Kranken, bringen den Dorfkindern das kleine Einmaleins und den Bauern das kommunistische Einmaleins bei. Dort, wo sich die Partisanen gemäß den Anordnungen und gemäß der Propaganda ihrer kommunistischen Führung verhalten, kommen die Bauern aus dem Staunen nicht heraus. Denn man ist eher an eine mordende und räuberische Soldateska gewöhnt. Und wenn dem Grundbesitzer, dem Wucherer und dem Steuereinnehmer kurzer Prozeß gemacht wird, dann ist dies eine kommunistische Lektion von so unheimlicher Einprägsamkeit, daß die Kunde sich rasch von Dorf zu Dorf verbreitet.

Da die „Arbeiterklasse" in China bis jetzt nur ein halbes Prozent der Bevölkerung ausmacht, wissen die Kommunisten, daß sie ihre Machtgrundlage bei den armen bäuerlichen Massen suchen müssen. Da jedoch den chinesischen Bauern – wie Bauern überall auf der Welt – eigener Grundbesitz das wesentliche Anliegen ist, können sich die Kommunisten keinen Angriff auf das Prinzip des bäuerlichen Grundbesitzes leisten. In manchen Fällen verteilen sie beschlagnahmtes Land an Besitzlose, im übrigen beschränken sie die Last der Pachten. Indem die Kommunisten ihre ideologischen Forderungen vorerst auf sich beruhen lassen, gewinnen sie bäuerliches Vertrauen und damit die Voraussetzung ihrer künftigen Macht in China – einer Macht, die sie auch zur Abschaffung des bäuerlichen Grundbesitzes nutzen werden.

Jedenfalls bringen die Kommunisten soviel Erleichterung oder doch mindestens soviel Hoffnung in das Leben vieler der armen chinesischen Bauern, daß das entscheidende Versäumnis der Kuomintang-Regierung Chiang Kai-sheks immer klarer zutage tritt. Bei aller sonstigen Fortschrittsleistung hatte sie versäumt, durch eine Landreform die Grundbedingungen des Lebens im riesigen bäuerlichen China zu verbessern. Weder hatte sie den Besitzlosen Land gegeben, noch hatte sie der Ausuferung des Pachtzinses, der Steuern und des Wuchers Einhalt gebieten können. Ihre Maßnahmen zur Mo-

dernisierung der Landwirtschaft waren technischer Art und ließen das chinesische Grundübel unberührt. Hier zeigte sich die Verstrickung der zunächst sozialrevolutionären Kuomintang-Bewegung in die chinesische Wirklichkeit. Im Interesse der nationalen Einheit und angesichts der japanischen Bedrohung arrangierte man sich mit den alten Mächten im Land. Und je stärker die Kommunisten und der Druck Japans werden, desto mehr sieht sich die Regierung auch auf diese Mächte angewiesen. Es ist die Tragik dieser ursprünglichen chinesischen Revolutionsbewegung, daß sie vor allem wegen der versäumten Landreform die revolutionäre Initiative an die Kommunisten verliert. Doch 1934 glaubt Chiang Kai-shek, das kommunistische Problem durch eine Großoffensive ein für allemal lösen zu können. Praktisch die gesamte Rote Armee samt ihrer Führung wird eingekesselt. Doch die Kommunisten durchbrechen den Ring der nationalchinesischen Truppen. Es beginnt jener legendäre „Lange Marsch", der die Kommunisten retten und das Schicksal Chinas bestimmen wird. Auf ihrer Flucht durch Gebirge, Eis, ferne Steppen, Täler und Sümpfe legen sie auf vielfach verschlungenen Wegen eine Strecke so weit wie von Peking nach Berlin zurück. Nur jeder zehnte, vielleicht sogar nur jeder zwanzigste von den ursprünglich etwa 100000 Menschen erreicht im Jahr 1935 das Ziel dieser Flucht. Nach ihren grauenhaften Strapazen kommen diese abgerissenen und mageren Gestalten, an ihrer Spitze ein ausgezehrter Mao Tse-tung, im Lößland von Nord-Schensi an, in einer der ärmsten Landschaften Chinas. Millionen von Chinesen haben erlebt, wie diese kümmerliche Armee auf dem Fluchtweg ihren Kommunismus praktizierte, die Reichen beraubte, Land und Geld an die Armen verteilte, Schuldscheine verbrannte und eine Spur von Blut hinter sich ließ. In den „Ausgewählten Werken" Mao Tsetungs wird es später heißen: „Der lange Marsch ist eine Sämaschine, die über die elf Provinzen unzählige Samen ausgestreut hat, die aufgehen, grünen, blühen, Frucht ansetzen und in Zukunft die Ernte bringen werden".

Mao findet mit seinen Getreuen in den Höhlen der Lößhügel von Schensi Zuflucht. Man lebt unter den primitivsten Bedingungen, muß kargen Feldern Nahrung abgewinnen und selbst spinnen und weben, um wieder Uniformen zu haben. Hier beginnt Mao, die kommunistische Bewegung und die Rote Armee wieder aufzubauen, von hier aus wird er seine Revolution vollenden. Von diesem Mao Tse-tung und seinem Langen Marsch geht eine magische Wirkung aus. Nicht mehr viele junge Chinesen fühlen sich von den Zielen der Kuomintang angezogen. Mehr und mehr Studentinnen und Studenten, von denen die meisten aus bürgerlichen Kreisen kommen, nehmen den monatelangen Fußmarsch nach Schensi auf sich. Dort haben die Kommunisten in den Höhlen ihre eigene Universität gegründet, dort reift die Lehre, dort spricht Mao zu seinen Jüngern,

von dort aus werden Volksbildungsaktionen eingeleitet. Mao Tse-tung gelingt, was Chiang Kai-shek versagt bleibt. Er vermag, seinen Kommunismus als die eigentliche Kraft zur sittlichen Erneuerung Chinas zu präsentieren und damit eine Revolution zu rechtfertigen, die schätzungsweise drei bis fünf Millionen Chinesen das Leben kosten und Mao zu einer Art Gott-Kaiser machen wird.

Im Sommer 1937 beginnen die Japaner ihren Großangriff auf China. Bei der Eroberung von Schanghai, Nanking und anderen chinesischen Gebieten löst dieser Krieg bei vielen Japanern eine Grausamkeit aus, die das Bild Japans auf Jahrzehnte hinaus verdüstern wird. In der Behaglichkeit ihrer Kinos werden die Amerikaner und Europäer in diesen Jahren Zeugen der Schrecken in China ebenso wie in Spanien und Abessinien. Die Wochenschau

zeigt, wie in Nanking Zivilisten massakriert werden und wie in Kanton ebenso wie in Madrid das Feuer vom Himmel auf die Schutzlosen fällt. Die Brutalität der japanischen Angreifer wird mit Brutalität beantwortet. Angesichts der Bedrohung durch den japanischen Machtgewinn auf dem asiatischen Festland muß die Sowjetunion den Antikommunisten Chiang Kai-shek unterstützen und eine Partnerschaft der nationalen Not zwischen ihm und den Kommunisten Mao Tse-tungs erzwingen. Die kommunistischen Verbände, die nach dem Langen Marsch allmählich wieder entstanden waren, werden Chiang Kai-shek unterstellt und damit sozusagen legal. Der japanische Angriff gibt den Kommunisten die Chance, unter dem Vorzeichen des chinesischen Nationalismus aus ihrer Isolierung in den Bergen von Schensi herauszukommen. Während das „Nationalchina" Chiang Kai-sheks die Hauptbürde der Landesverteidigung zu tragen hat und unter der Übermacht des Angreifers schließlich zu einem kleineren China im Westen des Landes zusammenschrumpft, füllen die Kommunisten das Hinterland mit ihrer eigenen Macht aus. Denn weder Chiang Kai-shek noch die Japaner können die enormen Räume Chinas tatsächlich beherrschen. Sie müssen sich auf Städte und andere strategische Positionen beschränken. Das China, das sie nicht kontrollieren, ist das China der Partisanen und Administratoren Mao Tse-tungs: das China der künftigen Revolution.

Mittlerweile hat dieser Krieg wiederum Not in den Proportionen dieses Universums namens China herbeigeführt. Die Millionen von Flüchtlingen irren mit ihren paar Bündeln durch die Endlosigkeit und Hoffnungslosigkeit dieses Landes.

Der japanische Eroberungskrieg in China wird immer heftiger und grausamer. Links: Feldwebel Kurihara inspiziert sein Schwert nach einem Zusammenstoß mit den Chinesen. Oben: So endet ein japanischer Luftangriff.

China im Jahre 1939: Obdachlose vor der brennenden Stadt Nanchung nach dem japanischen Angriff.

9.
Imperien und eine
Handvoll Salz

Sahibs und Eingeborene, Depressions-Elend und patriarchalische
Kolonialherren. Die Botschaft des Mahatma Gandhi.

Noch ehe die Sonne über der hügeligen Landschaft in Westafrika aufgeht, ziehen sie los, um vor der Glut des Mittags so weit wie möglich zu kommen. Einer hinter dem anderen in langer Reihe, denn so kommt man am besten voran in diesem Buschland. Zuerst ein schwarzer Kolonialpolizist. Dann der wichtigste Mann: der „District Commissioner", der Bezirkskommissar der britischen Kolonialverwaltung, gefolgt von einem afrikanischen Gehilfen. Der nächste in der Reihe ist der Vertreter des Emirs dieser Region, der dem Bezirkskommissar entgegengereist war. Dann folgt die lange Reihe der Träger, die in großen Bündeln oder Kisten auf dem Kopf alles mitschleppen, was für diese Inspektionstour notwendig ist, vom Proviant über das Zeltgerät bis zu den Verwaltungsakten. 25 Meilen sind eine normale Tagesetappe. Auch der Kommissar legt sie meist zu Fuß zurück, seltener auf dem Pferd oder in einer Sänfte. Oft bestimmen die Träger mit alten Gesängen den Rhythmus des Marsches. Für die afrikanischen Dörfer ist die Ankunft des Zuges ein großes Ereignis. Schon vor dem Dorf tanzen und singen die Mädchen zur Begrüßung. Der Häuptling erwartet den hohen Gast auf dem Platz zwischen den Hütten, wo für ihn manchmal der einzige Stuhl des Dorfes wie ein Thron bereitsteht. Die Bevölkerung verneigt sich tief oder wirft sich zu Boden, so wie sie es bei ihren eigenen Würdenträgern gewöhnt ist. Im Schatten des großen Baumes in der Mitte des Dorfes wird ein Tisch aufgebaut. Aus den Kisten der Träger kommen die Akten zum Vorschein. Der Bezirkskommissar kann seines Amtes walten. Mittlerweile werden die Zelte für die Nacht bereitet. Die Träger machen sich auf den Weg zurück ins eigene Dorf. Denn morgen wird das jetzige Dorf die Träger für die nächste Etappe stellen.

„Going to bush" – „in den Busch gehen" – nennt man im Afrikaner-Englisch diese Expeditionen, auf denen ein Distriktkommissar ein Drittel oder die Hälfte seiner Dienstjahre verbringt. Er lernt die Stämme, Dörfer, Häuptlinge und Probleme seines Gebiets genau kennen. Diese Vertrautheit soll auch jenes Vertrauen der Afrikaner erzeugen, das für eine gedeihliche Kolonialverwaltung notwendig ist. Denn wollte man die enormen Gebiete wie Feindesland militärisch besetzt halten, dann wären die Kolonien für ihre „Mutterländer" einfach zu teuer. In einem Gebiet mit hunderttausend Einwohnern muß ein Distriktkommissar deshalb normalerweise mit zwei Assistenten, einem britischen Polizisten, einem afrikanischen Unterinspektor und rund einem Dutzend afrikanischen Polizisten auskommen. Dies war nicht immer so. Aber jetzt, in den dreißiger Jahren, sind die afrikanischen Kolonien der verschiedenen europäischen Mächte im wesentlichen „befriedet". Widerspenstige Stämme wurden in den vergangenen Jahrzehnten unterdrückt, manche sogar fast ausgerottet. Die letzten größeren Aufstände gab es in den zwanziger Jahren, als sich die Rifkabylen im nordafrikanischen Atlasgebirge unter ihrem Führer Abd El Krim gegen die Spanier und Franzosen erhoben. Mittlerweile jedoch haben die Herrschaftssysteme ein Maß an Vollendung erreicht, das den Kolonialbesitz auf die Dauer gesichert erscheinen läßt. In den späten dreißiger Jahren würde kaum jemand auf den Gedanken kommen, daß die Kolonialreiche binnen dreier Jahrzehnte auseinanderfallen könnten.

In manchen Kolonien wird die Macht direkt ausgeübt. In anderen kann sich die Kolonialmacht der vorhandenen einheimischen Machtstrukturen bedienen, was ihr erlaubt, die Zahl der Verwaltungsbeamten und Soldaten aus dem Mutterland besonders klein zu halten. Es gibt auch Kolonien, in welchen die beiden Herrschaftsmethoden je nach den regionalen Gegebenheiten ineinander übergehen. Einer indirekten Herrschaft bedient sich vor allem Großbritannien. So ist zum Beispiel das Fulani-Volk im Westen Afrikas weiterhin seinen Emiren untertan. Als Gegenleistung für den Fortbestand ihrer Macht und ihrer Privilegien haben diese Emire die Oberhoheit Großbritanniens anerkannt. Der britische Gouverneur behandelt sie mit dem Zeremoniell, das großen Fürsten zusteht. Dafür kann er ihr Herrschaftssystem bis in die fernsten Stämme und Dörfer hinein für die kolonialen Zwecke Großbritanniens nutzen.

Gerade in solchen Gebieten, die ihre traditionellen Gesellschaftsformen erhalten konnten, glaubt der

In Afrika – hier: im französischen Niger – nehmen Kolonialbeamte die traditionellen Huldigungen der Bevölkerung entgegen.

europäische oder amerikanische Besucher in den dreißiger Jahren noch das unberührte Afrika zu erleben. Hier gibt es noch das einfache, urzeitliche Leben, das von der Macht der Geister und den Überlieferungen des Stammes und der Sippe bestimmt wird. Der Einzelne ist von der Geburt bis zum Tod geborgen im festen Schema der Riten, zu denen die phantastischen Bemalungen des Körpers ebenso gehören wie die erregenden, unheimlichen Rhythmen und die ekstatischen Stammestänze. Dieses Afrika der dreißiger Jahre ist noch das Afrika steinzeitlicher Jäger, die mit Pfeil und Bogen in die Savanne ziehen. Es ist das Afrika der schwarzen Könige und der Sultane, die in ihren bunt ornamentierten Lehmpalästen große Harems unterhalten. Und es ist das Afrika der freundlichen, fröhlichen, zutraulichen „Eingeborenen", der paradiesischen Nacktheit perfekter Massai-Schönheiten, das Afrika der edlen Wilden.

Die Weißen mögen sich an tropischer Exotik erfreuen, aber Menschen wie sie selbst sind die „Ein-

geborenen" für viele Europäer noch nicht. Sie stehen außerhalb der eigenen, weißen, Ordnung, sind unmündig wie Kinder. Natürlich soll man menschlich zu ihnen sein. Aber sollten sie dafür nicht auch mehr arbeiten und nicht so vor sich hindösen? Von vornherein war die koloniale Eroberung missionarisch verbrämt. Als „des weißen Mannes Bürde" und als opfervoller Auftrag galt es, den Wilden das Christentum und die Zivilisation beizubringen, sie zu richtigen Menschen zu machen. Die wirtschaftlichen und machtpolitischen Ziele des Kolonialismus waren schon immer mit diesem missionarischen Idealismus vermischt, der den Afrikanern so viele humanitäre Einrichtungen gegeben hat.

Der britische Bezirkskommissar unter dem großen Baum im westafrikanischen Dorf hält Audienz. Zunächst geht es um allerlei Probleme, die sich seit dem letzten Besuch angesammelt haben. Der Brunnen müßte neu gefaßt und die Sanitätshütte mit einem festeren Dach versehen werden. Der Beamte wird die Mängel nachher bei der üblichen Dorfinspektion in Augenschein nehmen und später entscheiden, ob die Arbeiten aus der knappen Bezirkskasse bezahlt werden können. Der Häuptling berichtet über den Gesundheitszustand der Bevölkerung und klagt über den Mangel an Düngemitteln für die Felder. Der Bezirkskommissar notiert. Er wird seine für Gesundheits- und Landwirtschaftsfragen zuständigen Mitarbeiter veranlassen, dieses Dorf bald aufzusuchen. Dann kommt die lange Reihe der Bittsteller. Dieser Teil der Audienz ist für den Kolonialbeamten der anstrengendste. Mit freundlicher Geduld müssen die langatmigen, durch dramatische Gebärden und Rufe unterstrichenen Klagen und Ersuchen von über einem Dutzend Dorfbewohnern zur Kenntnis genommen werden. Ein paar wirkliche Probleme sind dabei. Von einem jungen Mann, der vor zwei Jahren in eine ferne Stadt gegangen ist, hat man nichts mehr gehört. Dieser Fall soll untersucht werden, denn angesichts der engen afrikanischen Familienbande ist die Sorge über das Ausbleiben einer Nachricht verständlich. Und da sind die üblichen Dorfstreitereien. Manchmal kann der Bezirkskommissar vermitteln. Manchmal kann er den Häuptling oder den Medizinmann zur Schlichtung veranlassen. Mit anderen Fällen wird sich das Bezirksgericht zu beschäftigen haben. Doch

das wichtigste an dieser Audienz ist nicht dieses oder jenes Anliegen, sondern die Tatsache, daß dieser weiße Mann zuhört und gerecht sein und helfen will. Der Bezirkskommissar spürt, welches Vertrauen sich da im Laufe der Jahre aufbaut. Zwar ist es ihm ein wenig peinlich, als „erhabener Meister" oder gar als „Löwe" tituliert zu werden, aber er nimmt eine Veränderung im Bewußtsein dieser Afrikaner befriedigt zur Kenntnis. Sie bemerken nämlich die Vorzüge einer unparteiischen Gerichtsbarkeit und einer sachlichen Verwaltung, in der es erstaunlich wenig Korruption gibt. Und darin, daß viele Afrikaner im gleichen Maße ihre eigene Rückständigkeit erkennen und nach Fortschritt streben, sieht der Beamte den Erfolg seiner zivilisatorischen Mission.

Die Tüchtigkeit von Beamten verschiedener Kolonialmächte zeigt einen Paternalismus der guten Taten, der gerade in den dreißiger Jahren den Blick für die Grundübel des Kolonialismus zu versperren droht. Es wird manches geleistet. Das Bildungswesen breitet sich aus. Neben Lesen, Schreiben und Rechnen soll es praktische Kenntnisse und nicht zuletzt Strebsamkeit und Disziplin vermitteln. Moderne Landwirtschaftstechniken werden eingeführt, Heuschreckenschwärme wirksamer bekämpft. Und wenngleich die Schlafkrankheit wieder einmal Kamerun heimsucht und die Lepra und andere Geißeln noch lange nicht bezwungen sind, kommen christliche Missionen und koloniale Behörden langsam voran in ihrem zähen Ringen um Hygiene und Gesundheit. Gewissermaßen als Einzelkämpfer gegen die Leiden Afrikas wirkt der elsässische Arzt, Musiker und Theologe Albert Schweitzer in seinem Urwaldhospital von Lambaréné in Gabun. Unendlich viel ist noch zu tun. Statistiken der dreißiger Jahre zeigen, daß fast jeder Afrikaner geschwächt wird durch irgendeinen Parasiten – etwa den Hakenwurm – in seinem Körper. In manchen Regionen stirbt jeder dritte Säugling. Und der medizinische Fortschritt wird oft zunichte gemacht durch nachteilige Auswirkungen des Kolonialsystems. Die Weißen haben die für sie selbst ziemlich harmlosen Masern nach Afrika gebracht, wo sie zur tödlichen Seuche geworden sind. Und die rasch wachsende Zahl der Wanderarbeiter sorgt für die Ausbreitung von Geschlechtskrankheiten und anderen Leiden. Auch

Zu den Rechtfertigungen des Kolonialismus gehört die zivilisatorische Mission des weißen Mannes, die Bildung der „Eingeborenen".

gute Aspekte des Kolonialismus werden also von schädlichen überlagert. Zu den besten Leistungen ihrer Herrschaft rechnen die Kolonialmächte, daß sie die mörderischen Stammesfehden ebenso wie grausame Riten – etwa die Witwenverbrennung in Indien – nahezu völlig unterbunden haben. Und daß sie mit den Techniken einer zielstrebigen Nutzung von Land und Bodenschätzen ebenso wie durch den Bau von Eisenbahnen, Straßen und Staudämmen großen Regionen eine wirtschaftliche Basis für die Zukunft gegeben haben.

Viele Bezirkskommissare müssen auch als Steuereinnehmer fungieren. Dies ist ihre unangenehmste Aufgabe. Vor der Kolonialzeit war Geld außerhalb der wenigen Städte unbekannt. Die Sippen lebten von der eigenen Landwirtschaft, fertigten ihre einfachen Geräte. Die Kolonialmächte jedoch wollten

Steuern in der Form von Geld aus ihren Kolonien ziehen und damit auch ihre Verwaltung finanzieren. In Südafrika wurde die nötige Methode in der Form einer Kopfsteuer erfunden, die jeder erwachsene und leidlich gesunde Mann zu zahlen hat. Da jedoch kein Geld im Dorf verdient werden kann, müssen die Männer Arbeit in den oft sehr fernen Bergwerken oder auf den Plantagen suchen, während den Frauen und Kindern und den Alten und Kranken die heimische Landwirtschaft obliegt. Zu den Verpflichtungen der Bezirkskommissare gehört neben dem Steuereinnehmen auch die Entscheidung, ob Männer aus Gesundheitsgründen von der Steuerpflicht und damit auch von dem Zwang befreit werden können, ihr Dorf zu verlassen. In seinem Buch „Berichte vom schwarzen Kontinent" zitiert Charles Allen den Kolonialbeamten William Addis, der im nördlichen Rhodesien eingesetzt war: „Es war schrecklich. Denn alle jungen Männer hatten zu Fuß die 800 bis 1000 Kilometer bis zum nächsten Kupferbergwerk zurückzulegen, um dort das Geld zu verdienen, das sie für die Steuerzahlung nachhause schicken mußten. Und mir war klar, daß alle, die mit den geringsten Anzeichen einer Lepraerkrankung dort eintrafen, abgelehnt wurden und den ganzen Weg zurückwandern mußten. Deshalb befreite ich jeden, der mir nicht völlig gesund vorkam, von der Steuerpflicht." Beamten wie William Addis mögen Zweifel daran gekommen sein, ob die Beglückungen der christlichen Zivilisation die Opfer aufwiegen können, die der Kolonialbevölkerung zugemutet werden. Die Einführung einer Geldwirtschaft und das Heranziehen der Männer zur Arbeit außerhalb ihrer Dörfer hat überall in den Kolonien jenes Netz der gewachsenen Bindungen zerrissen, in dem sich der Einzelne ebenso wie die Familie geborgen fühlte. Besonders das südafrikanische Modell machte Schule. Bis in die ferne Zukunft hinein wird es die Familien trennen und die Männer kaum öfter als einmal im Jahr aus den Arbeitersiedlungen der Städte und Minengebiete in ihre Dörfer heimkehren lassen. Eigentliche Zwangsarbeit hält sich in belgischen, italienischen, portugiesischen oder französischen Kolonien länger als in den britischen. Für den Bau der französischen Äquatorialbahn von Pointe Noire nach Brazzaville werden von 1921 bis 1932 insgesamt 127 250 „gesunde männliche Erwachsene" mehr oder weniger zwangsweise eingesetzt, von denen mindestens jeder zehnte umkommt. Im italienischen Somaliland werden noch in den frühen dreißiger Jahren vielen Tausenden von Männern „Verträge" auferlegt, die sie zwar nicht verstehen, die sie aber in ihrer Ratlosigkeit mit ihrem Daumenabdruck besiegeln. Sind diese modernen Sklaven erst einmal eingefangen, dann werden sie mit Seilen oder Ketten aneinander gebunden und müssen unter strenger Bewachung Hunderte von Kilometern zu ihrer Arbeitsstelle marschieren. Wollen sie dort nicht arbeiten oder werden sie krank, dann enthält man ihnen als erzieherische Maßnahme die Nahrung vor. Mehr Zwang als Freiwilligkeit steht auch hinter der Rekrutierung der afrikanischen Kolonialsoldaten, von denen allein im ersten Weltkrieg weit mehr als 100 000 für Frankreich, Belgien, England oder Deutschland fielen. Dafür sind die Weißen stolz auf ihre Leistung, Afrika von der alten Sklaverei nahezu erlöst zu haben.

Der Zerfall des traditionellen Lebensrahmens geht in den dreißiger Jahren besonders schnell voran. Die Massenbewegung der Wanderarbeiter läßt an den Rändern der Städte die „Quarters", „Bidonvilles" oder „Senzalas" mit ihren Hunderttausenden von Einwohnern wuchern, welche die Schönheit Afrikas stören und die Würde Afrikas durch die Rassentrennung verletzen. Die Wirtschaftsinteressen der Kolonialmächte haben das Gesicht ganzer Landschaften verändert. Besonders im Osten und im Süden wurde das alte Afrika mit seinem dörflichen Charakter und seinen Nomaden durch schier endlose Plantagen und durch die weißen Siedler verdrängt, die nun eine fremde Aristokratie mit großen Ländereien bilden. Die Arbeit wird von den Schwarzen verrichtet, die nun zu Lohnarbeitern geworden sind und sich am Rande der Landgüter und Plantagen angesiedelt haben. Den Wohlstand, den die Arbeiter hier und durch den Abbau von Zinn, Kupfer, Gold oder Diamanten erzeugen, wird zum größten Teil von den Kolonialmächten und ihren Siedlern abgeschöpft. Dies ist schließlich der Zweck von Kolonien, ebenso wie es der Zweck von „Eingeborenen" ist, für das Wohl ihrer Herren zu sorgen. Für die ländliche Selbstversorgung nach alter Art ist immer weniger Boden und Arbeitskraft vorhanden. Gleichwohl berechnet man die Löhne der neuen Arbeiter vielfach so, als brauchten sie ihre Familien daheim in den Dörfern nicht zu unterstützen. In Algerien verringert sich von 1871 bis 1940 die Getreidemenge, die dem einzelnen Bewohner zur Verfügung steht, auf die Hälfte. Die französische Kolonialmacht interessiert sich mehr für den Anbau von Wein. Die islamischen Araber trinken jedoch keinen Wein. Dieser Wein ist für Frankreich bestimmt. Mehr Hunger in Algerien ist die Folge.

In der alten, gewachsenen Wirtschaft hatten die meisten Bewohner ihr bescheidenes Auskommen gefunden. Gewiß, Hungersnöte und Seuchen und Stammeskriege waren immer wieder ihr Schicksal gewesen. Doch anschließend hatten die Überlebenden ihre Existenzgrundlage aus eigener Kraft wieder bilden können. Nun, mit der Vollendung des Kolonialsystems, sind manche Schrecken der alten Zeit überwunden. Doch das persönliche Schicksal wird nicht mehr vom eigenen Boden und vom eigenen Lebenskreis bestimmt, sondern von ebenso fernen wie gewaltigen Marktkräften.

Die weißen Siedler in den Kolonien bilden eine fremde Aristokratie mit riesigen Ländereien.

Diese Marktkräfte sorgten in einer florierenden Weltwirtschaft dafür, daß auch die Menschen in den Kolonien im allgemeinen ein erträgliches Auskommen hatten. Wenn nun zu Beginn der dreißiger Jahre der Zusammenbruch des Weltmarkts die Industrieländer erschüttert, so wird er für die Kolonialgebiete zur Katastrophe. Die „Mutterländer" beherrschen die kolonialen Rohstoffströme und können sie nach Belieben steuern oder drosseln. Sie können die Ausgaben für die Verwaltung und Entwicklung der Kolonien senken, also Geld sparen. Anders gesagt: sie können ihre Kolonien als Puffer benutzen, um sich gegen die Auswirkungen der Wirtschaftskrise abzupolstern. Zwar sinkt der Lebensstandard vieler Arbeitsloser in den Industrieländern auf ein geradezu koloniales Armutsniveau, aber in Afrika, Asien und Lateinamerika erreichen Hunderte von Millionen kaum mehr das Existenzminimum. Der Außenhandel der französischen und britischen Kolonien in Westafrika verringert sich binnen zweier Jahre auf etwa die Hälfte. Das Einkommen der marokkanischen Landbevölkerung fällt um 60 Prozent. Solche Beispiele sind typisch für diese Hungerjahre der kolonialen Welt. Die politischen Folgen wiegen schwer. Da überall die Zollmauern höher wachsen, ist jeder auf die eigenen Reserven angewiesen. Die Kolonialmächte passen ihre überseeischen Regionen noch viel enger ihren nationalen Wirtschaftssystemen an, auch wenn die Kolonien dadurch andere Märkte verlieren und entsprechend leiden müssen.

Aus dem autoritären Kolonialismus war hier und da ein gewisses Maß an Partnerschaft geworden. Im britischen Kolonialreich hatte der alte missionarische Impuls neuen Ausdruck in dem Bemühen ge-

Diese Kinder von Tulung-agung im niederländischen Java leiden unter Nahrungsmängeln. Einerseits verursacht der Kolonialismus Not, andererseits lindert er Not durch medizinische Fürsorge.

funden, die Bevölkerung auf eine künftige demokratische Eigenständigkeit vorzubereiten. Jetzt aber, angesichts der wirtschaftlichen Not, geht die politische Initiative vielfach auf radikale nationale Kräfte über. Auch Frankreich bemerkt entsprechende Ansätze, vor allem unter den französisch gebildeten Nordafrikanern. Doch in seinen Grundfesten ist das koloniale System noch nicht erschüttert. Der größte Teil des tropischen und subtropischen Asiens ist weiterhin ebenso fest im kolonialen Besitz wie Afrika, und auch in Lateinamerika gibt es noch Kolonien. Die belgischen, portugiesischen und niederländischen Kolonien in Afrika und Asien übertreffen ihre Mutterländer an Größe um ein Vielfaches.

Auch die USA verfügen über imperiale Macht, die weniger in der Größe als in der strategischen Bedeutung mittelamerikanischer Gebiete, ozeanischer Inseln und der Philippinen liegt. Italien und vor allem Japan sind dabei, große Kolonialmächte zu werden. Doch die führenden Reiche sind weiterhin Frankreich und vor allem Großbritannien mit seinen riesigen Kolonien und den imperialen Verbindungen mit den Dominien. Deutschland verlor mit der Niederlage nach dem ersten Weltkrieg alle Kolonien. Als „Mandatsgebiete" des Völkerbundes unterstehen sie nun britischer oder französischer Kolonialverwaltung. Das Deutschland Hitlers bereitet sich darauf vor, den Verlust durch ein noch größeres zukünftiges Kolonialreich wettzumachen.

So vielgestaltig die Kolonien sein mögen, so unterschiedlich die Landesnatur und die Bevölkerung in Java und Dschibuti, in Tunesien und in Barbados, im Kongo oder im Pundschab: im Stil kolonialer

Herrschaft sind sich alle Mächte in allen ihren Reichen ähnlich. Der britische Stil ist dafür typisch. Was in Westafrika „Going to Bush" heißt, ist in der Kronkolonie Indien „The Tour". Perfektion erlebt dabei der Kolonialbeamte Cuthbert Bowder. Seine indischen Diener sorgen beim Aufstellen und Einrichten des Zeltes nach jeder Tagesetappe dafür, daß alles auf den Zentimeter genau so steht oder liegt wie am Abend zuvor. Auch das Buch vom Vorabend liegt an der gleichen Stelle aufgeschlagen im gleichen Winkel auf dem Tisch. Zu den tragenden Säulen des kolonialen Stils gehört der „Sundowner", der erste Drink nach dem Untergang der Sonne. Wer in den feuchtheißen Tropen nicht gleich zugrunde gehen will, nimmt tagsüber keinen Alkohol zu sich. So gewissenhaft ertragen viele die süße Qual des Wartens, daß sie von der Veranda ihres Clubs aus die Sonnenscheibe ganz versinken sehen wollen, bevor sie ihren Scotch an die Lippen setzen. Der Club ist für die Kolonialbeamten und Soldaten ebenso wie für die übrigen Europäer das Zentrum ihres Gesellschaftslebens, Vorzugsort der Freizeit. Von Trinidad bis nach Mombasa und von Kyrenia bis nach Hongkong ähneln diese Clubs einander wie ein Ei dem anderen. Sie sind Heimat fern der Heimat. In der schlichten Normalausführung ähneln sie der Kneipe in Liverpool oder London mit ihrer Bar und ihrem „dart board" für das Wurfspiel. Edlere Ausführungen entsprechen den Country Clubs der Oberklasse. Zu den feinsten gehören der English Club in einem alten arabischen Kaufmannshaus in Sansibar, der Polo Club in Lagos und der Madras Club im indischen Madras, der sich der längsten Bar Indiens rühmt. In solchen Clubs wird jahrein, jahraus die Frage diskutiert, ob es weise ist, Indern – nur solchen aus besten Kreisen natürlich – die Mitgliedschaft zu gestatten.

Wenngleich manche Clubs die heimische Klassengesellschaft widerspiegeln, so öffnen sich andere doch auch denen, die in Europa nie einen Club von innen gesehen hätten. Überhaupt gewährt das koloniale Milieu auch kleinen und mittleren Beamten und Offizieren mit ihren Familien einen Lebensstil von zuhause undenkbarer Vornehmheit. Man wohnt in einem „Bungalow". Als „Memsahib" verfügt die Ehefrau in Indien über einen Koch und zahlreiche Dienerschaft. Da elektrischer Strom oft fehlt, leistet sich in der heißen Jahreszeit manche Familie einen weiteren Diener eigens für den Zweck, einen Ventilator per Hand zu betreiben. Und während die meisten Männer im „Hot Weather" der Monate vor der Regenzeit bei 41 Grad im Schatten in Bombay oder Kalkutta ausharren müssen, unternehmen Tausende von Frauen und Kindern die lange Bahnreise zu den kühlen Vorgebirgen des Himalaya und logieren dort in Pensionen heimatlicher Art. Das „Cold Weather" hingegen ist die interessante Zeit für die vielen Junggesellen unter dem kolonialen Personal. Denn wenn es kühl wird, nähert sich die „Fischereiflotte" den Gestaden Indiens – so genannt wegen der auffallend großen Zahl junger Damen auf den Dampfern aus der Heimat, die nicht nur der Tempel wegen nach Indien reisen. Nun beginnt die Saison der Bälle und auch der Tigerjagden auf dem Rücken von Elefanten. Von solch gelegentlicher Exotik abgesehen, leben die meisten Europäer in den Kolonien wie auf europäischen Inseln. Handelsgesellschaften haben überall Geschäfte für den europäischen Bedarf eingerichtet. Im Kaufhaus Jacobs in Nairobi kann man sich mit den Konserven diverser Lebensmittel aus der Heimat eindecken. Das koloniale Leben hat jedoch seine bitteren Seiten. Die bitterste ist die Trennung von den Kindern, die, wenn sie älter werden, zuhause auf gute Schulen gehen müssen und nur in den großen Ferien zu den Eltern kommen. Und da ist das Leben in den vorgeschobenen Positionen der Imperien, in Urwald, Wüste oder Savanne. Auch manche Ehefrauen teilen hier die Entbehrungen. Höchster Komfort ist vielleicht ein mit Paraffin betriebener Kühlschrank. Die meisten Männer in den fernen Regionen Afrikas oder Asiens sind jedoch einsam, und Nachrichtenverbindungen und Sicherheit sind eine Sache des Glücks. Um seinen Posten in Maiduguri in Nigerien zu erreichen, ist der britische Offizier Martin Lindsay drei Wochen lang zu Fuß mit sechzehn Trägern unterwegs, die sein Gepäck auf dem Kopf durch den Busch balancieren. In solchen Fernen Afrikas gibt es keine weißen Frauen mehr. Im Dienste des Vaterlandes findet mancher Brite Trost bei einem „Bibi", wie einheimische Mädchen zum Beispiel in Britisch-Somaliland nach imperialer Kasinomanier genannt werden.

In den Jahrzehnten der Stabilisierung kolonialer

Fünfuhrtee im Jahre 1934 in der britischen Kronkolonie Indien: zwei Welten in Symbiose und Konflikt.

Macht lernten viele Kolonialbeamte die Kultur und Eigenart der beherrschten Völker kennen und schätzen. Man sah im Berber oder Malayen nicht mehr nur den „Eingeborenen". Partnerschaftliche oder sogar freundschaftliche Beziehungen ergaben sich vor allem zu Mitgliedern der langsam wachsenden Mittelklasse, die europäisch gebildet war und mehr und mehr auch in der Verwaltung der Kolonien mitwirkte. Besonders entwickelte sich diese Partnerschaft zwischen Engländern und Indern, obwohl sich diese bereits seit dem Ende des vorigen Jahrhunderts als besonders schwer zu beherrschen erwiesen. Oder vielleicht gerade weil dies so war, weil eine ehrwürdige Kultur Respekt erheischte. Diese Kultur war von der industriellen Revolution nicht erreicht worden und hatte die wirtschaftlichen und sozialen Probleme des indischen Subkontinents nicht zu bewältigen vermocht. Da dies so war, betrachteten mehr und mehr Inder die fremde Herrschaft auch als Chance, ihr Land durch eine Verbindung der eigenen Traditionen mit den liberalen, demokratischen und sozialen Ideen Großbritanniens zu erneuern. Der Kampf des gebildeten Mittelstandes um die Unabhängigkeit wird nicht zuletzt deshalb als tragisch und verhängnisvoll empfunden, weil das Mutterland seinen vierhundert Millionen Indern die Praktizierung seiner eigenen freiheitlichen Grundsätze versagt. Die historische Auseinandersetzung erfolgt also auf einem hohen Niveau geistigen Anspruchs – ein Umstand, der über schwierige Jahrzehnte hinweg die gegenseitige Sympathie und Achtung wahren hilft. Man versucht, trotz allem „good cricket" zu sein, so fair also wie es in jenem Spiel zugehen soll, das die Inder so gern von den Engländern übernommen haben.

146

In den dreißiger Jahren strebt die Auseinandersetzung mit der britischen Kolonialmacht ebenso wie die Auseinandersetzung um den inneren Zustand Indiens der Entscheidung entgegen. Dieser innere Zustand hat sich seit dem 18. Jahrhundert, in dem Großbritannien die Herrschaft der islamischen Großmoguln abzulösen begann, wenig verändert. Rund 90 Millionen von den 400 Millionen Indern sind Moslems. Zwischen ihnen und der Hindu-Mehrheit verursachen tiefe Unterschiede in Glauben und Tradition ständiges Mißtrauen. Die Hindus wiederum sind in etwa 2000 religiöse Kasten und Unter-Kasten zersplittert. So viele Sprachen werden gesprochen, daß Englisch das einzige nationale Verständigungsmittel ist. Noch leben neun von zehn Indern in den etwa 700 000 Dörfern. Doch der Strom aus der Armut der Dörfer in die Elendsviertel der wachsenden Städte hat eingesetzt. In manchen stirbt jeder zweite Säugling. Die Bauern können sich selten mehr als eine Mahlzeit am Tag leisten, wenngleich ihre Not nicht ganz so groß ist wie die der chinesischen Bauern. Zwar bleibt Indien nicht von den Hungersnöten dürrer Jahre verschont, aber der Boden ist hier und da besser, das Klima ist wärmer und die Flüsse sind nicht so zerstörerisch. Doch die übrigen Plagen sind nicht viel anders. Der Geldverleiher mit seinem Zins von dreißig oder vierzig oder mehr Prozent, der Landbesitzer und der Steuereinnehmer lassen wenig übrig. 28 Jahre beträgt die durchschnittliche Lebenserwartung. Wenn diese indischen Bauern ihren Blick über die alltägliche Not zu erheben vermögen, dann finden sie Erbauung in den gewaltigen religiösen Festen. Das wichtigste Fest der Familie, die Hochzeit eines Sohnes, wird mit einem Pomp gefeiert, dessen Kosten zu den Hauptgründen der chronischen Verschuldung beim Wucherer gehören. Wenige Dorfkinder können Schulen besuchen. Der Landbesitz ist durch das Bevölkerungswachstum in winzige Einheiten zersplittert worden. Dennoch zeichnet sich eine Besserung der bäuerlichen Lebensverhältnisse ab. Die britische Verwaltung hat in manchen Regionen für Bewässerung, wirksamere Anbaumethoden und elementare Hygiene gesorgt. Doch solchen Vorteilen stehen die Nachteile gegenüber. Die Bevölkerung wächst noch schneller. Und durch die Verbreitung von Industriewaren und eine zielstrebigere Agrarproduktion ist

die bäuerliche Heimindustrie verkümmert. Während man früher neben der bescheidenen Landwirtschaft auch Spinnrad und Webstuhl betrieb und die eigene Kleidung herstellte, kommt nun die zuvor nach England exportierte Baumwolle in der Form billiger Textilien in das indische Dorf zurück. Diese Abhängigkeit von fremden Wirtschaftskräften macht verwundbar, wie die schlimmen Auswirkungen der Weltwirtschaftskrise auch auf Indien zeigen.

Zur Armut der indischen Bevölkerung trägt die hinduistische Überzeugung bei, daß alles tierische Leben heilig ist. Tiere dürfen nicht geschlachtet, ihr Fleisch darf nicht gegessen werden. Ende der dreißiger Jahre beherbergt Indien schätzungsweise 215 Millionen von den insgesamt 690 Millionen Rindern der Welt. Die sechzig Rinder also, die auf hundert Inder kommen, beanspruchen Futter vom geringen Anbauland der Bauern. Krank und dürr streunen sie durch Dörfer und Städte und teilen in ihrer Heiligkeit die Not der Menschen.

Diese Not Indiens ist nach Kasten und Unterkasten fein gegliedert. Wenige, voran die Brahmanen, ragen aus der allgemeinen Bedürftigkeit heraus. Wer arm ist, kann meist auf noch größere Armut hinabschauen – auf Kasten, die der Erlösung noch ferner sind und deshalb niedrigere Aufgaben zu erfüllen haben. In diese Kasten wird man hineingeboren. Man kann ihnen nicht entrinnen, aber man kann hoffen, nach einem beispielhaften Leben in einer höheren Kaste wiedergeboren zu werden. Unterhalb dieser Ordnung der Hindus stehen die „Parias". Man nennt sie „Unberührbare", weil allein schon die körperliche Berührung eines Parias befleckend wirkt. Viele Kasten-Hindus fühlen sich sogar durch den Schatten eines Parias befleckt. Diesen unglückseligen Außenseitern der indischen Gesellschaft – fünfzig Millionen an der Zahl – sind die niedrigsten, schmutzigsten Arbeiten zugewiesen: die Bearbeitung von Leder, das Kehren der Straßen, das Reinigen von Kloaken und der Umgang mit allem anderen Schmutz und Unrat. Ihre Elendsviertel sind die schlimmsten. Sie müssen im unteren Teil des Dorfes wohnen, wo sich die Abwässer sammeln, denn von den Brunnen und natürlich auch aus den Tempeln der Glücklicheren sind sie verbannt.

Das Leben wird von derartigen Zwängen und Nöten so sehr bestimmt, daß der Bevölkerung wenig

Zweimal Indien. Oben: eine menschliche Sägemaschine – Armut und die Unentrinnbarkeit der Kasten. Unten: der phantastische Reichtum an den Höfen der Maharadschas. Hier wird eine Kinderhochzeit gefeiert.

Energie für die Beschäftigung mit dem politischen Rahmen ihres eigentümlichen Universums namens Indien übrigbleibt. Durch die britische Herrschaft wird ein Gebiet zusammengeklammert, das wie ein Puzzle aus etwa 500 Staaten indischer Fürsten und den dazwischenliegenden Bezirken direkter Kolonialverwaltung besteht. Jenes System indirekter Herrschaft, in das auch afrikanische Emire eingefügt sind, stammt aus dem Indien der Maharadschas. Diese absoluten Monarchen haben die britische Oberhoheit gern akzeptiert, denn sie nimmt ihnen die Sorge um die Verteidigung ihrer Territorien ab und sichert ihren oft märchenhaften Reichtum. Während die Engländer in den von ihnen direkt regierten Gebieten um eine leistungsfähige Verwaltung und eine faire Gerichtsbarkeit bemüht sind, bleibt ihr Einfluß auf die Willkür der Fürsten begrenzt. Einzelne Fürstentümer allerdings, zum Beispiel Baroda oder Maisur, zeichnen sich durch beachtliche Sozial- und Erziehungsleistungen ihrer aufgeklärten Monarchen aus. Die meisten Fürsten sind aber eher als Verschwender nach Art früherer europäischer Fürsten bekannt. Über die Erbärmlichkeit der Untertanen hinaus ragen die Paläste der Maharadschas. Aus ihren Toren ziehen Prozessionen von Elefanten mit ihrem schweren Zierat aus Diamanten und Gold. Kein indischer Fürst ist reicher als der Nisam von Hyderabad. Zu seinen Späßen gehört, den ganzen Warenbestand des Schuhhauses Spenser in Madras aufkaufen zu lassen, damit er sich im Komfort seines Palastes in Ruhe ein Paar Schuhe aussuchen kann. Mancher Fürst zeigt auch soziales Gewissen, indem er einmal im Jahr die Bettler im Park seines Palastes speisen läßt. Viele Fürsten sind westlich gebildet, teilen die Oberklassen-Interessen ihrer Protektoren. Den indischen Polomeisterschaften des Jahres 1934, bei denen der junge Maharadscha von Jaipur siegt, wohnt der bri-

Zum Elend Indiens gehören die blutigen Zusammenstöße zwischen Hindus und Moslems. Britische Truppen treiben 1937 in Kalkutta die Streitenden auseinander.

tische Vizekönig Lord Willingdon als Schirmherr bei. So peinlich die Partnerschaft mit absoluten Herrschern manchen demokratischen Engländer berührt, so sehr ist Großbritannien doch auf die feste Hand der indischen Fürsten angewiesen. Denn sie regieren fast die Hälfte des Subkontinents, und in der anderen Hälfte ist das direkte Regieren schwierig genug. Zwar ist das riesige Indien im großen und ganzen befriedet, doch unter dieser „Pax Britannica" flammt immer wieder der Streit zwischen den Religionsgruppen auf, vor allem zwischen den Hindus und den Moslems. Der scheinbar geringste Anlaß, zum Beispiel die Verletzung eines der religiösen Reinheitsgebote, führt zur Explosion. Im Nu ist die Straße voller Menschen. Drohendes Schweigen. Die Schreie der ersten zum Boden gezerrten Opfer. Pandämonium. Der Lärm der Masse schwillt zu einem bösen, schrillen Heulton an. Dreihundert, vierhundert Tote sind keine Seltenheit. Der Kolonialbeamte Radclyffe Sidebottom erlebt, wie ein religiöser Mob seine Opfer auf einer Brücke über dem Hugli so enthauptet, daß die Köpfe direkt in den Fluß fallen.

Doch während die Kolonialmacht bei der Bewältigung dieses indischen Problems Erfolge verbuchen kann, türmt sich ein anderes Problem immer steiler vor ihr auf. Sie hat dieses Problem selbst verursacht, indem sie ihr Unterrichtssystem nach Indien verpflanzte. Dort erfreut es sich schon seit dem vorigen Jahrhundert bei den oberen und mittleren Bevölkerungsschichten großen Zuspruchs. Diese Bildung ist hauptsächlich geisteswissenschaftlicher Art und hat nicht viel mit den praktischen Erfordernissen des armen Agrarlandes zu tun. Sie bietet aber die Chance, einen akademischen Grad zu erwerben und in der kolonialen Bürokratie Karriere zu machen. Nur produziert dieses wohlmeinende System so viele Absolventen, daß selbst in der wachsenden Bürokratie nur ein Teil aufgenommen werden kann. Größer und größer wird die Zahl der Intellektuellen, die keine richtige Aufgabe in ihrem Land finden, deren westliche Bildung sie aber die Not und den Mangel an Freiheit empfinden lassen. Die Unzufriedenheit und Rastlosigkeit dieser Inder stärkt die Kongreßpartei, die nun, in den dreißiger Jahren, die große Bewegung der national- und fortschrittsbewußten Inder aus den gebildeten Schichten ist. Diese Bewegung sucht nach politischer Verantwortung. Sie hoffte, das große Opfer Indiens im ersten Weltkrieg – 1,3 Millionen Inder hatten für das „Mutterland“ gekämpft – werde Großbritannien veranlassen, seiner Kronkolonie in absehbarer Zeit die Unabhängigkeit zu gewähren. Zwar hat Großbritannien den Indern mehr und mehr die Verwaltung des Landes übertragen und sich auf wenige Leitungsfunktionen beschränkt. Doch das ständige Hinauszögern der eigentlichen – politischen – Selbstbestimmung führt zu Enttäuschung, Demonstrationen, Streiks. Auf einen zunehmenden Extremismus reagiert die britische Kolonialmacht nervös und auch gelegentlich mit einer Brutalität, die unter dem Niveau ihrer sonst aufgeklärten Herrschaft liegt. Doch wenn die politischen Führer Indiens glauben, die unerfüllte Hoffnung auf nationale Freiheit werde – zusammen mit dem wirtschaftlichen Druck der Depression – zu einer großen Volkserhebung führen, so sehen sie sich enttäuscht. Die Masse der Inder ist mit dem täglichen Überleben beschäftigt. Und sie ist zu ungebildet, um mit den westlichen Ideen der Kongreßpolitiker – De-

mokratie, Freiheit, Nation – viel anfangen zu können.

Auf diese breiten Bevölkerungsschichten wirkt immer stärker ein kleiner, sehniger Mann namens Mohandas Karamchand Gandhi, der in seinem Gewand aus weißen Tüchern von dem britischen Politiker Winston Churchill als „halbnackter Fakir“ verspottet wird. In der Tat beruht Gandhis Wirkung auf so viele Inder nicht zuletzt in seinem Gebaren nach Art der heiligen Männer: ein vegetarischer Wanderprediger, asketisch, Keuschheit gelobend, sich durch Fasten reinigend, in seinem „Aschram“ Jünger um sich versammelnd.

In der Biographie „Mahatma Gandhi“ erinnert sich Louis Fischer: „Ich ließ meine Schuhe draußen und trat in einen halbdunklen Raum, in dem Gandhi auf einem Feldbett lag, das auf dem gestampften Fußboden stand. Neben ihm befanden sich einige Schriftstücke und ein etwa zehn Zoll hoher hölzerner Ständer mit mehreren runden Löchern, in denen sein Füllfederhalter und sein Bleistift steckten … Zwei lange, strohgeflochtene Wände, die durch eine Rückwand und ein Dach aus dem gleichen Material verbunden waren, bildeten den Eßraum. Jeder der Anwesenden, etwa dreißig Personen einschließlich der Kinder, hatte eine Strohmatte unter sich und ein Messingtablett vor sich. Gandhi saß auf einem Kissen. Männliche und weibliche Mitglieder des Aschram, die auf ihren nackten Füßen lautlos umhergingen, stellten Tabletts, Töpfe und Pfannen zu Gandhis Füßen. Er reichte mir eine Bronzeschale mit einem Gemüsebrei, in dem ich gehackte Spinatblätter und Kürbisstückchen zu unterscheiden glaubte …“

Die meisten Kolonial-Engländer und nicht wenige indische Intellektuelle tun Gandhi zunächst als religiösen Spinner ab, bis sie den stählernen Geist dieses Mannes erkennen. Auch dieser Gandhi, von Beruf Rechtsanwalt, gehört zu den westlich gebildeten Kongreßpolitikern. Doch wo andere mit abstrakten politischen Begriffen operieren, kommt er der Seele Indiens nahe. Seine Sorge um die Armen, die rechtlosen Parias, die in „Ehen“ gezwungenen Kleinkinder teilt sich den Menschen mit. Und wie alle wirklichen Propheten versteht sich Gandhi auf die Macht der einfachen, symbolischen Geste. Den Begriff „nationale Selbstbestimmung“ bringt er dem Indien der

Mohandas Karamchand Gandhi, ein sanftmütiger Inder mit stählernem Willen, wird zum großen Herausforderer der britischen Kolonialmacht.

Dörfer nahe, indem er sich immer wieder bei der Arbeit am Spinnrad zeigt. Denn wenn das Spinnrad ins indische Dorf zurückkehrt, endet – so Gandhi – die Abhängigkeit von fremder Wirtschaftsmacht. In dieser Symbolik drückt sich auch Gandhis Glaube aus, die Abkehr von der industriellen Welt werde die Menschheit wieder genesen lassen. Auf den Absatz britischer Textilien wirkt sich die Wiederbelebung der indischen Textilproduktion bald nachteilig aus.

Bei allem Vorbehalt gegen die fremde Technik weiß Gandhi die modernen Kommunikationsmittel für seine Mission zu nutzen. Fotografen und Kameraleute sind dabei, als Gandhi am 12. März 1930 seinem Land einen entscheidenden Impuls für das neue Jahrzehnt gibt. Er kennt die Weltgeschichte und weiß, wie sehr die amerikanische Unabhängigkeit durch die „Boston Tea Party" vom Dezember 1773 befördert wurde, jene symbolische Versenkung importierten Tees als Protest gegen die Zollhoheit der britischen Kolonialmacht. Eine ähnliche Wirkung verspricht sich Gandhi von einer symbolischen Aktion gegen die Salzsteuer der britischen Kolonialmacht in Indien. Diese Salzsteuer, so Gandhi, belastet vor allem die Armen, denn „Arme schwitzen mehr", brauchen also mehr Salz. Die Aktion wird sorgfältig vorbereitet. Gandhis Kampfmittel ist der gewaltlose Widerstand. Er kann auf zweierlei Art geleistet werden. In seiner harmloseren Form – der „Nichtzusammenarbeit" – bedeutet er, daß man der Kolonialmacht ohne Verletzung von Gesetzen die Zusammenarbeit verweigert. Man macht sich nicht strafbar, drängt die Kolonialmacht aber in die Isolation, bringt sie in Mißkredit. Die schärfere Form dieses Widerstandes heißt „bürgerlicher Ungehorsam" und besteht darin, geltende Gesetze bewußt zu mißachten und die Folgen – Polizeigewalt, Haft – willig auf sich zu nehmen. Gandhi rechtfertigt die Mißachtung von Gesetzen damit, daß es sich nicht um demokratisch entstandene Gesetze des Landes handelt, sondern um aufgezwungene Gesetze.

Die Aktion gegen die Salzsteuer verlangt den „bürgerlichen Ungehorsam". Ihr geht ein Schreiben Gandhis an den britischen Vizekönig Lord Irwin mit einer Schilderung und Begründung seines Planes voraus. Zwischen dem tief religiösen Lord Irwin und Gandhi besteht über den politischen Graben hinweg Respekt und Sympathie. Nach einem Appell, Indien die Unabhängigkeit zu gewähren, endet Gandhis Brief mit den Worten: „Wenn mein Brief jedoch nicht zu Ihrem Herzen spricht und Sie nichts gegen die geschilderten Mißstände unternehmen können, werde ich am elften Tage dieses Monats mit den von mir ausgewählten Angehörigen meines Aschrams dazu übergehen, die Salzgesetze zu mißachten. Mir ist bewußt, daß es Ihnen freisteht, meinen Plan durch meine Festnahme zu vereiteln. Ich hoffe, Zehntausende werden dann bereit sein, meine Arbeit diszipliniert fortzusetzen." Der Vizekönig läßt Gandhi nicht verhaften, wartet ab. Gandhi läßt die Personalien der 78 Männer, die ihn bei der Aktion begleiten sollen, in der Zeitung „Young India" veröffentlichen. Damit will er der Polizei die Arbeit erleichtern. Nach einer Andacht machen sich Gandhi und seine Getreuen am Morgen des 12. März 1930 zu Fuß auf und wandern nach Süden, zu der fast 400 Kilometer entfernten Küste des Arabischen Meeres. Sie sind 24 Tage unterwegs. Von Dorf zu Dorf wird der „Mahatma" – „Große Seele", wie das Volk Gandhi verehrend nennt – freundlich begrüßt, sein Weg mit Laub bestreut. Immer wieder hält Gandhi inne, um die Menschen zu belehren. Er spricht über den Sinn dieser Aktion. Über die Notwendigkeit, wieder selbst zu spinnen. Über Tugend und reines Leben. Aus ganz Indien kommen junge Menschen, um sich diesem Zug anzuschließen. Tausende sind es, die am 5. April 1930 das Arabische Meer bei Dandi erreichen. Am nächsten Morgen versammeln sie sich am Strand. Gandhi liest nach einem Gebet ein paar Salzkristalle auf, hebt sie empor: es ist die Geste der Freiheit. Wie ein Lauffeuer verbreitet sich die Nachricht auf dem ganzen Subkontinent. An unzähligen Stellen gewinnen die Inder ihr eigenes Salz. Sie dampfen Meerwasser oder das Wasser von Salzseen ein, waschen salzhaltigen Sand aus. Indem sie dies tun, enthalten sie der britischen Krone die Salzsteuer vor. Der Vizekönig muß eingreifen, um die Autorität der Krone zu wahren. Bald sind 60000 Inder in Haft, darunter auch wieder Gandhi. Doch die Kolonialmacht spürt, daß sie mit der Kraft dieser indischen Bewegung rechnen muß. Schon Anfang 1931 kommen Gandhi und andere führende Kongreßpolitiker wieder frei. Gandhi

*Beim „Salzmarsch" zum Arabischen Meer beweist
Mahatma Gandhi (Mitte) die Macht der Gewaltlosen.*

wird nach London eingeladen, um an einer Konferenz über die Zukunft Indiens teilzunehmen. In England verspürt der „Mahatma" viel Zuneigung. Die Freiheit Indiens als „Dominion" im Commonwealth erscheint greifbar nahe.

Doch vor allem die Verhältnisse in Indien selbst verzögern die Entwicklung. Die Hindus und Moslems können sich nicht auf ein gemeinsames Staatskonzept einigen, die Fürsten haben ihre eigenen Interessen. Und für Gandhi bringt das Jahrzehnt persönliche Enttäuschungen. Seine Anhänger befleißigen sich nicht immer der gepredigten Gewaltlosigkeit. Der gegenseitige Terror religiöser Fanatiker geht weiter. Am Elend der Parias hat sich nichts geändert. Gandhi hält seine Inder der Freiheit kaum

für würdig, solange sie nicht brüderlich zueinander sind. Er kündigt ein Fasten bis zum Tode an, um Verbesserungen für die „Harijan" zu erzwingen – die „Kinder Gottes", wie er die Parias nennt. Dieses Fasten, das Gandhis Leben bedroht, hält das Land in Atem. Es veranlaßt viele Inder, vor allem aus den gebildeten Schichten, sich den Unberührbaren zuzuwenden. Es gibt spontane Gesten der Berührung. Tempel werden den Parias geöffnet, aus Brunnen höherer Kasten dürfen sie schöpfen. Wenngleich die Parias noch auf Jahrzehnte hinaus ihrer niedrigen Stellung verhaftet bleiben werden, so sind doch nun Zeichen gesetzt, ein Anfang ist gemacht.

Politisch wird es dann stiller um Gandhi. Dieser Mann der großen Inspiration und der einfachen Tugend ist wohl auch zu sehr nach innen gewandt und dem alten, dörflichen Indien verhaftet, um den Weg in die Zukunft bestimmen zu können. Ein jüngerer

Politiker, der Sozialist Jawaharlal Nehru, profiliert sich in den dreißiger Jahren als Mann dieser Zukunft und auch als Mann des städtischen Indiens. Die Städte sind rasch gewachsen. Bombay zum Beispiel hat bereits weit über eine Million Einwohner. Mit der allmählichen Erholung der Industrieländer von der Weltwirtschaftskrise belebt sich hier wieder der Handel. An der breiten Promenade, die mit ihren von Palmen beschatteten Reit- und Fahrwegen im weiten Bogen entlang der Back Bay zu den grünen Malabar-Hügeln im Norden führt, zeigt sich

Obwohl Gandhi durch seine indische Spinnrad-Kampagne zur Arbeitslosigkeit in Großbritannien beigetragen hat, ist er wegen seines fairen Kampfes auch hier beliebt und wird von diesen Textilarbeiterinnen in Lancashire herzlich begrüßt.

das wohlhabende Indien der Kaufleute. Die Damen in goldgesäumten Saris, die Herren nun häufiger „Heimgesponnenes" als westliche Anzüge tragend, zum Zeichen ihrer nationalen Gesinnung. Die großen Spinnereien und Webereien Bombays in Tarteo, Parel und Warlee beschäftigen bereits Zehntausende von Arbeitern. Meist sind es landflüchtige Bauern, die aus den Elendsvierteln für geringen Lohn angeworben wurden. Doch das wohlhabende Bombay gibt auch den Armen, fördert Bildung und Künste.

Gegen Ende der dreißiger Jahre ist Indien zwar noch nicht frei, aber es hat der Kolonialmacht ein hohes Maß an innerer Selbstbestimmung abgerungen. Die Inder können ihr Schicksal nun durch den Gang zur Wahlurne beeinflussen. Dabei wird die Kongreßbewegung zu jener mächtigen Partei, die

Indiens Weg bis zum Ende des Jahrhunderts hin bestimmt. Auch manche Ideen Gandhis wirken sich nun auf das Reformprogramm aus, das Volksbildung, Gesundheit und das Schicksal der Pächter verbessern soll. Doch die Kongreßpartei ist im wesentlichen eine Partei der Hindus geblieben. Die Moslems fürchten um ihre Zukunft, streben nun einen eigenen Staat an, der „Pakistan" heißen soll. Gandhis Traum von der gemeinsamen Nation aller Volksgruppen zerrinnt. Dem gegenseitigen Morden bei der Unabhängigkeit und Teilung Indiens im Jahre 1947 wird eine halbe Million Menschen zum Opfer fallen.

Ende der dreißiger Jahre sieht man Indien als Modell einer kolonialen Entwicklung, dem in vielen, vielen Jahrzehnten vielleicht auch einmal die schwarzen Völker Afrikas folgen könnten. Denn nicht Weiße, sondern „Farbige" streben in Indien auf den Status als unabhängiges „Dominion" in jenem Commonwealth zu, in dem bis jetzt allein die Weißen regieren. Dieses Commonwealth besteht aus Großbritannien selbst, Irland, Kanada, Australien, Neuseeland und der Südafrikanischen Union, wo eine schwarze Bevölkerungsmehrheit unter der Macht der Weißen steht.

Überall haben die Kolonialmächte ihre Ideen und damit auch die eigenen freiheitlichen Ideale wirken lassen, aus denen jetzt Nationalbewegungen entstehen. Die beiden wichtigsten Kolonialmächte, Großbritannien und Frankreich, gehen unterschiedliche Wege. Der französische Weg zeichnet die Auflösung des Imperiums in einem transozeanischen Frankreich vor, dessen zivilisatorische Mission die Kolonialvölker mit ihrer neuen Identität versöhnt. Der britische Weg ist offener, läßt eigenständige Demokratien in Asien und Afrika möglich erscheinen. Er wird zu einer Entkolonialisierung führen, die weniger schmerzhaft verläuft als die nationale Befreiung in den Kolonien Frankreichs und anderer Länder.

In diesen Jahren studieren die afrikanischen und asiatischen Eliten von morgen an den Hochschulen von Paris und Oxford, Brügge und Leiden ebenso wie an Bildungseinrichtungen, die von den Europäern in ihrer Heimat selbst gegründet worden sind. Sie lassen sich „francophon" oder „anglophon" oder nach anderen westlichen Vorbildern formen. Es wird sich zeigen, ob diese künftigen Befreier ihren Völkern jene Freiheit von Not und Unterdrückung bringen können, um die sich wohlmeinende Kräfte in den Kolonialstaaten bemühten.

10.

Konturen der Zukunft

Neue Gestaltung in Nahost und Lateinamerika. Rohstoffe, Putsche,
Geburtswehen einer Welt zwischen den Großmächten.

Auf ihrer Flucht aus dem Inneren Arabiens haben sich die beiden halbverhungerten Sklaven bei Einbruch der Dunkelheit dem Hafenort Abu Dhabi am arabisch-persischen Golf soweit genähert, daß sie am Horizont über dem weiten Sand die Rundtürme des Palastes erblicken. Sie waren ihren Herren unweit der Oase Buraimi entlaufen, hatten dort ein Kamel und ein paar Datteln gestohlen und die vier Tagesstrecken nach Abu Dhabi durch Wüste und Geröll entlang der alten Karawanenroute mit letzter Kraft geschafft. Jetzt, in der Nacht, dringen sie vor in den Ort, der aus dem Lehmpalast des Herrschers, aus einer Ansammlung von Schilfhütten, aus ein paar festen Häusern am Hafen der Segelfrachter und dem Sitz des „Political Agent" besteht, wie sich der Vertreter der britischen Krone hier nennt. Dieses Gebäude steht am Ortsrand und ist von einer Mauer umgeben, an der die beiden jungen Männer jetzt die Nacht verbringen. Es ist die letzte Nacht ihres Sklavenlebens. Sowie am Morgen die britische Flagge gehißt wird, stürzen sie sich durch das Tor zum Fahnenmast und klammern sich dort fest. Wenig später führt man die beiden Araber, deren Hautfarbe die afrikanische Abstammung zeigt, dem britischen Regierungsvertreter vor. Er stellt jedem ein Dokument aus, dessen Kopf die britische Flagge und der Titel „Manumission Certificate" ziert: „Zertifikat über die Freilassung aus der Sklaverei". Darunter steht der Name und das etwaige Alter sowie die Mahnung „an alle, die dieses Dokument sehen", daß der Betreffende kein Sklave mehr ist und daß niemand das Recht hat, seine Freiheit einzuschränken. Datum, Unterschrift, Stempel — und die beiden jungen Araber gehen stolz hinaus, werden als Seeleute auf einer der hölzernen Dhaus anheuern, wie die arabischen Segelschiffe im Stil Sindbads des Seefahrers heißen.

„Piratenküste" hieß dieser Küstenstrich im Norden Arabiens, bis Großbritannien im vorigen Jahrhundert den Seeräubern hier, an der kürzesten Strecke nach Indien, das Handwerk legte. Im Laufe der Zeit wurden die einander bekriegenden Emirate und Scheichtümer im großen und ganzen befriedet. Die armen Herrscher dieser sandigen Regionen erhielten ebenso angenehme wie regelmäßige Zuwendungen als Preis dafür, daß sie die britische Krone als Schutzmacht anerkannten und den Engländern den seltsamen Wunsch erfüllten, gegen die Sklaverei vorgehen zu dürfen. Nun, in den dreißiger Jahren, sind die Stammeskriege selten geworden. Sklaverei gibt es fast nur noch im Inneren Arabiens. Das Erdöl, das aus dem staubigen Küstennest Abu Dhabi eine Wolkenkratzerstadt mit grünen Alleen machen wird, schlummert noch unter Wüste und Golf.

Doch wenn diese Jahre hier unter der „Pax Britannica" ebenso wie im ganzen arabisch-iranischen Orient verhältnismäßig ruhig erscheinen, so bereiten sich doch die großen Veränderungen der Zukunft vor. Bis vor zwanzig Jahren hatte die Türkei als große Imperial- und Ordnungsmacht vom Mittelmeer bis tief nach Arabien hinein vorgeherrscht. Dieses Ottomanische Reich ist an der Seite Deutschlands im ersten Weltkrieg ebenso zerbrochen wie die Donaumonarchie. Hier wie in Südosteuropa ist ein Machtvakuum entstanden, dessen Sog die künftige Gestalt dieser Weltregion bestimmt. Großbritannien und Frankreich haben sich vom Völkerbund als vorläufige „Mandatsmächte" einsetzen lassen. Frankreich erhielt Syrien und den Libanon und übt sein Mandat wie eine Kolonialverwaltung aus. Großbritannien hingegen versucht, seine Mandatsgebiete durch indirekte Herrschaft allmählich auf die Selbstregierung vorzubereiten. Es übernahm Palästina und „Transjordanien" östlich des Jordan sowie den Irak, an den sich die alte britische Einflußzone im persisch-arabischen Golf nach Indien hin anschließt. Doch schon während des ersten Weltkriegs, also noch vor dem Ende der türkischen Herrschaft, forderten arabische Fürsten eigene unabhängige Staaten. Andererseits ließ der Einfluß westlicher Ideen moderne Nationalbewegungen mit demokratischen Zielen aufkommen, die denen der Monarchen entgegenstehen. In beide Strömungen hinein greift ein neu erwachtes arabisch-islamisches Bewußtsein. In diesem Raum zwischen dem Mittelmeer und Indien wurde der Zugriff der Imperialmächte nie so perfekt wie in den Kolonien im östlicheren Asien oder in Afrika mit ihren umfassenden Verwaltungen. Die Imperialmacht verliert sich in den spärlich besiedelten Wüsten Arabiens. Und trotz der traditionellen russisch-britischen Rivalität um Persien und Afghanistan konnte fremde Herrschaft auch dort nicht dauerhaft errichtet werden. Ägypten hat bereits zu weitgehend eigener Staatlichkeit gefunden. Von hier dringen die großen politischen Impulse in die übrige arabische Welt hinein. Jedenfalls beginnt im Großraum zwischen dem Mittelmeer und dem Indischen Ozean – ebenso wie in Lateinamerika – die Formung einer künftigen „Dritten Welt" jenseits imperialer Vorherrschaft. Der Nationalstaat europäischen Ursprungs mit seiner Trennung von Kirche und Staat und seinem weitverzweigten Verwaltungsapparat ist im allgemeinen das Vorbild. Doch gerade in der islamischen Welt sind die Traditionen des Gemeinschaftslebens von einem solchen Modell oft viele Jahrhunderte entfernt.

Die Kinder Israels hatten das Wüstengebirge von Esch Scharah südlich des Toten Meeres auf ihrer beschwerlichen Wanderung durch das Land Edom kennengelernt. Jetzt, an einem Frühlingstag des Jahres 1937, bewegt sich ein Trupp berittener Beduinen vom ausgetrockneten Wadi Musa – Tal des Moses – her zu den Bergen um den Djebel el Beida. Von hier aus kann man an diesem klaren Tag weit über das Wadi Araba hinweg bis nach Palästina schauen. Auf dem edelsten Pferd reitet Scheich Hamd ibn Jazi, Oberhaupt der Huwaytat-Beduinen, ein patriarchalischer Herr von natürlicher Autorität. Sein Huwaytat-Stamm umfaßt ungefähr 70000 Menschen, die mit ihren drei- bis viertausend schwarzen Zelten aus Ziegenhaar zweimal im Jahr auf Wanderung gehen. Der Stamm lebt von der Kamelzucht, besitzt aber auch Schaf- und Ziegenherden. Im Winter dringt der Stamm in die Randgebiete der großen arabischen Wüsten vor, wo Regenfälle ein paar Monate lang Gras wachsen lassen. Im Frühjahr, wenn in der Wüste alles zu verdörren beginnt, ziehen die Huwaytat zwei- bis dreihundert Kilometer weit nach Nordwesten, in die Berge am Rande Palästinas, wo auch im Sommer Weideland zu finden ist. Staatsgrenzen existieren nicht im Bewußtsein der Nomaden. Ihre Welt ist die des wandernden Stammes. Sie ist durch Tradition und ständige Anpassung von den wandernden Welten anderer Stämme abgegrenzt. Jeder Stamm setzt sich aus einer Vielzahl von Unterstämmen und Sippen zusammen, die sich für den Weg zwischen den jahreszeitlichen Weidegründen in verschiedene Wanderverbände aufgliedern. Nun, da die Frühjahrswanderung abgeschlossen ist, hat sich Scheich Hamd ibn Jazi auf eine Inspektionstour begeben. Denn seine Beduinen sind weit über ihr Sommergebiet verteilt. Er will sehen, ob bei den schwarzen Zelten und den Herden alles in Ordnung ist. Überall wird der hohe Gast mit der erlesenen Höflichkeit dieser Araber empfangen, überall wird Rat gepflogen. Nach dieser Inspektionstour bezieht der Stammeschef sein eigenes Sommerquartier, zu dem ein besonders großes und mit Teppichen und Kissen komfortabel ausgestattetes Ratszelt gehört. Hier versammeln sich an jedem Vormittag die Scheichs der Unterstämme zum „Majlis", dem Stammesrat. Bei süßem Tee und bitterem Kaffee, der in langschnäbligen Messingkannen über glühender Holzkohle warm gehalten wird, diskutiert man gemächlich die aktuellen Fragen. Es geht um Weidegebiete und Weiderechte, um das Verhältnis zu anderen Stämmen, um Pläne für die nächste Wanderung, um Rechtsfälle und um die Beilegung von Konflikten zwischen Sippen oder Teilstämmen. Neben Scheich Hamd lauscht sein halbwüchsiger Sohn Feisal dem Austausch der Argumente. Wenn der Stamm einverstanden ist, soll Feisal dereinst die Führung übernehmen. Aber dies ist weder eine erbliche Monarchie noch ein autoritäres System. Fähigkeit und Gesichtspunkte der Stammeseinheit bestimmen die Nachfolge. Der Stammesrat trifft seine Entscheidungen nicht durch Abstimmungen, sondern durch Konsens. Scheich Hamd ibn Jazi kann dem Rat nicht seinen eigenen Willen aufzwingen. Aber durch geduldiges Verständnis, umsichtiges Taktieren und die Kraft seiner Persönlichkeit kann er den gemeinsamen Willen steuern. In den dreißiger Jahren wird der Orient noch stark durch nomadische Gesellschaften wie jene der Huwaytat geprägt. Erst nach dem zweiten Weltkrieg werden Autos das Kamel als universales Transportmittel verdrängen, den Beduinen ihre Existenzgrundlage entziehen und sie zu einem bäuerlichen oder städtischen Leben zwingen, das sie bisher verachtet haben.

Aus beduinischer Tradition geht das einzige arabische Staatswesen hervor, das nicht auf westlichem Vorbild beruht. Am 23. September 1932 gründet der legendäre Wüstenfürst Abd Al Asis Ibn Saud, kurz Ibn Saud genannt, offiziell jenes Königreich

Die islamisch-arabische Welt ist in den dreißiger Jahren durch den Beginn der nationalen Selbstbestimmung gekennzeichnet. König Abd Al Asis Ibn Saud, der Gründer von Saudi-Arabien, wählt den Weg islamischer Strenge.

Saudi-Arabien, das er in den vorausgegangenen drei Jahrzehnten durch Stammesbündnisse, die Unterwerfung rivalisierender Stämme und die Verjagung seiner Widersacher aufgebaut hatte. Dieses Königreich umfaßt den größten Teil der arabischen Halbinsel. Es schließt die heiligen Städte Mekka und Medina ein, deren Schutz dem neuen Staat seine religiöse Rechtfertigung verleiht. Nach dem türkischen Einfluß hat Ibn Saud auch den britischen Einfluß zurückgedrängt. Er kann sich als Oberhaupt eines der ersten wirklich selbständigen Länder des Orients betrachten. Der König gehört der besonders strengen islamischen Bewegung des Wahabismus an, welche den Glauben und die heiligen Stätten von Irrungen und falschem Kult reinigen will. Seine Vorfahren hatten ein wahabitisches Reich beherrscht, das zerfallen war. Die zentrale Ratsversammlung des neuen Staates Saudi-Arabien funktioniert ähnlich wie der Majlis eines Beduinenstammes. Hier sind neben den geistlichen Führern die Chefs der Stämme vertreten, die das Königreich bilden. Oberstes Gesetz ist das kanonische Recht des Islam, so wie es Allah seinem Propheten Mohammed im Koran offenbart hat. Dieses Saudi-Arabien ist gewissermaßen ein Gottesstaat – im Gegensatz zu den anderen arabischen Staaten, die sich nun mit weltlichen Verfassungen herausbilden. Und der Gott der Wahabiten ist unerbittlich. Dieben wird eine Hand abgehackt. Ehebrecher werden gesteinigt. Alle Genußmittel sind verboten. Eine Tugendpolizei durchstreift die aus Lehm gebauten Städte und sorgt wenn nötig mit Stockhieben dafür, daß die Gebetszeiten eingehalten werden. Ibn Sauds Macht stützt sich besonders auf die „Ikhwan“, die „Brüder“ – eine Art Glaubensritter, deren fanatischer Orden überall in den Oasen und bei Quellen Stützpunkte errichtet hat. Diese Stützpunkte sind Missionszentrum des islamischen Fundamentalismus, Wehrdorf und Agrarstation zugleich. Oft bilden sie den Kern neuer Siedlungen, neuer Landwirtschaft. Von den Ikhwan-Stützpunkten aus wurden die Räuberbanden unschädlich gemacht, die den Pilgern aus der ganzen islamischen Welt auf ihrem Weg nach Mekka und Medina so übel zugesetzt hatten. Ibn Sauds Arabien ist Gott wohlgefällig. Dieser Haudegen Ibn Saud überragt mit seinen zwei Metern jede Versammlung. Von der Vielweiberei, die der Islam billigt, macht er ausführlich Gebrauch: auf etwa einhundertsechzig schätzt man später die Gesamtzahl seiner Frauen. Aber nie sind es mehr als vier zur gleichen Zeit. Die erste Frau ist sozusagen die ständige Partnerin. Die beiden nächsten Frauen werden aus Gründen der Staatsräson geheiratet, um diesen oder jenen Stamm enger an das Haus Saud zu binden, um das Ende früherer Feindschaften zu besiegeln. Die vierte Frau wechselt am häufigsten. Sie ist die Gefährtin königlicher Nächte. Die ungezählten Prinzen und Prinzessinnen, die aus diesen Verbindungen hervorgehen, werden in den verschwenderischen Jahren der künftigen Ölmilliarden das puritanische Königreich ihres Vaters häufig in Mißkredit bringen. Von einem solchen Reichtum seines kargen Wüstenlandes ahnt Ibn Saud nichts, als er einer amerikanischen Ölgesellschaft erlaubt, im Herbst 1933 acht Geologen und Landvermesser auf einer hölzernen Dhau von der Insel Bahrain her zur saudischen Golfküste segeln zu lassen.

Nach Palästina kamen bisher vor allem Einwanderer aus Osteuropa. Diese russischen Juden wanderten große Strecken zum Gelobten Land. Wegen der Verfolgung durch Hitler flüchten jetzt auch mehr und mehr deutsche Juden zur arabischen Mittelmeerküste.

Auf der entgegengesetzten, mittelmeerischen Seite der arabischen Welt zeichnet sich in den dreißiger Jahren die Gründung eines Staates ab, der bei aller Unterschiedlichkeit doch ebenso wie Saudi-Arabien religiöse Voraussetzungen hat. Die Sehnsucht vieler Juden, aus der Zerstreuung und Verfolgung endlich in die Heimat ferner biblischer Zeiten einzukehren, ist ihrer Erfüllung durch den Untergang des türkischen Imperiums nähergekommen. In einer schwierigen Phase des ersten Weltkriegs hatte die britische Regierung das Wohlwollen der zionistischen Bewegung durch das Versprechen gewürdigt, „die Gründung einer nationalen Heimat für das jüdische Volk in Palästina zu begünstigen". Wenig später mußten die Türken Palästina räumen. Großbritannien wurde „Mandatsmacht" und geriet damit in die schier ausweglose Situation, sein Versprechen mit den nationalen Interessen der nun in seiner Obhut stehenden arabischen Bevölkerung Palästinas vereinbaren zu müssen. Als Dank für die Hilfe im Kampf gegen die Türken war den Arabern Selbstbestimmung in Aussicht gestellt worden. Jüdische Siedlungen hatte es in Palästina schon unter der türkischen Herrschaft gegeben. Vor allem waren es osteuropäische Juden gewesen, die sich vor den Pogromen retteten. Nun aber schwillt der Einwandererstrom unter der

straffen Lenkung durch die zionistische Bewegung immer stärker an. Arabischer Widerstand regt sich. Mit dem gegenseitigen Morden im August 1929 beginnt die arabisch-jüdische Tragödie des zwanzigsten Jahrhunderts. 116 Juden und 130 Araber sterben. Die Juden machen jetzt etwa fünfzehn Prozent der Bevölkerung aus. Fast 100000 sind seit dem Krieg gekommen. Den arabischen Nationalistenführern gelingt es nicht, die palästinensische Bevölkerung vom Landverkauf an die jüdischen Siedler abzuhalten. Die Preise sind allzu verlockend. So vergrößern die Juden ihr Siedlungsgebiet durch ganz normalen Grundstückserwerb Stück um Stück. Jüdische Ländereien wachsen zusammen, machen bald erhebliche Gebiete in Palästina aus. Die briti-

Die neuen jüdischen Siedler machen sich voller Energie an die Schaffung ihrer Lebensgrundlage in Palästina, wo bei der arabischen Bevölkerung die Unruhe wächst.

sche Mandatsmacht, die mehr und mehr in die Zusammenstöße zwischen radikalen jüdischen und arabischen Organisationen verwickelt wird, will den Landverkauf und die Einwanderung beschränken und stößt auf den harten Widerstand der zionistischen Bewegung. Inzwischen ist in Deutschland Hitler an die Macht gekommen. Während bisher nur sehr wenige deutsche Juden Anlaß zur Auswanderung nach Palästina gehabt hatten und vierzig Prozent aus dem Polen des Antisemiten Józef Pilsudski gekommen waren, vervielfacht sich der deutsche Anteil nun rasch. 1935 leben bereits doppelt so viele Juden in Palästina als 1929. Beunruhigt sind die Araber vor allem, weil sich der Charakter der jüdischen Einwanderung verändert hat. Während gläubige Juden früher vor allem zum Beten und zum Sterben gekommen waren und sich gut in die orientalische Atmosphäre eingefügt hatten, strotzen die neuen Einwanderer vor Energie und Dynamik und

machen den Palästinensern bald harte Konkurrenz. Eine blühende Plantagenwirtschaft entsteht vor allem durch den Anbau von Orangen. In Haifa werden Raffinerien gebaut, am Toten Meer Kalisalze gewonnen. Neue Ansiedlungen wachsen. Tel Aviv wird zur mittelmeerischen Großstadt. Auf dem Jerusalemer Skopusberg gründet man die Hebräische Universität. Mit dem Elan und Pioniergeist eines plötzlich wieder jung gewordenen alten Volkes brechen diese Juden in die Zukunft auf. Sie probieren neue Gemeinschaftsformen aus – idealistische Kollektive wie die „Kibbuzim", in denen man dem persönlichen Eigentum entsagt und die Kinder gemeinsam erzieht. Zum Stil dieses Aufbruchs gehört die

Die arabisch-jüdische Tragödie kündigt sich durch zunehmende Gewalt auf beiden Seiten an. Die britische Mandatsmacht ist ratlos. Hier werden Araber wegen Rebellion festgenommen.

Fühllosigkeit von Kolonisatoren, das geringe Verständnis für die Lebensweise und das Schicksal der arabischen Bevölkerung. Jüdische Humanisten wie Martin Buber warnen vergeblich vor solchem Hochmut. Je mehr sich die Palästinenser zurückgesetzt fühlen, desto stärker werden ihre radikalen Führer, desto schlimmer wird der Terror auf beiden Seiten. In dieser Situation interessieren sich die arabischen Nationalisten wenig für das Schicksal, das die Juden nach Palästina verschlagen hat. Hitler gewinnt Anhänger unter ihnen. Und die Mandatsmacht Großbritannien steht zwischen den beiden Seiten. Ein unrealistischer Plan zur Teilung Palästinas zwischen den Arabern und den Juden kommt nicht zum Zuge. Die dreißiger Jahre enden mit der Vorahnung eines jüdischen Staates auf arabischem Boden.

Der Konflikt in Palästina schadet dem Ruf Großbritanniens, behindert den Übergang vom imperia-

len zum partnerschaftlichen Verhältnis zwischen Europa und der arabischen Welt. Dabei sind gerade hier, in der Levante, die Voraussetzungen in diesen Jahren besonders günstig. Ob die Araber Moslems oder – als Nachwirkung der Kreuzzüge – Christen sind: an dieser Nahtstelle zwischen den Kulturkreisen verbinden viele gebildete Araber die beiden Geisteswelten in ihrem Denken. Dies ist nicht zuletzt bei den arabischen Nationalisten der Fall, die ihre neuen Staaten im Sinne der westlichen Demokratie und westlicher Sozialvorstellungen formen möchten. Den autoritären islamischen Gottesstaat, wie ihn Ibn Saud im tiefen Arabien geschaffen hat, betrachten die meisten als mittelalterliches Relikt. Den wohlhabenderen Kreisen, aus denen die Nationalistenführer kommen, stehen hier in der Levante ebenso wie in Ägypten ausgezeichnete Bildungseinrichtungen zur Verfügung. Dazu gehören die europäischen Missionsschulen ebenso wie die Universitäten. Die Amerikanische Universität von Beirut entwickelt sich zum intellektuellen Zentrum des arabischen Nationalismus. Und man muß hier – ebenso wie im Indien dieser Jahre – genau unterscheiden zwischen der nationalen Position und dem persönlichen Verhältnis zum heute noch dominierenden westlichen Land. Wenn man im britischen Mandatsgebiet Transjordanien britischer Lebensart zuneigt, so durchdringt den Libanon unter französischer Ägide französisches Flair. Beirut rühmt sich der besten Haute Cuisine östlich von Paris. Oben im Beiruter Stadtteil Achrafieh, wo die feinen Bürgerhäuser mit ihren hohen maurischen Bögen stehen, begegnen sich Orient und Okzident im Salon der eleganten und geistreichen Libanesin Linda Sursok.

Auch in Kairo und Alexandria verbindet sich der arabische Nationalismus mit westlichen Vorstellungen. Ägypten war im vorigen Jahrhundert aus türkischer unter britische Oberhoheit geraten. 1936 wird es unter dem König Faruk weitgehend souverän, wenn man von den Machtverhältnissen am Suezkanal absieht. Zu den Reformen, um die sich die arabischen Intellektuellen am Nil bemühen, gehört die Befreiung der Frau aus den vom Koran auferlegten Beschränkungen. Doch nirgendwo ist der Angriff auf die islamische Tradition so hart wie in der Türkei, die bisher einen so großen Teil der islamischen Welt beherrscht hatte.

Wer Anfang der dreißiger Jahre in das bisher „Konstantinopel" genannte Istanbul kommt und die Stadt von früher kennt, traut kaum seinen Augen, wenn er auf das Menschengewimmel bei den Fähren über das Goldene Horn hinüber nach Galata schaut. Rot war noch vor wenigen Jahren die vorherrschende Farbe gewesen, denn alle Männer hatten den roten Fez getragen. Nun tragen sie europäische Hüte. Erstaunlicher noch: die Frauen zeigen ihr Gesicht. Manche allerdings ziehen das Kopftuch weit herunter. Vor zehn Jahren wäre das undenkbar gewesen. Die Frauen gingen tief verschleiert. Nur auf dem Lande hatten türkische Frauen bei der Arbeit den Schleier durch das Kopftuch ersetzt. Geradezu schockierend nach den bisherigen Moralbegriffen ist, daß manche Frauen hier in Istanbul nun auch Kleider tragen, die etwas von ihren Beinen sehen lassen. Und auf den Fährbooten gibt es auch nicht mehr den Vorhang, hinter den sich die Frauen gesetzt hatten. Die Männer tragen europäische Jakken und Hosen und nicht mehr die wallenden orientalischen Gewänder. Nur ein paar bäuerlich aussehende Leute haben noch die alten türkischen Pumphosen an, was strikt gesagt unzulässig ist. Denn Kemal Pascha hat Gesetze gegen alles verkünden lassen, was an die alte Türkei des Sultans und Kalifen erinnert. Kemal Pascha, der sich gern „Atatürk" – „Vater der Türken" – nennen läßt, hat die Türkei aus der Katastrophe herausgeführt. Denn nicht nur das türkische Imperium war im ersten Weltkrieg verloren gegangen. Auch die Türkei selbst drohte zerstückelt zu werden. Kraft für die Zukunft, so glaubt Atatürk, kann sein Land nur durch den radikalen Bruch mit der Vergangenheit gewinnen. Ebenso wie vor ein paar Jahrzehnten die Japaner zieht er aus dem wirtschaftlichen und machtpolitischen Erfolg der westlichen Länder den Schluß, daß nur das westliche Modell sein Land retten kann. Er läßt sich auch nicht beirren, wenn Ausländer über sein „Hutgesetz" und andere Seltsamkeiten spotten. Was zunächst Äußerlichkeit ist, soll nach und nach das Innere verändern. Jetzt, Anfang der dreißiger Jahre, werden immer mehr Veränderungen sichtbar. Die arabische Schrift ist verschwunden. Nur noch lateinische Buchstaben sind erlaubt. Die Macht der islamischen Geistlichkeit ist gebrochen. Auch die Mullahs müssen europäische Anzüge tragen. Statt des

In der Türkei wird jäh mit der orientalischen Tradition gebrochen. Auf diesem Bild aus dem Jahre 1929 sieht man noch den Fez, doch nun wird der europäische Hut Pflicht.

koranischen Rechts gelten Gesetze westlicher Art; die Schweiz, Italien und Deutschland sind Vorbild. Kemal hat die Schulpflicht eingeführt. Er zieht durch das Land und propagiert die westliche Schrift, die er gerade erst selbst gelernt hat. Neun von zehn Türken sind Analphabeten. „Dorfinstitute" sollen auch den Erwachsenen Bildung und landwirtschaftliche Techniken vermitteln. Vor allem ist die Frau nun vor dem Gesetz gleich. Die Polygamie ist verboten. Doch gerade hier zeigt sich der enorme Abstand zwischen Gesetz und Wirklichkeit, die Grenze dieser Kulturrevolution. Noch Jahrzehnte

werden türkische Frauen auf der Straße einige Schritte hinter ihrem Mann zu sehen sein. Die Macht des Islam hält sich hartnäckig. Die wirtschaftlichen Kräfteverhältnisse in diesem armen Land ändern sich wenig. Kemal schafft keine Landreform. Und er läßt keine Gewerkschaften zu, weil er die kommunistische Durchdringung von dem neuen sowjetischen Nachbarn im Norden her fürchtet.

„Entwicklungsdiktaturen" wird man später Regimes der Art nennen, wie sie Kemal Pascha und sein östlicher Nachbar, der persische Schah Reza Pahlevi, errichtet haben. Der ehemalige Kosaken-Offizier Reza Khan war zur Macht gekommen, weil er den Versuch der Moskauer Revolutionäre abgewehrt hatte, auch aus Persien einen Sowjetstaat zu machen. Und weil er die russischen und britischen In-

Kemal Atatürk (mit Zigarette) versucht, die Türkei binnen weniger Jahre total zu europäisieren. Er läßt die arabische durch die lateinische Schrift ersetzen.

teressen so meisterhaft gegeneinander ausspielte, daß Persien – nunmehr Iran genannt – weitgehend seinen eigenen Weg gehen kann. Reza ließ sich 1925 zum Schah proklamieren und begann aus den gleichen Gründen wie Kemal Pascha, sein Land zu modernisieren. Für die Finanzverwaltung holt er sich amerikanische Experten, für den Zoll Belgier, für das Bildungswesen Franzosen, und die Eisenbahn läßt er von den Russen bauen. Reza ist gröber angelegt als Kemal und glaubt, seinem rückständigen Volk sei ohne Gewalt nichts beizubringen. Da vielen Frauen die Enthüllung ihres Gesichts schamlos erscheint, befiehlt Reza der Polizei, ihnen den Schleier vom Gesicht zu reißen. Auch hier werden die alten Gewänder verboten, westliche Bildung und Mädchenschulen eingeführt. Gegen die Tyrannei des modernisierungwütigen Schahs müssen die Perser allerlei Überlebensstrategien ersinnen. So leisten sich die armen Bewohner mancher iranischer Dörfer einen einzigen westlichen Hut, den derjenige aufsetzt, der zu irgendwelchen Erledigungen in die nächste Stadt gehen muß. Denn sonst wird er von der Polizei des Schahs verprügelt oder sogar ins Gefängnis geworfen. Den Großgrundbesitz, mit dem das komplizierte unterirdische Bewässerungssystem und damit die Grundlage der Landwirtschaft verbunden ist, tastet Reza nicht an. Für die Bauern im lehmerdigen Dorf Meschginabad am Fuße des Elburs-Gebirges, die ihre würfelförmigen Lehmhäuser mit ein paar Ziegen und vielleicht einem Esel teilen, ändert sich nichts. Je ein Fünftel des Ernteertrags geht für Land und Wasser und meist auch für Zugtiere an den Großgrundbesitzer, bei dem sie chronisch verschuldet sind. Von den immer stärker aus dem Boden quellenden Erdölschätzen ahnen sie kaum etwas. Jahrzehnte vor dem südlichen Nachbarn Saudi-Arabien ist der Iran zum Land des Erdöls geworden. Was von den Öleinkünften nicht der britischen Förder- und Exportgesellschaft vorbehalten bleibt, gehört dem Staat und dient nach Abzug unvermeidlicher Korruptionsverluste der Wirtschaftsentwicklung. Neben den Feudalherren kommen nun Industrielle und Großhändler zu Reichtum. In den Erdölgebieten und Städten bildet sich eine Industriearbeiterschaft heraus. Der Mittelstand wächst und nimmt die neue Verwestlichung gerne an. Mit wachsendem Zorn erleben die islamischen

Mullahs und Ayatollahs, wie ihr Einfluß schwindet, wie Frauen gerade in den Städten den verhüllenden „Chador" erleichtert ablegen und tastende Schritte auf eigene Rechte zu unternehmen. Vor allem der Konflikt mit diesem Klerus wird den Sohn Rezas, den Schah Mohammed Reza, im Jahre 1979 den Thron kosten.

Auch wenn Länder wie der Iran den Großmächten jetzt nicht mehr politisch untertan sind, so steht die Loslösung aus imperialen Wirtschaftsbanden doch als schwierigste Aufgabe noch vor ihnen. Im Iran trägt diese Abhängigkeit den Namen „Anglo-Iranian Oil Company". In der Karibik ist es die amerikanische „United Fruit Company". Nirgendwo ist der Kontrast zwischen politischer Eigenständigkeit und wirtschaftlicher Unterordnung schmerzlicher zu spüren als in Lateinamerika. Die meisten Länder dieser Weltregion haben die Kolonialherrschaft bereits im vorigen Jahrhundert abgeschüttelt. Dem Rückzug der alten Imperialmächte Spanien und Portugal war jedoch rasch die Abhängigkeit von europäischen Märkten und Banken und besonders vom großen Nachbarn USA gefolgt. Zum Unglück dieses an Rohstoffen so reich gesegneten Kontinents verlaufen die politischen Grenzen so, daß das Wohl und Wehe vieler seiner Länder hauptsächlich von zwei oder drei Produkten und deren Weltmarktpreis abhängt, manchmal sogar von einem einzigen Produkt. Wenn dieser Preis sinkt, kann das Risiko nicht in einer vielfältigen Wirtschaft abgefangen werden. Brasiliens Schicksal ist der Kaffee. In der Karibik sind es vor allem die Bananen – daher der Begriff „Bananenrepublik". Chile hängt vom Kupfer- und Nitratexport ab, Argentinien und Uruguay von Fleisch und Getreide, Kuba von Zucker, Mexiko von Öl und Silber. Die Unternehmen, die solche Rohprodukte gewinnen, veredeln und auf die Weltmärkte bringen, sind weitgehend in ausländischem Besitz. So betreibt die britische Schokoladenfirma Cadbury große Kakaoplantagen auf Trinidad, und in Chile hat der amerikanische Konzern Guggenheim die Kupferproduktion in der Hand. Andere Konzerne haben sich von lateinamerikanischen Regierungen Konzessionen für den Bau von Eisenbahnen und Straßen geben oder mit Industrialisierungsprojekten beauftragen lassen, die wiederum von ausländischen Banken vorfinanziert werden. Nach-

165

dem sie ihre Konkurrenten verdrängt hat, dominiert die amerikanische „United Fruit Company" die Karibik mit ihren Obstplantagen, Konservenfabriken, ihrer Handelsflotte und der Nachdrücklichkeit, mit der sie einheimische Politiker umarmt. Die USA haben Großbritannien als führende Einflußmacht im lateinamerikanischen Raum ersetzt. Nach dem Bürgerkrieg waren die USA vereint, der Westen war erobert, amerikanischer Unternehmungsgeist und amerikanisches Kapital strebten nach neuen Horizonten. Was lag da näher als der jungfräuliche Kontinent im Süden mit seinen Schätzen? Außerdem galt es im Zeitalter des Imperialismus, die eigene Einflußsphäre vor anderen Mächten zu sichern.

Nach einer kurzen und heftigen imperialistischen Phase zu Anfang des Jahrhunderts mit ihren militärischen Aktionen in Mittelamerika verzichteten die USA jedoch im Gegensatz zu den europäischen Großmächten darauf, ein großes Kolonialreich aufzubauen. „Dollar-Diplomatie" hieß der Ersatz; politische und kommerzielle Interessen ergänzten einander auf das Vorteilhafteste. Diese Dollar-Diplomatie legte trotz ihres kolonialistischen Grundcharakters Fundamente für die wirtschaftliche und soziale Entwicklung Lateinamerikas. Die „United Fruit Company" machte zwar aus Kleinbauern Plantagenarbeiter. Doch indem sie die wirtschaftlichen Möglichkeiten zum eigenen Vorteil erschloß, verschaffte sie auch den mittelamerikanischen Gebieten neue Einnahmequellen und ließ Eisenbahnen, Straßen, moderne Wohnsiedlungen, Krankenhäuser und Schulen entstehen.

Weder solche Nebenwirkungen ausländischer In-

*Revolution folgt auf Revolution, Putsch auf Putsch. Die
blutige Revolution in Mexiko geht ihrer Vollendung entgegen.*

teressen noch der zunehmende Aufbau eigener Industrien in den verhältnismäßig guten zwanziger
Jahren hatte am Grundübel lateinamerikanischer
Staaten, der Abhängigkeit von einzelnen Rohpro-
dukten, viel geändert. Die Weltwirtschaftskrise läßt
den Kaffeepreis von 22 auf 8 amerikanische Cents
rutschen. Auch die Preise der anderen lateinamerikanischen Rohstoffe zerfallen rapide. Regierung
nach Regierung geht bankrott, kann den ausländischen Banken keine Zinsen mehr zahlen, läßt die
eigene Bevölkerung verelenden. In den kleineren
und rückständigen Ländern werden derartige Situa-
tionen noch durch die klassische lateinamerikani-
sche „Revolution" bewältigt. Das Volk demon-
striert vor dem Präsidentenpalast. Es folgt ein Coup,
der aus wenig mehr als aus Theaterdonner besteht.
Durch einen „Caudillo" – Führer – aus der Armee
läßt sich die abgewirtschaftete Regierung erleichtert
die Verantwortung abnehmen. Die Armee setzt eine
neue Regierung ein, unter der sich für das Volk
kaum etwas ändert. Hinter ihr und ihrem Caudillo
stehen nicht selten ausländische Wirtschaftsinteressen, die sich die Aussicht auf neue Konzessionen
gern etwas kosten lassen. Nach einem derart
schlichten Muster lassen sich die Krisen in den großen, fortschrittlicheren Ländern nicht mehr in den
Griff bekommen, wenngleich der äußere Ablauf
ähnlich bleibt. Bei den „Revolutionen" in Ländern
wie Mexiko, Chile, Brasilien oder Argentinien steht
bereits der Konflikt zwischen den alten und den
neuen gesellschaftlichen Kräften im Hintergrund.

In Buenos Aires sind die gewaltigen Metalltore der
Bankpaläste an der Plaza de Mayo und an der Flori-
da am 5. September 1930 geschlossen. Mit dem

Weltmarkt für Fleisch, Häute, Weizen und Mais ist der argentinische Peso zusammengebrochen, die Löhne und Gehälter wurden gekürzt, die Eisenbahner haben gestreikt. Nun marschiert die Armee zur Casa Rosada, um den alten Präsidenten Hipólito Irigoyen zu stürzen. Die liberale Partei dieses ehemaligen Lehrers repräsentiert Bevölkerungsschichten, die in den vergangenen Jahrzehnten politisch bedeutsam geworden sind: die Industriearbeiter und Angestellten von Buenos Aires, die armen Landarbeiter der Großgrundbesitzer. Obwohl Argentinien kaum industrielle Rohstoffe besitzt, hatte eine vielfach begabte Bevölkerung von Einwanderern – vor allem aus Italien, aus Deutschland, auch aus England – für eine florierende Leichtindustrie gesorgt und Buenos Aires zur Stadt der großen Verwaltungen, Banken und Handelshäuser gemacht. Dies und die fruchtbaren Ländereien der Pampa ließen Argentinien zum wohlhabendsten Land Südamerikas werden. Unter der liberalen Regierung erfreute sich das Land demokratischer Freiheit und sozialen Fortschritts. Mit den Löhnen, die sie den besten Gewerkschaftsrechten des Kontinents verdankten, konnten nun auch Arbeiter die Annehmlichkeiten der Dreimillionenstadt Buenos Aires mit ihrem europäischen Flair genießen. Im Stadtteil La Boca blühten die Tangokneipen auf, Tangostars wie Carlos Gardel wurden berühmt. Doch die Weltwirtschaftskrise zeigt, wie sehr Argentinien noch von

Der Besitzer einer Hazienda in Peru läßt sich mit seinen Arbeitern fotografieren. Die Gesellschaftsordnung hat sich seit der spanischen Kolonisation wenig geändert.

seiner ursprünglichen, kolonialen Wirtschaft abhängt, von den Landprodukten der Pampa und den Unwägbarkeiten ihres Marktwertes. Mit dem Putsch von 1930 kehren die alten Kräfte an die Macht zurück und üben sie diktatorisch aus.

Diese alten Kräfte stammen aus dem Lateinamerika der spanischen und portugiesischen Kolonisatoren und Feudalherren. Manche ihrer Haziendas und Fazendas sind so groß wie Holland oder Dänemark. In den dreißiger Jahren gehören vier Fünftel des brasilianischen Nutzlandes ganzen dreitausend Eigentümern. Chile ist das Land der „Vierzig Familien", die sich allerdings eines Rufs patriarchalischer

In Lateinamerika beginnt die alte Landaristokratie, hier und da Macht an das aufstrebende Bürgertum zu verlieren. Bürgerliche Szene in Peru: Familie Cesar Lomellini.

Fürsorglichkeit erfreuen. Weithin jedoch wird die ländliche Bevölkerung rücksichtslos ausgebeutet. Außer im europäisierten Argentinien sind dies vor allem die indianischen Ureinwohner und die Nachkommen der Negersklaven sowie diejenigen, die aus der Mischung dieser und europäischer Völkerschaften hervorgegangen sind. Die Abhängigkeit vom Feudalherren zwingt zur Hinnahme jeglichen Lohns. Viele Feudalherren fördern diese Abhängigkeit, indem sie den Lohn in einer Art Firmengeld auszahlen. Dieses Geld kann wiederum nur in der „Tienda" eingelöst werden, dem Laden auf dem Gutsgelände mit seinen überhöhten Preisen, welche die Verschuldung beim Arbeitgeber fördern. Nach den Gesetzen mancher Staaten kann ein Arbeiter jedoch nicht kündigen, solange er Schulden bei seinem Arbeitgeber hat. Mit diesem Feudalsystem ist

Zunehmendes Vertrauen auf den technischen Fortschritt gehört nun auch in Lateinamerika (Bild: Mexiko) zum Lebensgefühl der Städter.

die katholische Kirche – die selbst riesige Ländereien hat – traditionell verbunden. Denn die Kolonisierung Lateinamerikas, die dieses System begründete, war ja im Namen der Kirche erfolgt. Das Aufkommen liberaler und sozialistischer Strömungen mit ihrer heftigen Kirchenfeindlichkeit hat die alte Schicksalsgemeinschaft zwischen den Feudalherren und dem Klerus sogar noch verstärkt. In Chile allerdings entwickelt sich ein fortschrittlicher Katholizismus, und in den dreißiger Jahren bildet sich auch sonst – vor allem beim niederen Klerus, hier und da die soziale Verantwortung der Kirche heraus. Ebenso wie die Kirche ist das Militär von der Kolonialzeit her Partner der Besitzenden und putscht für sie.

Doch während die großen Familien weiterhin über den größten Anteil an den Reichtümern der lateinamerikanischen Erde verfügen, ist in den dreißiger Jahren ihr Machtmonopol nicht mehr so selbstverständlich wie früher. Zwar haben sich die alten Kräfte in Argentinien und anderswo erneut durchsetzen können. Doch ebenso wie in Argentinien haben sich überall neue gesellschaftliche Gruppen herausgebildet. Der Personalbedarf des Handels, der Verwaltungen, Banken, Versicherungen und der jungen Industrie läßt die Mittelschicht aus Angestellten, Beamten und Fachkräften aller Art rasch wachsen. Das Bildungswesen verbreitert sich mit diesem Bedarf. Mehr und mehr Hochschulen sorgen für die nötige Qualifikation. Diese neue Klasse ist selbstbewußt und stärkt die Position der Städte, die sie prägt, gegenüber dem Grundbesitz. Auch die Zahl der Industriearbeiter ist gewachsen, und hier und da haben sich sozialistische und auch kommunistische Gruppen herausgebildet. Doch entscheidend für die Formulierung und politische Durchsetzung der neuen liberalen und sozialen Ideen sind die Parteien der Mittelschicht, die oft von Ärzten oder Rechtsanwälten geführt werden. Diese „Doktoren", wie die Bevölkerung sie gerne nennt, nehmen es nun auch mit den Caudillos auf. Der politische Kampf beschränkt sich nicht mehr auf das Hin und Her zwischen ähnlichen Machtgruppen. Er wird nationalistischer, ideologischer. In den dreißiger Jahren bezieht er seine zunehmende Härte aus der Vernachlässigung Lateinamerikas durch seine eigentlichen Partner, nämlich die USA und die Industrieländer Europas. Diese haben ihre Zollmauern so hoch aufgerichtet, daß die nötige Modernisie-

rung der lateinamerikanischen Wirtschaft unterbleibt. Fortdauernde Rückständigkeit und Sozialprobleme sind die Folge.

Brasilien erlebt im Jahre 1930 eine Revolution ganz besonderer Art. Drei Viertel der Einnahmen dieses Riesenlandes hängen vom Kaffee-Export ab, doch von den 38 Millionen Säcken Kaffee in den Lagerhallen der Häfen werden nur 16 Millionen verkauft. Nun stehen im Katastrophenjahr 1930 Präsidentschaftswahlen an, und ausgerechnet siegt der Kandidat von São Paulo, des Staates der „Kaffeebarone". Die empörten Liberalen ziehen Teile der Armee zu sich herüber, die schließlich nach einigen Kämpfen die Hauptstadt Rio de Janeiro erreichen. Zum ersten Mal also machen südamerikanische Militärs gemeinsame Sache mit den neuen Kräften. Die „Liberale Allianz" kann jetzt den Viehzüchter und Juristen Getúlio Vargas als neuen Präsidenten einsetzen. Diesem fähigen Politiker gelingt es, Brasilien durch staatliche Lenkungsmaßnahmen aus seinem wirtschaftlichen Tief herauszuholen.

Brasilien: aufständische Truppen von Paraná bei der Rast. Mit der Revolution im Katastrophenjahr 1930 beginnt Brasiliens wirtschaftliche und soziale Modernisierung.

Allgegenwärtig ist in Brasilien das Porträt von Getúlio Vargas, dessen Präsidentschaft hier die dreißiger Jahre prägt.

Vargas ist jedoch ein eigenartiger Liberaler, denn er regiert autoritär. Ebenso wie die „Entwicklungsdiktatoren" in anderen Teilen der Welt macht er Anleihen bei der Wirtschafts- und Sozialpolitik Mussolinis und der Sowjetunion. Doch Vargas hütet sich vor totalitärer Gewalt. Neuerungen wie der Achtstundentag, der gesetzliche Mindestlohn, Anfänge einer Sozialversicherung und größere Rechte für die Frauen machen Vargas beliebt. Eine vielseitigere, modernere Wirtschaft läßt Brasilien wieder zum Land der Zukunft werden.

Auf dem Gipfel des Corcovado hoch über Rio de Janeiro nimmt während der schweren Jahre 1930 und 1931 in einem riesigen Gerüst die Christus-Statue Form an. Am 12. Oktober 1931 sitzt Guglielmo Marconi, der Pionier der drahtlosen Nachrichtenübermittlung, auf seiner Jacht im Hafen von Genua. Er drückt einen Knopf, und Radiowellen lassen auf dem 9000 Kilometer fernen Corcovado die Scheinwerfer aufleuchten. Christus erstrahlt, und für die meisten Brasilianer ist diese Verbindung von Glauben und weltumspannender Technik ein gutes Omen. Indem die Jahre besser werden, vibriert dieses Rio mit seiner vielrassigen Bevölkerung vor Aktivität. In der Confeitaria Colombo, Rios berühmtem Teesalon im Stil Louis XV. mit seinen riesigen Spiegeln, trifft sich das eleganteste Publikum Südamerikas. In den schönen Häusern im Kolonialstil auf dem Hügel Santa Teresa wohnen die Kaufleute und Ingenieure, die Bankiers und Rechtsanwälte und machen sich noch nicht viele Gedanken über die rasch wachsende Zahl von Elendshütten auf anderen Hügeln Rio de Janeiros. Ebenso wie in Afrika und Asien läßt die Weltwirtschaftskrise auch in Lateinamerika mehr und mehr verarmte Landbewohner ihr Glück in den Großstädten suchen und selten finden. Als „Favelas" werden ihre Notsiedlungen zum Symbol für die Beharrlichkeit der lateinamerikanischen Sozialprobleme werden.

Am Ende der dreißiger Jahre kann nur ein einziges lateinamerikanisches Land, nämlich Mexiko, auf die weitgehende Vollendung seiner politischen und sozialen Revolution zurückblicken, zu der auch die Trennung von Kirche und Staat gehörte. Der neue Präsident Lázaro Cárdenas hat die Reformen – vor allem die Landreform – mit kräftigen Impulsen vorangetrieben. Und Cárdenas macht sich die Politik des amerikanischen Präsidenten F. D. Roosevelt zunutze, der die alte Dollar-Diplomatie im Zeichen der weltpolitischen Veränderungen mildern will – „Gute Nachbarschaft" heißt Roosevelts Doktrin. Am 18. März 1938 enteignet Präsident Cárdenas die siebzehn britischen und amerikanischen Gesellschaften, die über das Erdöl Mexikos verfügen – wohl wissend, daß deren Regierungen im Zeichen Hitlers nichts tun werden, was ihr gutes Verhältnis zu Mexiko belastet. Der Durchbruch gelingt. In der Hauptstadt drängen sich die begeisterten Mexikaner vom Alameda-Park bis zum Zócalo, um ihren Präsidenten zu feiern. Die Tortilla-Bäcker am Straßenrand haben Hochbetrieb. Der Sohn des armen Bauern aus dem Dörflein Jiquilpan hat den imperialen Mächten gezeigt, daß sie nicht mehr allein Herr der Welt sind.

Das Öl gehört uns! Mit der Verstaatlichung seines Erdöls wird Mexiko 1938 zum Pionier einer künftigen – „Dritten" – Welt.

11.
Aufbruch in glücklichere Zeiten?

Tradition und die Versprechungen des Fortschritts. Die moderne Frau,
Wohlfahrt für alle, Technik, Ideen und Idole.

Alte Zeiten

Wenn die Sonne über dem Siljansee aufgeht, versuchen die jungen Leute in dem schwedischen Städtchen Mora oft, sich das wunderbare Stockholm dort im Osten jenseits der Seen und Berge vorzustellen. Aber das gelingt ihnen nicht so recht. Nur wenige Einwohner von Mora sind je in die 270 Kilometer entfernte Hauptstadt gefahren. In allen Ländern der Welt, die sich inneren Friedens erfreuten, blieben die meisten Leute bisher ihr Leben lang dort, wo sie zur Welt gekommen waren. Reisen, und sei

Waschtag im ländlichen Schweden. Noch folgt das Leben seinem altgewohnten Rhythmus.

es auch nur in die nächste Stadt, waren ungewöhnlich, denkwürdig. Das Leben hat sich von Generation zu Generation wenig verändert. Gewiß, auch in Mora sieht man nun eine Anzahl Autos. Und man hört, daß es in den Häusern von ein paar wohlhabenden Bürgern bereits „Zentralheizung" und „Waschmaschinen" gibt. Doch in den Alltag der meisten Schweden oder Kanadier, Franzosen oder Deutschen dringen solche Neuerungen nur sehr langsam ein. Nur in den USA ist das Autofahren zur Selbstverständlichkeit geworden. Überall anders ist es ein seltenes Erlebnis, bei dem vielen kreuzübel wird. Das häusliche Leben folgt dem gleichen Rhythmus wie eh und je. Berufstätige Mütter sind bisher selten. Das Mittagessen in der Familie ist noch üblich, weil man in der Nähe der Arbeitsstätte des Mannes wohnt. Ab und zu ist große Wäsche. Dann wird in der Waschküche Feuer gemacht. Stundenlang wird die Wäsche auf dem Waschbrett gerie-

Die Welt der dreißiger Jahre ist noch weitgehend eine Welt der Dörfer – wie hier, in Japan.

Amerikanischen Bäuerinnen bringt das Jahrzehnt allmählich Arbeitserleichterungen durch die Elektrifizierung der Farmen.

ben, wird ausgewrungen. Die Windeln natürlich werden täglich gewaschen, auf dem Küchenherd ausgekocht. Hausfrauenarbeit ist harte Knochenarbeit. Die Wohlhabenderen allerdings können sich Waschfrauen und Dienstmädchen leisten. In den Zimmern stehen Kohlenöfen. Väter und Söhne hakken das Holz, schichten es unten im Kohlenkeller auf. In bürgerlichen Wohnungen, die bereits ein Badezimmer aufweisen, wird am Samstag der große Kessel für das Bad der ganzen Familie beheizt. In der christlichen Welt gehört der Sonntag zwei Gemeinschaften: jener der Kirche und jener der Familie. Der Staat bietet noch nicht viel Sicherheit. Umso wichtiger ist der Zusammenhalt in der engeren und weiteren Verwandtschaft. Die traditionelle Ordnung in der Familie hat sich kaum gewandelt: der Ehemann und Vater bestimmt.

Am Sonntag treffen sich die Leute von Pie Town im US-Bundesstaat New Mexico zum Gemeindesingen.

Die Frau von heute

Auch wenn die Frauen in vielen Ländern nun über die gleichen politischen Rechte verfügen wie die Männer, so ist die Änderung ihrer Situation in der Familie und in der Berufswelt doch ein langwieriger Vorgang. Abgesehen von der revolutionären Sowjetunion, wo die Frau rasch auch die Männerberufe übernimmt, zeichnet sich eine wesentliche Entwicklung nur in den Städten der Industrieländer ab.

Dort wirkt es sich zum Beispiel aus, daß das Kino durch den Erfolg des neuen Tonfilms zum festen Element des städtischen Lebens geworden ist. Ehepaare waren bisher selten gemeinsam ausgegangen. Während der Mann das Fußball- oder Baseball-Stadion besuchte, blieb die Frau zuhause. Nun aber geht man am Samstag oder am Sonntag oft zusammen ins Kino. Beide Partner lassen sich dort einbeziehen in eine neue Welt von Erlebnissen und Ideen, lassen sich gemeinsam von neuen Vorbildern prä-

In der städtischen Welt hat sich die Mode von den früheren Streben und Zwängen befreit.

gen. Überall beeinflußt der Hollywood-Film auch das Modebewußtsein. Nach dem Weltkrieg, den viele Frauen in Monteurskluft an den Werkbänken der Rüstungsfabriken erlebt hatten, war die einzwängende, umständliche Frauenkleidung der Vergangenheit rasch außer Mode gekommen. Die Kleider der dreißiger Jahre sind bequem, schmiegen sich eher der Figur an. Das Körperbewußtsein, das sich während der zwanziger Jahre in westlichen Ländern herausgebildet hat, läßt nun auch mehr und mehr Frauen Sport treiben. Im Londoner Wembley-Stadion zeigen Tausende von Turnerinnen der „Frauenliga für Gesundheit und Schönheit" rhythmische Perfektion. In Prag begeistert die präzise Massengymnastik der Frauen im nationalslawischen Turnerverband „Sokol". Frauen und Mädchen im Deutschland Hitlers üben „Glaube und Schönheit" mit ihren Gymnastikringen. Helena Rubinstein richtet ihre „Schönheitsschulen" ein, während die

Auch die Zigarette, die nun hohes Sozialprestige genießt, gehört zu den Accessoires der selbstbewußten Frau von heute.

Nudisten von England, Schweden oder Frankreich mehr an ihre Veredelung durch Frischluft und Natur glauben. Gemeinsamer Sport fördert ein kameradschaftliches Verhältnis zwischen den Geschlechtern. Und mehr und mehr Frauen sind nun berufstätig. Auch wenn der Aufstieg in höhere Positionen noch lange ein seltenes Ereignis bleiben wird, so bildet sich doch am gemeinsamen Arbeitsplatz in der Fabrik oder im Büro eine sachlichere Beziehung zwischen Mann und Frau heraus. Der „Flirt" ist etwas ganz anderes als die frühere Brautwerbung mit ihren Errötungen. Forschheit auch seitens der Frau wird moderner als Sentimentalität. Im be-

rühmten Etikette-Buch der Amerikanerin Emily Post wird 1937 das Ableben der Anstandsdame und anderer Konventionen mitgeteilt. Die zunehmende Geräumigkeit amerikanischer Autos lädt zum „Petting" und sonstiger Liebesmobilität ein; die ersten Autokinos entstehen. In den Hörsälen der Hochschulen werden Frauen von der Ausnahme zur Selbstverständlichkeit. Auch in Kleinstädten lernen Mädchen nun Steno und Tippen und lassen sich kaum noch als „Haustöchter" in feine Häuser schicken, um hauswirtschaftliche Perfektion zu erlangen. Eigenes Einkommen macht unabhängiger. Die selbständige Frau wird Leitbild. Die kühnen Fliegerinnen sind die Heldinnen der dreißiger Jahre und fördern die Emanzipation nachhaltiger als es den eigentlichen Frauenrechtlerinnen gelingt.

Frauen behaupten sich in der gefährlichen Welt der Flugpioniere. Die Amerikanerin Amelia Earhart überquert 1932 in ihrer einmotorigen Lockheed Vega als erste Frau den Atlantik. Bei einem Weltflug verliert sich 1937 ihre Spur über dem Pazifik.

Die Deutsche Elly Beinhorn fliegt 1932 allein von Berlin nach Sydney, wird für ihre Afrikaflüge bekannt. Sie und ihr Mann, der Rennfahrer Bernd Rosemeyer, sind ein sportliches Traumpaar dieser Zeit. Rosemeyer verunglückt 1938 tödlich.

Wohlfahrt für alle

Fortschritte in der Situation der Frau gehören zum
Wandel vor allem in jenen Ländern, wo der Staat
mehr soziale Verantwortung übernimmt. In totalitären Ländern wie der Sowjetunion dienen die neu-
en Sozialprogramme vorwiegend den staatspoliti-
schen Zielen des Systems. In den Demokratien über-
wiegen die humanitären Beweggründe. Hier bieten
skandinavische Staaten und Länder wie Großbritannien, Kanada oder die USA des „New Deal" besonders günstige Voraussetzungen. Doch auch in
Ländern wie Japan, Österreich oder der Tschechoslowakei gelingt es trotz schwieriger Umstände,
richtungweisende Modelle wie die Kindertagesstät-
ten in Tokio, den sozialen Wohnungsbau in Wien
oder das Masaryk-Kinderheim in Prag zu entwik-
keln. Doch nirgendwo ist die Ausgangslage so posi-
tiv wie in Schweden: eine patriarchalische Staatstra-
dition, ein gemeinsinniges Bürgertum, eine ideenrei-
che sozialdemokratische Partei. Früher als in anderen Ländern hatte man in Schweden die Empfäng-
nisverhütung praktiziert, denn wegen der Woh-
nungsnot sollten die Familien klein bleiben. Um nun
sowohl dem drohenden Bevölkerungsschwund wie
der Depressions-Arbeitslosigkeit Herr zu werden,
fördert die Regierung mit Riesenprogrammen den
Wohnungsbau und die Errichtung von Mütter-
und Kinderheimen, Schulen, Sportstätten, Ge-
meindezentren. Wer fünf Kinder hat, braucht nur
die halbe Miete zu zahlen. Die große Bautätigkeit
regt die ganze Wirtschaft an. Im Elan der sozialen
Neuerungen, die nicht zuletzt von den Konsumver-
einen ausgehen, entsteht Mustergültiges. Da sind
die Appartement-Häuser speziell für berufstätige
Frauen mit zentralem Küchen- und Reinigungs-
dienst und eigener Kindertagesstätte. Da sind die
selbstverwaltenden Gemeinschaften alter Menschen, deren Errichtung an schönen Küstenstrichen
vom sozialdemokratischen Frauenverband gefördert wird. Für die Gesundheit der Jugend sorgen
Milchverteilung und „fliegende Zahnkliniken" in
Flugbooten, die nun auch das Städtchen Mora in
dieses System einbeziehen, das als „Wohlfahrtsstaat" nach dem zweiten Weltkrieg Schule machen
wird und dessen bürokratische Schattenseiten sich
bereits im Schweden der dreißiger Jahre abzeichnen.

*Moderne Wohnungen für alle gehören zum schwedi-
schen Konzept des „Folkhemmet", des „Volksheims",
wie der beginnende Wohlfahrtsstaat genannt wird.*

Eingriffe in die Natur

Zu den Veränderungen in der Welt der dreißiger
Jahre gehören tiefe Eingriffe in die Natur ebenso
wie die beginnende Erkenntnis der Folgen solcher
Eingriffe. Während die chinesische Flutkatastrophe
von 1931 noch als Werk höherer Mächte hinge-
nommen wird, löst ein anderes Ergebnis landwirtschaftlichen Raubbaus Nachdenken über die Ver-
letzlichkeit des natürlichen Gleichgewichts aus. Im
Jahre 1934 bleibt der Regen über weiten Teilen der
amerikanischen Präriestaaten aus. Stürme tragen
den ausgetrockneten Boden ab, dem eine übermäßi-
ge Ausbeutung und Weidung den Halt genommen
hat. In riesigen Staubwolken weht er über das Land
und überdeckt Farmen. Das Vieh verhungert, Farmer können ihren Hypothekenzins nicht mehr zah-

182

Zur Wüste wird dieses Farmland in Oklahoma durch eine Umweltkatastrophe.

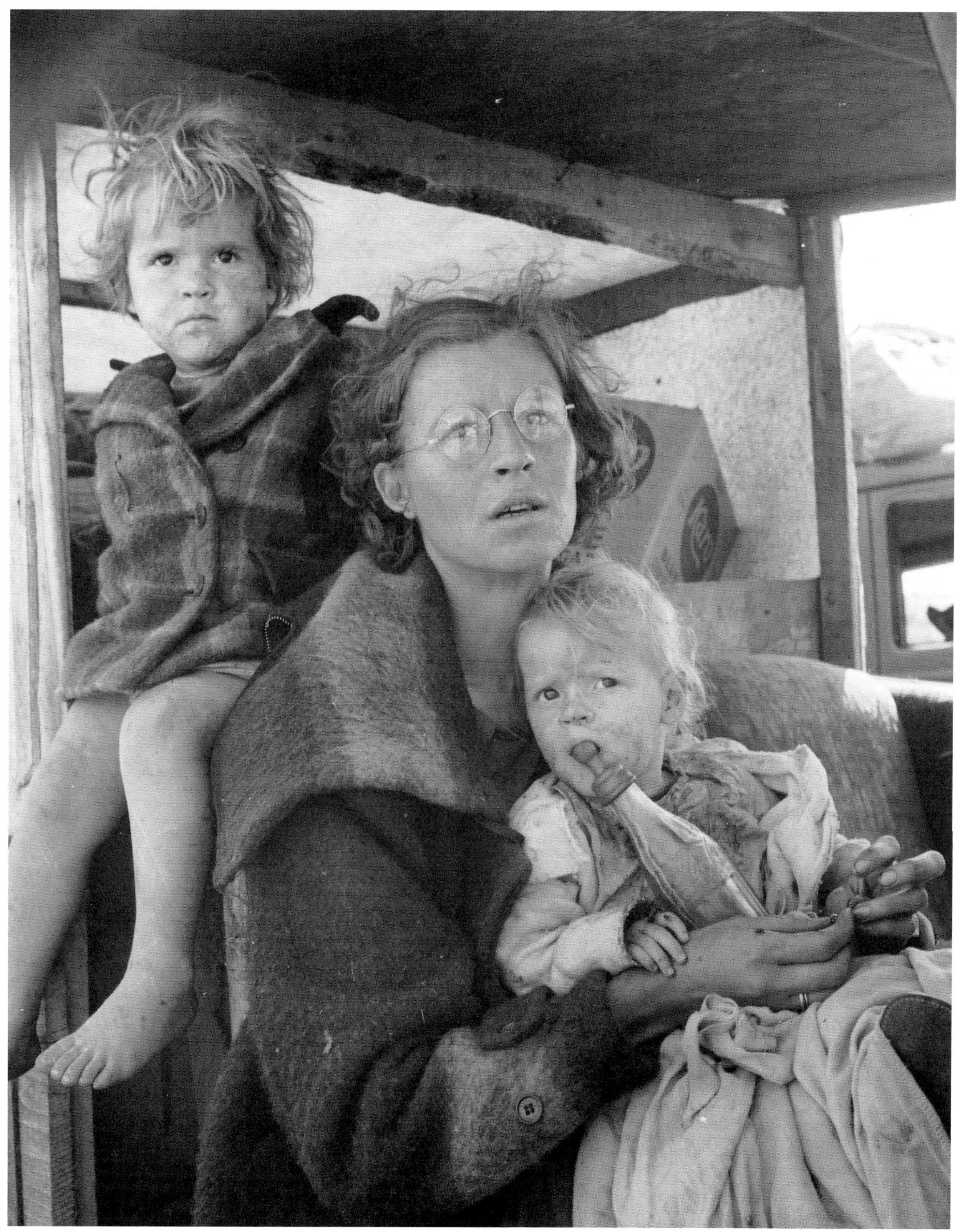

Farmersfamilien aus den verödeten Präriegebieten ziehen wie frühere Pioniere nach Westen, nach Kalifornien.

184

Großtechnik verändert die Erde. In den USA bändigt der Norris-Damm den Tennessee und elektrifiziert eine halbe Million Farmen und Häuser.

len, fliehen in einer neuen Westwanderung nach Kalifornien – ein Schicksal, das John Steinbeck in seinem Roman „Die Früchte des Zorns" beschreibt. Solche Dürrekatastrophen will man durch andere Eingriffe in die Natur künftig verhindern, durch Stauwerke am Mississippi mit ihren hydroelektrischen Großkomplexen, durch Flußregulierungen. Auf allen Kontinenten wird die Erde umgewühlt, umgestaltet. In Holland schließt sich am 28. Mai 1932 der 32 Kilometer lange Damm, der den bisherigen Zuidersee nun von der Nordsee abtrennt. Un-

ter dem Lärm der Bagger und der Schiffssirenen feiert man mit dem Ruf „Der Deich ist dicht" die Gewinnung neuer Erde für das kleine Holland. Die verdrängten Fischer jedoch protestieren gegen den Verlust ihrer alten Lebensgrundlage. Ebenso wie sie und die entwurzelten Farmer der amerikanischen Prärie werden mehr und mehr Menschen durch die Entwicklungen der dreißiger Jahre aus der alten Bezogenheit ihres Lebens auf Tradition und Heimat gerissen und weltweiten Veränderungsmächten ausgesetzt.

Verkehr und Megalopolis

Das Zeitalter der Eisenbahn vollendet sich in den dreißiger Jahren durch die Erschließung großer Räume in der Sowjetunion, im Iran und in anderen Gebieten Asiens und Afrikas. Das Auto verleiht mehr und mehr Menschen in den hochentwickelten Ländern ein neues Freiheitsgefühl, große Mobilität und verwandelt die Großstadt zur Megalopolis der Motoren. Das Flugzeug bezieht die Weiten Australiens, Kanadas und Brasiliens in die nationale Entwicklung ein. Der transkontinentale Luftverkehr beginnt und weckt Hoffnungen auf Harmonie in einer eng verbundenen Welt der Technik und der Ideen.

In der UdSSR wird die Turkestan-Sibirische Eisenbahn von der Nähe der chinesischen Grenze 2531 Kilometer weit bis nach Novossibirsk gebaut, durch Gebirge und durch Steppen, in denen es bis jetzt nur Nomaden gibt.

Einweihung dieser „Turksib" am 1. Juni 1930. Neben den Schienensträngen werden hier in der südlichen Sowjetunion Kolchosen, Industriekombinate und Städte für Menschen wachsen, die ihre bisherige Heimat verlieren.

In den USA ist das Auto durch die rationelle Massenpro-
duktion am Fließband für breite Schichten erschwinglich
geworden. Das rasch wachsende Straßen- und Tankstel-
lennetz fördert die kontinentale Mobilität, die bei den
Amerikanern von der Pionier- und Einwandererzeit her
vorgegeben ist, fördert damit den Wirtschaftsauf-
schwung.

In Europa bleibt das Auto noch Privileg der Besserver-
dienenden. Doch die Industrie bemüht sich um die wachsende Zahl der Aufsteiger, indem sie auch Kleinwagen
anbietet. Auf der Londoner „Motor Show“ des Jahres
1930 macht der Austin 7 mit dem Sonnendach von sich
reden.

Der motorisierte Verkehr – hier im Londoner Dunst der frühen dreißiger Jahre – verändert und verpestet die Städte.
Bisher lagen Arbeitsstätten und Wohnviertel nahe beieinander innerhalb der Städte. Seit der industriellen Revolution
sind sie mit einer immer dicker werdenden Schicht von Fabrikschmutz überzogen worden. Dem Drang hinaus aus
diesen Städten werden die modernen öffentlichen und privaten Verkehrsmittel mehr und mehr gerecht. Das neue
Wohnglück im Grünen jenseits der Städte lockt.

Schon 1930 entwerfen amerikanische Planer dieses Modell der künftigen Megalopolis. Hier wohnt man nicht mehr. Durchrationalisierte Verkehrsströme transportieren die Massen aus den Satellitenstädten hierher zu ihren Arbeits-, Einkaufs- und Vergnügungszentren. Alles ist zweckbestimmt. Der „Funktionalismus" des neuen Bauens und Wohnens mit seinen glatten Fassaden und seinen Stahlrohrmöbeln gehört zum Geist der Zeit. Für Schnörkel und Gewinkel und kleine Lädchen ist kein Platz in dieser Vision von der Megalopolis der Zukunft, die nachts so tot sein wird wie eine Geisterstadt.

Die Märchen der neuen Superstadt werden erfunden. Im Hollywoodfilm „King Kong" aus dem Jahre 1933 kämpfen die Mächte der Technik gegen die Mächte des Dschungels.

191

Das größte Verkehrsflugzeug der Welt setzt über Manhattan zur Wasserung an. Diese 1929 gebaute „Do-X" des deutschen Konstrukteurs Claude Dornier, dessen Familie französischer Abkunft ist, hat mit ihren zwölf Motoren eine Reisegeschwindigkeit von 175 Stundenkilometern und kann die phantastische Zahl von 169 Passagieren in ihrem Schiffsrumpf aufnehmen – andere Flugzeuge dieser Jahre transportieren allenfalls 30 bis 40 Menschen. Diese Großmutter der Jumbos fliegt in mehreren Etappen nach Amerika und ist wenig rationell.

Zukunftsreicher sind die weniger behäbigen Maschinen. Der Komfort dieses amerikanischen „Schlafflugzeugs" im Jahre 1934 wird der Flugdauer gerecht: von New York nach San Francisco braucht man 20 Stunden. Das Dröhnen und Rumpeln – dazu die Vorstellung der häufigen Abstürze – machen die Fliegerei anstrengend. Die meisten Fluglinien verzichten auf Betten an Bord und bieten stattdessen auf Fernflügen am Ende jeder Tagesstrecke ein Bett in der eigenen Etappen- und Wartungsstation an. Sieben bis zehn Tage dauert es immerhin, bis die Passagiere, die vor dem Abflug in London „eingewogen" wurden, über die neue Harbour Bridge in das australische Sydney einschweben.

In den Luftschiffen fliegt es sich am angenehmsten. Der Speisesaal des deutschen LZ 128 „Graf Zeppelin" erinnert an den Komfort der Ozeandampfer; die Kabinen allerdings sind noch sehr eng. Während unten auf dem Meer die neuen Superschiffe wie die französische „Normandie" oder die britische „Queen Mary" um das Blaue Band wetteifern, schwebt der Zeppelin sanft darüber hinweg und scheint zum idealen Fernverkehrsmittel der Zukunft zu werden.

LZ 129 „Hindenburg", mit 247 Metern Länge der größte und modernste Zeppelin, fliegt für das nationalsozialistische Deutschland durch die Welt. Seine 70 Passagiere speisen zu den Klängen eines eigens aus Leichtmetall gefertigten Flügels. 95 Stunden dauert der Flug nach Amerika. Dort explodiert das mit dem gefährlichen Wasserstoffgas gefüllte Luftschiff am 6. Mai 1937 bei der Landung in Lakehurst aus ungeklärten Gründen.

193

Ideenströme und Idole

Die Welt wird kleiner in diesen dreißiger Jahren. Das Flugzeug läßt die Entfernungen schrumpfen. Das Telefon, dessen Fräulein vom Amt nun zum allgemeinen Bedauern durch die Wählscheibe abgelöst wird, verbindet Menschen und Kontinente. Die Radiowellen transportieren Ideen in Bruchteilen von Sekunden von einem Ende der Welt zum anderen. Anfangs war das Radiohören mit dem suchenden Kratzen eines Drahtes auf einem „Detektor"-Kristall, mit Kopfhörern und ständigem Geknatter verbunden gewesen. Nun, in den dreißiger Jahren, kommen leistungsfähige Radios mit eingebautem Lautsprecher in immer größeren Serien auf den Markt. Der Rundfunk unterhält, informiert und tritt als kulturelle Macht neben das Buch. Ebenso wie der Spielfilm mit seinen Idolen wirkt er in die Welt hinaus.

Das Radio ermöglicht die unablässige Beeinflussung der Menschen durch die Diktatoren. Zu diesem Zweck läßt das nationalsozialistische Regime in Deutschland den billigen „Volksempfänger" herstellen, der bald in fast jedem Heim steht. Über die Grenzen hinweg strahlt der Rundfunk Propaganda aus. Doch er strahlt auch sachliche Information in die totalitär beherrschten Länder hinein, zum Beispiel in den Sendungen der britischen BBC.

Nie zuvor konnten die Regierenden unmittelbar und jederzeit zu allen Menschen in ihren Ländern sprechen. Der Hypnotik Hitlers, die auch durch das Radio unvermindert wirkt, vermögen sich wenige Deutsche zu entziehen. Auch Mussolini wird mächtiger durch dieses Instrument. In der Sowjetunion dient der Rundfunk ebenso der totalen Erfassung des Menschen.

Der Überzeugungskraft ruhiger, vernünftiger Worte im Gegensatz zu Hitlers schreiendem Pathos vertraut der amerikanische Präsident Franklin Delano Roosevelt. Seine „Fireside Chats" – „Kamingespräche" – werden durch den Rundfunk und die Wochenschau verbreitet, die als Vorläuferin der Fernseh-Aktualität große Meinungsmacht gewinnt.

Das Radio wird zum Tonmöbel, zur Zierde des Heims. Aus dem Feierabend dieses amerikanischen Bergmanns und seiner Frau in West Virginia ist es nicht mehr wegzudenken. Und die „Soap Opera" – „Seifenoper" – hat ihr Debüt: so genannt, weil die gefälligen Familienserien von Werbung für Seife und andere Produkte unterbrochen werden.

Indem die Radios leistungsfähiger werden und weniger knattern, vermitteln sie wirklichen musikalischen Genuß. Den Schmelz von Benjamino Giglis italienischer Tenorstimme kannten bisher nur wenige Menschen. Das Radio macht Gigli zu einem der Weltstars dieser Zeit.

Ideenwelten des Ostens und des Westens kommen bei dieser Begegnung zwischen Rabindranath Tagore, dem indischen Dichter, Philosophen und Freund Gandhis, und dem deutschen Physiker Albert Einstein zusammen. Einstein, als Jude angefeindet, emigriert 1933 aus dem Deutschland Hitlers nach Amerika. Sein Denkgebäude revolutioniert die Begriffe von Raum, Zeit, Materie und Energie, seine Quantentheorie wird eine der wichtigsten Grundlagen der modernen Atomphysik.

Zu den großen Schriftstellern der Zeit gehören die Deutschen Heinrich und Thomas Mann. Sie passen sich Hitler
nicht an, verlassen die Heimat ihrer Sprache.

William Faulkner verarbeitet in düsteren, bitteren Romanen die Plantagenwelt des amerikanischen Südens, aus
der er stammt.

Maxim Gorki, vom Wanderarbeiter zum literarischen
Verkünder des sozialistischen Realismus geworden,
stirbt 1936 in Moskau.

Boris Pasternak, der später das große, schmerzliche Epos
der russischen Revolution schreiben wird, verstummt in
der Stalin-Zeit.

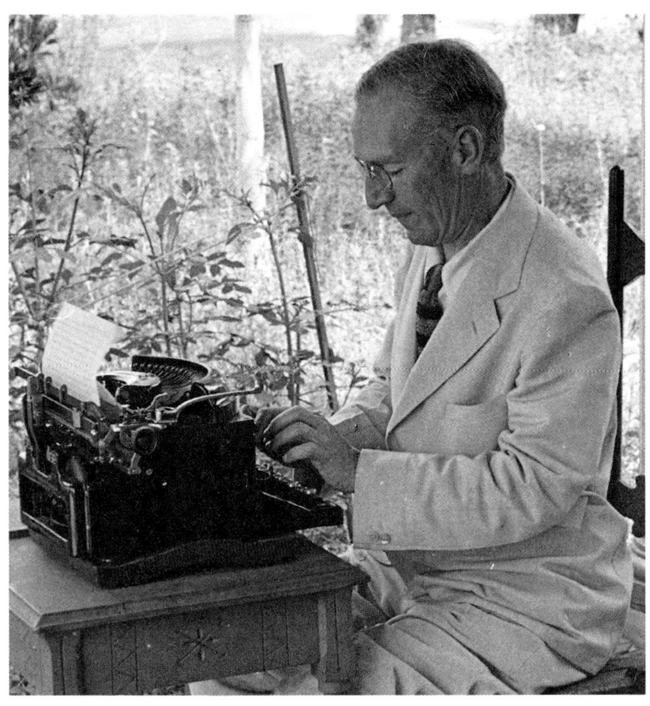

Upton Sinclair ist Amerikas sozialistischer Zeitchronist. „Schmutzaufwühler“ nennt man den Autor des Ford-Porträts „Das Fließband“.

Der Ire James Joyce, hier mit seiner Frau und seinem Biographen Stuart Gilbert, durchdringt in vielschichtigen Romanen das menschliche Bewußtsein.

Der französische Autor André Malraux steht für politisches Engagement, kommandiert eine republikanische Fliegerstaffel im spanischen Bürgerkrieg.

Colette, von Marcel Proust „das menschlichste Herz in der modernen französischen Literatur“ genannt, schreibt „Die Katze“ und „Duett“.

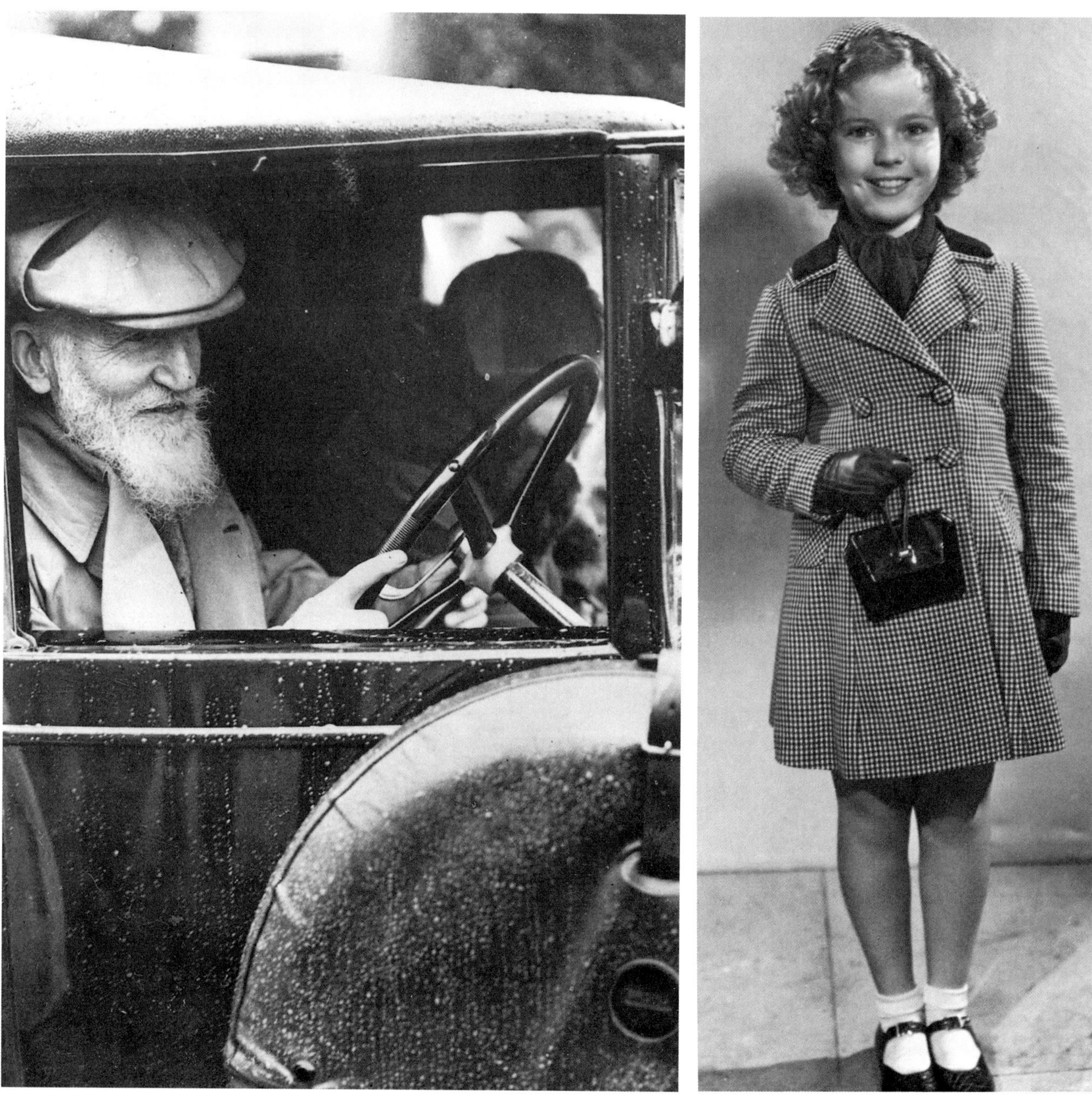

Links: George Bernard Shaw, einer der geistreichsten Köpfe des Jahrhunderts, setzt die Satire gegen die bürgerlichen Konventionen ein. Rechts: Der Film macht der Literatur als geistige Einflußmacht Konkurrenz. Frisur und Verhalten des Idols Shirley Temple werden von Kindern in aller Welt nachgeahmt.

1932 beginnt die Tarzan-Karriere Johnny Weissmullers (hier mit seiner Partnerin Maureen O'Sullivan). Die Kombination von harmloser Erotik und Dschungel-Abenteuer bricht die Kassenrekorde.

Als Lola im „Blauen Engel" wird Marlene Dietrich 1930 zum Leinwand-Idol als große Verführerin – hier spielt sie 1932 in Hollywood die „Blonde Venus".

Mit ihrem frischen, witzigen Sex ist die französische Tänzerin und Chansonette Joséphine Baker — Tochter eines Spaniers und einer schwarzen Amerikanerin — eine der charmantesten Frauen der Zeit.

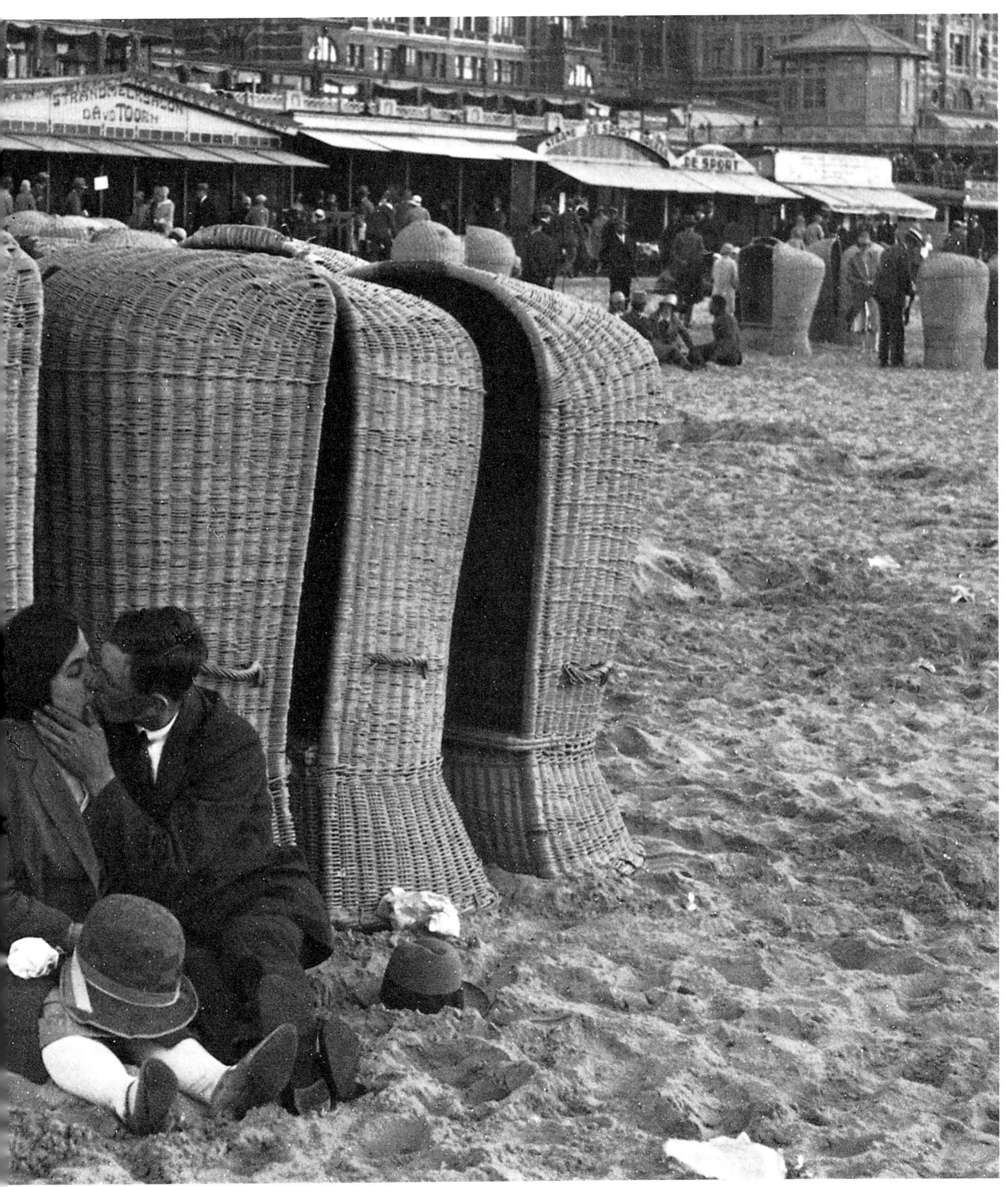

*Menschen wie du und ich zu Beginn der dreißiger Jahre im holländischen Seebad Scheveningen: Aufbruch in glück-
lichere Zeiten?*

12.
Das Ende einer Welt

Träume vom Frieden, spätes Erwachen, totalitäre Macht. Elend
der Juden, letzter Sommer, Abschied von den Soldaten.

Im schönen Pfälzerwald liegt die deutsche Provinzstadt Kaiserslautern, die rund 63000 Einwohner zählt. Das Industriezeitalter hat sie geprägt. Wo ärmere in wohlhabendere Viertel übergehen, steht an der Ecke Salz- und Gaustraße ein stattliches Haus aus rötlichem Sandstein. In der obersten Etage wohnt der alte Dr. Julius Wertheimer, als treuer Hausarzt bei Hunderten von Bürger- und Arbeiterfamilien beliebt. Jetzt aber, im Morgengrauen des 10. November 1938, ist Dr. Wertheimer nicht zuhause. Die gesamte Einrichtung seiner Wohnung liegt zerborsten unten auf dem Straßenpflaster. Sie ist aus den Fenstern geworfen worden, von denen nur noch ein paar Glaszacken übrig sind – zerrissene Gardinen haben sich darin verfangen. Und Dr. Julius Wertheimer, der jüdische Arzt, ist tot. In der vergangenen Nacht hat man ihn zusammen mit anderen Juden auf einen Karren geladen, durch die Stadt gezogen, verhöhnt, bespuckt, schwer mißhandelt. Doch es gelang ihm, eine Überdosis Schlaftabletten hinunterzuschlucken. Kurz vor dem Eindringen der Nazis in seine Praxis hatte er noch nach diesem Mittel greifen können.

Bis gestern vermochten die Juden von Kaiserslautern – viele sind es nicht, einige gingen schon weg – schlecht und recht zu existieren. Doch im Kreis der angesehenen Bürger, bei den Operettenpremieren in der Pfalz-Oper zum Beispiel, sah man sie kaum noch. Dr. Wertheimer hatte aber noch praktizieren und als „Sanitätsrat" besonders für die Armen sorgen können. Auch einige Patienten, die Nazis geworden waren, hatten ihn weiterhin beansprucht. Natürlich wußten sie, daß die Juden Deutschlands Unglück sind. Aber der alte Doktor gehörte doch eigentlich zur Familie!

Es begann gestern, am 9. November, nachdem der Propagandaminister Dr. Joseph Goebbels das „internationale Judentum" für den Mord an einem deutschen Diplomaten verantwortlich gemacht und zu Aktionen aufgerufen hatte. Überall in Deutschland zog daraufhin die SA los, und meist war die Synagoge ihr erstes Ziel. Am Abend vermischt sich das Johlen der wachsenden Menge – allerlei Volk hatte sich der SA angeschlossen – mit den Naziliedern und dem Klirren zersplitternden Glases. Man hört Schreie. Die Nachtwolken reflektieren die Brände. Viele Menschen denken zuerst, da sei eine Meute aus dem Zuchthaus ausgebrochen. Jedenfalls schließt man die Fensterläden und die Vorhänge. Mit diesem Pöbel will man nichts zu tun haben. Wenn das der Führer wüßte! Die jüdischen Nachbarn haben ebenfalls die Fensterläden und Vorhänge geschlossen. Auch das Licht haben sie ausgemacht. Nachbarschaft gilt nicht viel in diesen Stunden. Zuflucht ist selten. Grau vor Angst hören die jüdischen Familien das Herannahen der Schlägertrupps und den Lärm, der das Wüten und Plündern in jüdischen Geschäften begleitet, die Zerstörung der Lebensgrundlage. Jeden Augenblick kann das schlimmste Geräusch folgen: der Tritt der Stiefel im Treppenhaus und gegen die Wohnungstür. In ihrer Not sagen sich die Juden, daß sie doch ebenso gute Deutsche sind wie die anderen, daß sie im Weltkrieg für Deutschland gekämpft haben, daß dieses Geschehen doch nicht Wirklichkeit sein kann, schon gar nicht in Deutschland. ...

Hatte die Welt die antijüdischen Aktionen im Jahre 1933 für vorübergehende Begleiterscheinungen einer revolutionären Veränderung gehalten, so erscheint ihr Deutschland am Morgen des 10. November 1938 als ein anderes Land, ein Land außerhalb der Gemeinschaft zivilisierter Völker. Doch die Ereignisse der vergangenen Nacht hatten sich seit Jahren vorbereitet. Seit 1935 sind die deutschen Ju-

Am 9. November 1938 brennen überall in Deutschland – wie hier in Bamberg – die Synagogen, werden die jüdischen Bürger mißhandelt und gejagt.

Rückkehr zum Alltag im nationalsozialistischen Deutschland am Morgen des 10. Novembers 1938. Hier in der Berliner Friedrichstraße wie überall im Land sind die jüdischen Geschäfte verwüstet und ausgeplündert.

den Bürger zweiter Klasse, dürfen weder „Arier" heiraten noch dem öffentlichen Dienst angehören, werden durch wirtschaftlichen Druck zum Verkauf ihrer Betriebe für Schleuderpreise veranlaßt. Jetzt, nach dem 9. November 1938, perfektionieren die Nazis ihre Unterdrückungsmaßnahmen. Alle Geschäfte und Betriebe der Juden werden enteignet. Nur noch als Hilfsarbeiter können Juden künftig in geschlossenen jüdischen Arbeitsgruppen einen Lebensunterhalt verdienen. Bedürftigen kommt kaum noch öffentliche Fürsorge zu. Die jüdische Jugend wird aus den Schulen und Universitäten ausgeschlossen. Zug um Zug verwehrt man den Juden den Besuch von Konzerten, Theatern, Kinos, Museen, Hotels, Sportstätten. Ihre Führerscheine werden

eingezogen. Jüdische Ärzte dürfen nur noch jüdische Patienten behandeln. Sogenannte „Ostjuden", denen Deutschland zur Heimat geworden war, werden aus dem Land getrieben. Den übrigen Juden will Hitler das Leben so unerträglich machen, daß sie emigrieren. Jene, die ein ausländisches Visum nachweisen können, werden aus den inzwischen überfüllten Konzentrationslagern entlassen. Aber wohin soll man gehen? Viele haben weder Auslandskontakte noch das nötige Geld, um Deutschland verlassen zu können. Manche retten wenigstens ihre Kinder, denen hilfsbereite Menschen vor allem in England Aufnahme bieten. Andere können sich nicht von der Heimat trennen, hoffen wider besseres Wissen. Und es gibt „arische" Deutsche, die treu zu ihren jüdischen Ehepartnern und Freunden oder auch zu ihnen bisher unbekannten Juden stehen und sich für deren Schutz opfern. Im November 1938 sind noch etwa 300000 Juden in Deutschland. Die Emigration gelingt nur einem

Den Juden wird das Leben in ihrer deutschen Heimat besonders nach dem 9. November 1938 durch ständig neue Schikanen immer unerträglicher gemacht.

Teil von ihnen. 1939 wird die Einwanderung in Palästina drastisch beschränkt. Auch in der übrigen Welt stehen die Chancen schlecht. Noch herrscht Massenarbeitslosigkeit, und Hitler läßt die Juden nur noch mittellos aus dem Land. Doch gerade auch ein paar kleinere Länder wie Holland, Dänemark oder Schweden zeichnen sich trotz dieser Schwierigkeiten durch die Humanität aus, mit der sie jüdische und andere Flüchtlinge aufnehmen.

Mit dem Deutschland Hitlers wurde noch vor kurzem eine Regelung vereinbart, von der man sich die Wahrung des Friedens erhoffte. Am 29. September 1938 trafen die Regierungschefs Großbritanniens, Frankreichs und Italiens in München ein, um mit Hitler zu verhandeln. Der britische Premierminister Neville Chamberlain war schon zum dritten Mal binnen zweier Wochen nach Deutschland gereist. Das Flugzeug machte nun eine solche Pendeldiplomatie möglich. Das Schicksal der Tschechoslowakei sollte beschlossen werden, und zwar in deren Abwesenheit – so weit war es mit dem „Selbstbestimmungsrecht der Völker" gekommen. Und gerade dieses Selbstbestimmungsrecht war Anlaß der Krise, die nun den Frieden bedrohte. Es diente Hitler als Vorwand, um die Tschechoslowakei zu bezwingen. Nach dem „Anschluß" Österreichs am 13. März 1938 ragte dieses stark gerüstete Land wie eine Faust in das vergrößerte deutsche Reichsgebiet hinein. Die Tschechoslowakei war aus dem Untergang der Donaumonarchie als Staat mehrerer Volksgruppen hervorgegangen, deren stärkste die 7,1 Millionen Tschechen, die 3,3 Millionen Deutschen – vor allem im Sudetenland – und die 2,6 Millionen Slowaken waren. Das slawische Nationalgefühl der Mehrheit erschwerte die Bildung einer wah-

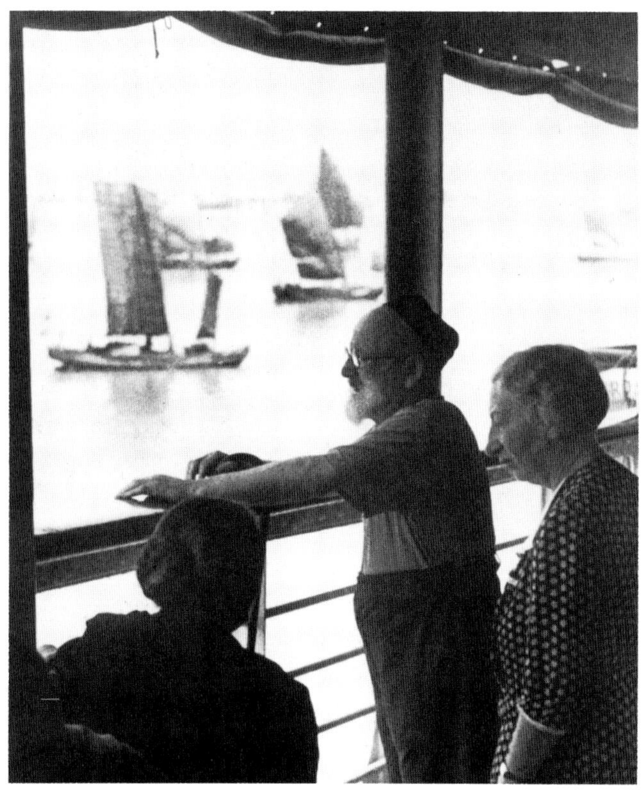

Wer Glück hat, kommt vor Kriegsausbruch noch aus Deutschland heraus. Diese jüdischen Emigranten sind auf dem Weg nach Ostasien.

Der britische Premierminister Neville Chamberlain (Mitte, beim Abflug nach München im Oktober 1938) hofft immer noch, mit Hitler vernünftig verhandeln zu können.

ren Gemeinschaft aller Volksgruppen, so wie sie in der Schweiz verwirklicht worden war. Hitler fiel es leicht, die meisten Sudetendeutschen gegen den tschechoslowakischen Staat aufzustacheln. Es fehlte nicht an Ressentiments, die sich durch Propaganda vergröbern und durch Provokationen ausschlachten ließen. Die noch so neue tschechoslowakische Republik war auf Grund ihrer demokratischen Verfassung, ihres sozialreformerischen Elans, ihrer modernen Industrie und der Fähigkeiten ihrer vielvölkischen Bürger ein bewundertes Land mit großer Zukunft. Doch die Folgen der Weltwirtschaftskrise und das Nationalitätenproblem machten nun alles zunichte. Hitler ließ die sudetendeutschen Nationalsozialisten Bedingungen stellen, deren Unannehmbarkeit den Einmarsch ermöglichen sollte. Frankreich oblag die Vertragspflicht, den Bestand der Tschechoslowakei zu wahren. Die an sich schon geringe französische Neigung, für Prag zu kämpfen, wurde noch weiter gemindert durch eine Klausel im französisch-britischen Vertrag, wonach Großbritannien in diesem speziellen Fall Frankreich nicht zur Hilfe kommen müßte. Der britische Premier Neville Chamberlain war durchdrungen von der Idee, daß auch ein Diktator wie Hitler für eine friedliche Lösung zu gewinnen sei, und die Mehrheit der Bevölkerung unterstützte ihn dabei. So überzeugend wirkte sein unermüdlicher Einsatz für den Frieden, daß der elegante Brite mit seinem Regenschirm auch unter den Deutschen beliebt wurde. Dieser Umstand sowie gewisse Schwierigkeiten mit dem deutschen Generalstab mögen die Gründe gewesen sein, aus denen Hitler noch nicht den Krieg wagte. An den letzten Septembertagen des Jahres 1938 stimmen England und Frankreich und natürlich Italien in München der Zerteilung der Tschechoslowakei zu, des einzigen noch demokratischen Nachfolgestaates der Donaumonarchie. Sie billigen den deutschen Einmarsch in das Sudetenland und setzen sich über das Schicksal derjenigen seiner Bewohner hinweg, die loyale demokratische Staatsbürger geblieben sind.

Die westliche Politik des „Appeasement", der Beschwichtigung Hitlers, hat ihren Höhepunkt erreicht. Bei der Rückkehr aus München wird Chamberlain als Retter des Friedens gefeiert. Er steigt aus dem Flugzeug und schwenkt ein Blatt Papier. Dar-

Auf der Flucht vor Hitler, der nach dem Münchener Abkommen in das Sudetenland einmarschieren darf: so beginnen die europäischen Flüchtlingsströme.

Zweimal Tschechoslowakei. Oben: Sudetendeutsche begrüßen den Einmarsch der deutschen Wehrmacht im Oktober 1938. Rechts: Bürger von Prag bei der Besetzung ihrer Stadt durch deutsche Truppen im März 1939.

auf, so sagt er, habe sich Hitler zur Beilegung aller künftigen Streitfragen zwischen Berlin und London auf diplomatischem Wege verpflichtet. Noch glaubt Chamberlain an die Macht der Vernunft. Ohnedies hat Großbritannien ebenso wie Frankreich die Rüstung vernachlässigt und sich damit erpreßbar gemacht. Die entsetzliche Erfahrung des ersten Weltkrieges steckt noch tief in den Menschen und läßt sie den Glauben an den Frieden für die Wirklichkeit des Friedens halten. In den demokratischen Ländern vermag man sich kaum vorzustellen, daß einer fremden Macht daran gelegen sein könnte, den eigenen friedlichen Alltag zu stören. Die Überwindung

von Not, sozialer Fortschritt, Wohnungsbau – das alles ist wichtiger als Kanonen. Hitlers Politik, so beruhigt man sich, dient doch schließlich dem Schutz deutscher Bevölkerungsgruppen, ganz normalen Zielen einer Nation also.

Für Hitler ist München der entscheidende Test, der ihm bestätigt, was er sich ungestraft leisten kann. Sein Selbstvertrauen erweist sich schon wenig später an der schärferen Verfolgung der Juden. Am 15. März 1939 setzt Hitler sich kalt über das Münchener Abkommen hinweg und läßt seine Truppen auch in Prag einmarschieren. Untätig sieht der Westen zu, wie sein kräftigster Militärpartner in Mitteleuropa verschwindet, wie das erste nichtdeutsche Volk unter nationalsozialistischen Terror gerät, wie Hitler über die nationalen Ziele hinaus ein Imperium zu errichten beginnt. Der Traum des „Appeasement" ist ausgeträumt. Die westliche Rü-

stungsindustrie wird auf Touren gebracht. In Monaten hektischer Diplomatie versucht man, Dämme zu errichten, wobei gegenseitiges Mißtrauen ein starkes Bündnis mit Stalin gegen Hitler verhindert. In London und Paris rechnet man damit, daß Polen das nächste Ziel Hitlers werden soll. Die Demokratien haben die demokratische Tschechoslowakei im Stich gelassen. Nun wollen sie das autoritäre Polen retten, weil sie endlich erkennen, daß Hitler sonst ein europäisches Land nach dem anderen unterjochen wird.

Vielen Europäern wird während der Frühsommertage des Jahres 1939 schmerzlich bewußt, daß dies der letzte Sommer des Friedens sein könnte. Es ist ein Sommer, in dem mehr Menschen als je zuvor in den Urlaub fahren. Denn die vergangenen Jahre haben in verschiedenen Ländern soziale Fortschritte gebracht. Und die Arbeitslosigkeit geht gerade jetzt erheblich zurück, nicht zuletzt wegen der Rüstung. An den Stränden von Dover und Zandvoort ebenso wie im amerikanischen Atlantic City herrscht Hochbetrieb. Das nationalsozialistische Deutschland schickt seine Urlauber mit „Kraft durch Freude" nach Rügen und ins Salzkammergut. Frankreich feiert seinen 14. Juli mit einem Pomp wie nie zuvor. Dies ist das 150. Jubiläum der französischen Revolution. Mit den Panzermassen und der großen Schau der Kolonialtruppen auf den Champs Elysées will man auch Hitler beeindrucken, den die Franzosen am Abend dieses Tages beim Tanz unter den Lampions auf den Plätzen vieler Städte vergessen möchten. Im allgemeinen Trubel fallen ein paar stille Menschen nicht auf. Es sind Flüchtlinge aus Deutschland, fremd in ungewisser Freiheit.

Das Bewußtsein von der Endlichkeit des Friedens

Zweimal Österreich. Oben: Opernball in Wien unter neuem Zeichen. Unten: Sigmund Freud (Mitte) in Paris auf der Reise von Wien ins Londoner Exil.

sorgt dafür, daß dieser Sommer besonders intensiv
erlebt wird. Manches Liebespaar am Ufer der
Weichsel in Warschau oder am Ufer der Themse in
London fühlt Trennung voraus. Oben im Himmel
über London stehen die „Blimps" – große, zeppelin-
förmige Ballons. Man erprobt ein Sperrsystem gegen deutsche Bomber. Solche Zeichen der Zeit sind
allgegenwärtig. Jeder muß sich eine Gasmaske an-
schaffen. Für Babies werden Sondermodelle angeboten. Denn wenn es Krieg gibt, dann wird es ein
Gaskrieg sein. Im ersten Weltkrieg hat das angefangen. Um den Gedanken an die Entsetzlichkeit eines
Gaskrieges wegzudrängen, verniedlicht man die
Gasmaske zu einem makaberen Spaß. Revuemäd-
chen im Londoner West End präsentieren eine Gas-
masken-Nummer. In Polen spielen zwei Mann-
schaften mit aufgesetzter Gasmaske Fußball miteinander.

Im August 1939 vollzieht sich die Entwicklung
zum Krieg hin mit der Zwangsläufigkeit einer grie-
chischen Tragödie. Nichts mehr soll Hitler von seinem Ziel abbringen, durch Ausdehnung nach Osten

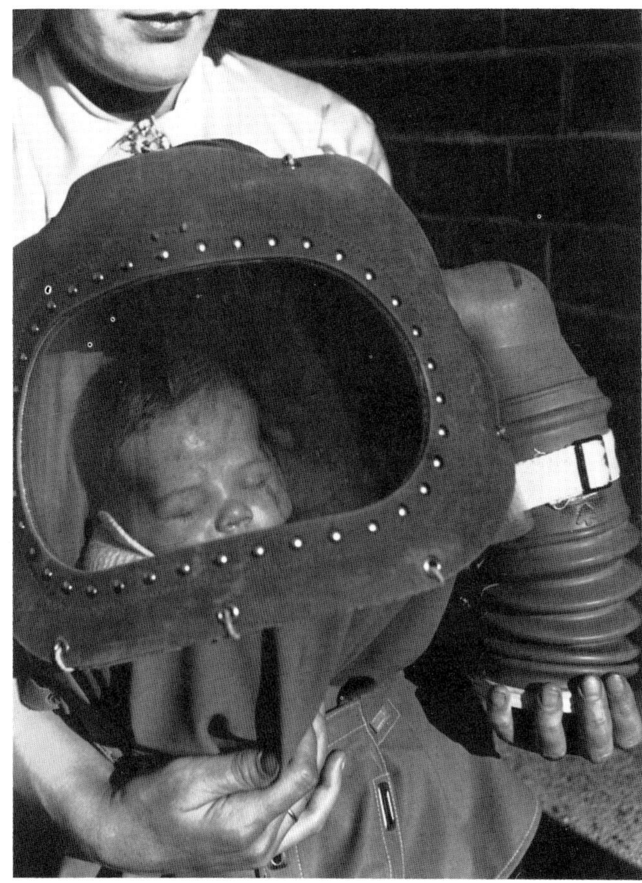

*Zweimal England. Noch ist Frieden, aber der Gaskrieg
droht. Oben: Spezialgasmaske für Babies.
Unten links: Londoner Revuegirls wollen helfen, die
Angst wegzulachen.*

das deutsche Großreich zu schaffen. Und wieder
dient das Selbstbestimmungsrecht der Völker als
Mittel zu Hitlers Zweck. Die Staatenbaumeister von
Versailles hatten Polen wiedererstehen lassen. Um
dieses Polen mit einem Zugang zum Meer und mit
Land aus dem besiegten Deutschland zu versehen,
hatten sie eine seltsame Konstruktion errichtet. Ost-
preußen wurde vom deutschen Reich durch den
„polnischen Korridor" zur Ostsee hin abgetrennt.
Die deutsche Ostseestadt Danzig wurde zu einer
selbstregierten Insel im polnischen Gebiet – zwar
unter dem Protektorat des Völkerbundes, aber mit
starkem polnischem Einfluß. Diese Verhältnisse bieten Hitler alle nur wünschenswerten Möglichkeiten,
um nationalistische Gefühle hochzuputschen und
die große Krise zu inszenieren. Mit den Warschauer
Militärs, die Polens Demokratie untergruben und
antisemitische Gefühle hegten, hatte sich Hitler zu-

215

nächst nicht schlecht verstanden. Doch nun geht es ihm nicht mehr ernsthaft um diese oder jene Regelung, sondern um den osteuropäischen Raum. In die fieberhaften Bemühungen westlicher Diplomaten um die Rettung des Friedens platzt am 21. August 1939 die Nachricht, Deutschland und die Sowjetunion hätten sich auf einen Nichtangriffspakt geeinigt. Stalin hat sein langes Zaudern beendet. In der Partnerschaft mit Hitler hält er die Sicherheit der Sowjetunion zumindest jetzt für eher gewährleistet als im Bündnis mit dem Westen. Was die verblüffte Welt nicht erfährt, ist der geheime Teil des deutsch-sowjetischen Bündnisses. Darin wird „für den Fall

Moskau, wenige Tage vor dem zweiten Weltkrieg. Hitlers Außenminister Joachim von Ribbentrop unterzeichnet den deutsch-sowjetischen Nichtangriffspakt. Stalin (im Hintergrund) und Hitler werden sich nun Polen teilen.

einer territorial-politischen Umgestaltung" Polen in eine sowjetische und eine deutsche Einflußsphäre aufgeteilt. Zur sowjetischen Sphäre gehören auch Finnland, Estland, Lettland und Bessarabien, zur deutschen auch Litauen. Hitler hat nun freie Hand. Die letzten Verhandlungen mit dem Westen sind nur noch ein Manöver zur Täuschung der Welt. Als Kriegsanlaß fabriziert eine verkleidete deutsche Einheit den obligaten Grenzzwischenfall. Am 1. September 1939 marschieren die deutschen Truppen in Polen ein. Damit beginnt der Krieg, der als zweiter Weltkrieg in die Leidensgeschichte der Menschheit eingehen wird. Eigentlich währt dieser Weltkrieg schon lange, denn die ganzen dreißiger Jahre hindurch wurde gekämpft: in China, in Abessinien, in Spanien und anderswo.

Nachdem er sich mit Stalin verbündet hat, glaubt Hitler nach seinen bisherigen Erfahrungen nicht, daß der Westen für Polen kämpfen würde. Die Kriegserklärung Großbritanniens und Frankreichs am 3. September 1939 überrascht ihn. Aber ein Zweifrontenkrieg bleibt ihm jetzt erspart. Denn an der Westfront geschieht nichts, was Hitlers Kriegsmaschine im Osten behindern und Polen retten könnte.

An diesen frühen Septembertagen läuten in Schweden und anderen Ländern die Glocken. Die Menschen beten für den Frieden. Durch die verdunkelten Straßen Polens und grenznaher Städte und Dörfer in Frankreich und Deutschland marschieren nachts die endlosen grauen Kolonnen der Soldaten auf dem Weg zur Front. Die Bevölkerung steht an den Fenstern, reicht den Soldaten Tee und Kaffee und Brot. Man hört nur den dumpfen, monotonen Rhythmus Tausender von Stiefel – kein Hurrageschrei wie 1914, als die Jugend Europas mit Blumen im Gewehrlauf fröhlich in den Tod für das Vaterland zog. Auch in Deutschland herrschen in den Tagen vor den großen Siegen Schock und Ernüchterung vor. Denn bisher hat der Führer doch alles ohne Krieg erreicht!

Erst einundzwanzig Jahre sind seit dem Ende des vorigen Krieges vergangen. Die meisten Männer, die nun über vierzig sind, waren damals an der Front gewesen. Viele von denen, die nicht als Krüppel heimkehrten, sind jetzt wieder dabei in den langen Kolonnen auf dem Weg zu den Fronten des begin-

216

Am Ende einer Zeit. Oben: Noch können in Holland die jüdischen Feste begangen werden. Unten: die deutschen Sieger in Warschau. Der zweite Weltkrieg hat begonnen.

nenden Krieges, weiter und weiter fort von den Lieben zuhause. Es sind die Tage des Abschieds überall, der unfaßbaren Gedanken in diesen letzten Minuten, der hilflosen Abschiedsworte. Der Trennungsschmerz wird nur durch die Gemeinsamkeit des Schicksals ein wenig gelindert. Unter den Kameraden ist man sogar weniger verlassen als es die Frauen zuhause sind. Wenn das Denken in normalen Zeiten ganz natürlich die Zukunft umfaßte, so bildet sich nun bei den meisten eine schützende

Abschied von den Soldaten – in London wie anderswo.

Schranke gegen dieses Denken an die Zukunft heraus. Es gibt das Heute, allenfalls noch das Morgen als erkennbare Lebensdimension. Doch an diesen Septembertagen regt sich im Bewußtsein vieler Soldaten und ihrer Angehörigen auch noch ein Gedanke, den man aus Angst, er wäre nur Phantasie, kaum zu denken wagt. Es ist der Gedanke, dies alles könnte in wenigen Wochen wie ein Spuk vorüber sein – dann nämlich, wenn Hitler sein unmittelbares Ziel erreicht hat.

Dieses Ziel erreicht Hitler innerhalb eines Monats. Gegen seine modernen Panzerverbände hat die polnische Armee mit ihren Pferdefuhrwerken keine Chance, auch wenn der Mut der Verzweiflung polnische Kavalleristen mit der Lanze gegen deutsche Panzer vorstürmen läßt. Die Luftwaffe, die bis vor wenigen Monaten im spanischen Bürgerkrieg das Vernichten übte, bombardiert nun Warschau in die Unterwerfung hinein. Im besiegten Land werden große Gelände mit Stacheldraht umgeben, mit Wachtürmen versehen. Es beginnt das bittere Schicksal der Gefangenen Hitlers in den eroberten Gebieten. In der Mitte Polens begegnen die Deutschen der sowjetischen Armee, die inzwischen den Osten des Landes besetzt hat. Wo Polen gewesen war, herrscht nun der Terror der verbündeten Diktatoren Hitler und Stalin. Im Oktober 1939 beginnt die Deportation von Juden aus Österreich, Böhmen und Mähren in das ehemalige Polen. Bis zum Ende des Jahres werden außer den polnischen Kriegsgefangenen 110000 polnische Zivilisten als „Fremdarbeiter" nach Deutschland verschleppt.

An der Westfront bleibt es still, wenn man von ein paar kleinen Aktionen im Grenzgebiet absieht. Ist der Krieg im Oktober 1939 schon vorbei? Denkt Hitler, Großbritannien werde seine Truppen nun aus Frankreich abziehen, ihm Frankreich überlassen, sich wieder mit ihm arrangieren? Wie sieht die übrige Welt aus in diesen letzten Wochen der dreißiger Jahre? Italien ist durch den „Stahlpakt" an Hitler gebunden. Die „Achse" reicht von Berlin über Rom weiter nach Tokio. Das japanische Regime hat sich durch die Brutalität seines Eroberungskrieges in China zum Partner Hitlers entwürdigt und bereitet nun die Eroberung weiterer Räume in Asien vor. Die europäischen Kolonialmächte bangen um ihre überseeischen Gebiete und Verbindungswege. Die

deutschen U-Boote fordern erste Opfer. Deutschland will auch wieder zur Kolonialmacht werden. Der indische Nationalistenführer Bose stellt sich Hitler zur Verfügung und hofft, damit die Unabhängigkeit näher zu bringen. Ungewiß ist nach wie vor, wie sich die U.S.A. zum europäischen Konflikt verhalten werden. Die enttäuschende Erfahrung, die dem weltpolitischen Engagement Amerikas im ersten Weltkrieg folgte, verlangt weiterhin Neutralität. Aber die Sympathien des großen demokratischen Landes sind natürlich auf der Seite der europäischen Demokratien vor allem auf Seiten Englands. Mehr und mehr Hilfslieferungen überqueren den Atlantik. Doch vor allem ist Amerika mit sich selbst beschäftigt, mit dem Aufschwung nach den

schweren Jahren. Sein Optimismus findet Ausdruck in der New Yorker Weltausstellung des Jahres 1939. Dort funktioniert im „Futurama" die perfekte technische Welt der Zukunft. Die Fortschritts-Industrie denkt auch an die Frauen. Eine der beliebtesten Shows auf der Weltausstellung findet im Pavillon einer Hausgerätefirma statt, wo die neuentwickelte Geschirrspülmaschine mit spülenden Menschen wetteifert und glänzend gewinnt.

Ein Jahrzehnt geht zu Ende. Im Norden gibt es noch einmal ein Aufbäumen gegen das Schicksal. Im Schnee und Eis dieses Winters leistet das kleine Finnland hinhaltend Widerstand gegen die Übermacht der sowjetischen Armee, die Finnland auf Grund des Abkommens mit Hitler besetzen will. Im Westen Europas herrscht Ruhe. In den Parks von London gräbt man Unterstände. Denkmäler werden mit Sandsäcken geschützt. Ein Pariser Couturier

Ob diese Gräben vor dem Bombentod retten? Vorsorge im Londoner Stadtteil Streatham.

stellt seinen „Luftschutzanzug für Damen" vor. Überall sind nun die Lebensmittel rationiert. Aber es muß noch nicht gehungert werden. Nach dem Abschied von den Männern übernehmen Frauen deren Arbeit in der Fabrik und auf dem Bauernhof. Das Einerlei der Abende in den Unterkünften der französischen und britischen Soldaten wird durch die Auftritte Maurice Chevaliers und Gracie Fields unterbrochen. Beiderseits des Rheins halten Soldaten einsame Wacht. Das lebhafte Straßburg ist evakuiert, eine tote Stadt. Auf dem Platz vor dem Münster verhallen die Schritte von ein paar Wachposten. Die neutralen Länder versuchen, ihre Grenzen si-

cherer zu machen. Im November überflutet Holland weite Landstriche – opfert sie in der Hoffnung, Hitler vom Einmarsch abhalten zu können. Hier wie in Belgien ist diese Hoffnung schwach, denn durch diese Länder können die Panzerarmeen Hitlers die französische Maginot-Linie umgehen. In den Bunkern und Unterständen dieser Festungskette feiern die französischen und britischen Soldaten ihre erste Kriegsweihnacht. Pakete von zuhause sind angekommen. Es gibt Truthahnbraten und Bordeaux dazu. Man singt Weihnachtslieder. „Il est né le divin' Enfant …", „Silent night, holy night. …". Und draußen in den Gräben kann man von drüben ein fernes „O du fröhliche. …" hören.

Frieden?

Gesänge zum Ende einer Welt.

Im Westen nichts Neues. Frankreich Ende 1939: Wacht am Rhein.

Chronik
der dreißiger Jahre

1929

Vorabend des Jahrzehnts

In den USA beginnt im Herbst mit dem Börsenzusammenbruch die Weltwirtschaftskrise.

In der Sowjetunion errichtet Stalin seine persönliche Diktatur und läßt die Landwirtschaft zwangsweise kollektivieren.

In Deutschland stirbt Gustav Stresemann, der als Außenminister zusammen mit Frankreichs Außenminister Aristide Briand eine europäische Friedensordnung zu schaffen versuchte.

Die Kurse stürzen: Weltwirtschaftskrise.

1930

Die Weltwirtschaftskrise zieht die meisten Länder in Mitleidenschaft. Es kommt zu Staatsbankrotten und Putschen, besonders in Lateinamerika.

In China verstärkt General Chiang Kai-shek seinen Kampf gegen die Kommunisten.

In der Sowjetunion übernimmt die Organisation GULAG die Verwaltung der riesigen Straflager. Die Bahnlinie von Turkestan nach Sibirien wird fertiggestellt.

Adolf Hitlers Nationalsozialistische Deutsche Arbeiterpartei kann in den Reichstagswahlen die Zahl ihrer Sitze von 12 auf 107 erhöhen.

Frankreich räumt vorzeitig das auf Grund des Vertrages von Versailles besetzte deutsche Rheinland.

In London vereinbaren die Seemächte die Begrenzung ihrer Kriegsflotten.

Suppenküche in Prag.

Mahatma Gandhi tastet in Indien bei seinem „Salzmarsch" zum Arabischen Meer die Hoheitsrechte der britischen Kolonialmacht an, indem er bürgerlichen Ungehorsam übt.

Neue, sachliche Formen der Industriegüter und des Wohnens werden auf der Werkbund-Ausstellung in Deutschland und der Funktionalismus-Ausstellung in Schweden gezeigt.

Das deutsche Großraumflugzeug Do-X, das 169 Passagiere aufnehmen kann, beginnt seinen Weltflug. Im australischen Sydney wird die Hafenbrücke mit ihrer Stützweite von 503 Metern eingeweiht. In der Friseurtechnik setzt sich die Dauerwelle durch.

1931

Mit dem Zusammenbruch der Wiener Bodencreditanstalt und anderer europäischer Banken hat die Weltwirtschaftskrise auch in Europa ihre volle Wirkung erreicht.

Die Exporteinkünfte afrikanischer Kolonien gingen wegen der Depression auf die Hälfte zurück. Afrika, Asien und Lateinamerika werden durch die Weltwirtschaftskrise noch schlimmer getroffen als die Industrieländer.

Das „Hoover-Moratorium" ermöglicht die Einstellung der deutschen Reparationszahlungen wegen der Notsituation.

Spanien wird Republik. König Alfons XIII. verläßt das Land.

In London wird zur Bewältigung der Wirtschaftskrise eine „nationale Regierung" gebildet. Sie geht von der Goldwährung ab.

Durch das Statut von Westminster werden die Dominien des britischen Weltreichs zu souveränen Staaten unter dem verbindenden Symbol der britischen Krone.

Japan greift in der Mandschurei an. Damit beginnt die Eroberung Chinas und die Verwandlung Japans in einen militaristischen Staat.

Mahatma Gandhi: Hoffnung für Indien.

Spanien wird Republik.

Soziale Fortschritte in Mexiko werden in einem neuen Arbeitsgesetz verankert.

In New York ist das Empire State Building – mit 381 Metern das höchste Gebäude der Welt – fertig. In Rio de Janeiro wird die Christus-Statue auf dem Corcovado eingeweiht.

1932

Weltwirtschaftskrise: Arbeitslosigkeit in Großbritannien 22 Prozent, in Deutschland 37 Prozent. Hungermärsche zu den Hauptstädten der Industrieländer. In Brasilien muß immer mehr Kaffee ins Meer geschüttet werden. Der Welt-Kaffeemarkt ist zusammengebrochen. Die britische Empire-Konferenz wendet sich gegen den Freihandel.

Beginn der internationalen Abrüstungskonferenz in Genf.

Hungersnot in der Sowjetunion als Folge der Zwangskollektivierung. Industrielle Erfolge: Kraftwerk am Dnjepr, erster Hochofen in Magnitogorsk.

Olympische Spiele in Los Angeles.

Zwei Reichstagswahlen in Deutschland. Bei der ersten verdoppeln die Nationalsozialisten ihre Mandate, werden stärkste Partei. Bei der zweiten verzeichnen sie einen merklichen Rückgang.

Wahlsieg der Sozialdemokraten in Schweden. Vorbereitung umfangreicher Sozialreformen.

König Abd Al Asis Ibn Saud gründet das Königreich Saudi-Arabien.

Die Amerikanerin Amelia Earhart überquert als erste Frau im Alleinflug den Atlantik. Zwischen London und Südafrika wird der regelmäßige Flugverkehr mit verschiedenen Etappen aufgenommen. In Afrika ist die französische Äquatorialbahn fertiggestellt.

In Holland wird durch die Schließung des Dammes der Zuidersee vom Meer abgetrennt und die Landgewinnung fortgesetzt. In Deutschland ist die erste Autobahn – von Köln nach Bonn – vollendet.

Brasilien: Kaffee ins Meer.

Josef Stalin, Herrscher der Sowjetunion.

1933

Adolf Hitler wird am 30. Januar deutscher Reichskanzler. Am 27. Februar brennt der Reichstag in Berlin. Am 1. April erfolgt die erste antijüdische Boykottaktion und am 10. Mai die öffentliche Verbrennung unliebsamer Bücher. Erste Konzentrationslager, die Welle der Emigration beginnt.

Der Völkerbundpalast in Genf wird fertiggestellt. Deutschland und Japan verlassen den Völkerbund.

Konkordat des deutschen Reiches mit dem Vatikan.

Franklin Delano Roosevelt wird Präsident der USA und verkündet seinen „New Deal". Verschiedene Wirtschafts- und Sozialprogramme zur Überwindung der Depression werden in Angriff genommen.

In der Sowjetunion beginnt der zweite Fünfjahresplan. Der Weißmeer-Ostsee-Kanal wird – vor allem durch Zwangsarbeiter – fertiggestellt.

In Japan kennzeichnen Disziplinarmaßnahmen gegen liberale Professoren den zunehmenden Verlust demokratischer Freiheiten.

Ende der Prohibition – des Alkoholverbotes – in den USA.

Erste automatische Ampelanlage in London. Erstes Autokino in den USA.

Adolf Hitler wird Deutschlands „Führer".

1934

Frankreich wird durch Unruhen und Skandale erschüttert. Bei einem Attentat in Marseille sterben der französische Außenminister und der jugoslawische König.

In Deutschland läßt Hitler die Opposition innerhalb seiner nationalsozialistischen Partei ermorden („Röhm-Putsch").

Ermordung des österreichischen Kanzlers Dollfuß. Bürgerkrieg in österreichischen Städten.

In der Sowjetunion beginnt der „große Terror" Stalins mit seinen Schauprozessen, Geheimurteilen und der Tötung ungezählter Menschen im Laufe der weiteren dreißiger Jahre.

F. D. Roosevelt will die USA erneuern.

Mit rund 27 Prozent erreicht die Arbeitslosigkeit in den USA ihren Höhepunkt.

Der chinesische Kommunistenführer Mao Tse-tung rettet sich mit dem Rest seiner Anhänger beim „Langen Marsch" in den Jahren 1934 und 1935 in das Bergland von Schensi.

In Nordafrika wird die nationalistische „Neo-Destour"-Partei aktiv. In Südafrika verfolgt Malans „Gereinigte Nationalpartei" einen extrem rassistischen Kurs.

Im Rahmen der Modernisierung der Türkei nach westlichem Muster führt Kemal Atatürk das Frauenwahlrecht ein.

Nachdem eine konservative Regierung in Spanien sich gegen Reformen gestellt hat, kommt es zum blutigen Aufstand in Asturien.

Erste Begegnung Hitlers und Mussolinis in Venedig. Mussolini perfektioniert seinen „korporativen" faschistischen Staat. Hitler schließt einen Nichtangriffspakt mit Polen.

In den USA kann das FBI in seinem Kampf gegen das organisierte Verbrechen den berühmten Gangster John Dillinger zur Strecke bringen.

In Frankreich entdeckt das Ehepaar Joliot-Curie die künstliche Radioaktivität. In Saudi-Arabien wird die erste Ölquelle gefunden. In Afrika ist die Sambesi-Brücke fertig. In den Präriestaaten der USA löst eine Umweltkatastrophe Staubstürme aus.

1935

Das faschistische Italien führt einen kolonialen Eroberungskrieg gegen Abessinien und besiegt es 1936.

Die Bevölkerung des Saargebietes entscheidet sich für den Anschluß an Deutschland. Hitler führt die allgemeine Wehrpflicht ein, schließt einen Flottenvertrag mit Großbritannien und erläßt die „Nürnberger Gesetze", mit denen die Unterdrückung der Juden legalisiert wird.

Mao Tse-tung: der „Lange Marsch".

Italien besiegt Haile Selassies Krieger.

Durch seinen Terror schaltet Stalin die alte Garde
des Bolschewismus praktisch aus. Die sowjetischen
Arbeitsnormen werden hochgeschraubt: der Hauer
Alexei Stachanow übertrifft die bisherige Norm an-
geblich um 1300 Prozent. Wegen der zunehmenden
Stärke Hitlers erlaubt Stalin den Kommunisten im
Westen nun „Volksfront"-Bündnisse mit den Sozialisten und schließt einen Beistandspakt mit Frankreich.

In den USA führt F. D. Roosevelt im Rahmen seines
„New Deal" die allgemeine Sozialversicherung ein.
Die amerikanischen Gewerkschaften können sich
umfassende Rechte sichern.

Der deutsche Publizist Carl von Ossietzky, der in
einem Konzentrationslager inhaftiert ist, erhält den
Friedensnobelpreis.

In Moskau wird die erste Untergrundbahn mit ihren
prunkvollen Bahnhöfen eingeweiht. In den USA ist
der riesige Boulder-Staudamm fertig, das Gallup-
Institut zur Erforschung der öffentlichen Meinung
wird gegründet und die Modezeitschrift „Harper's
Bazaar" veröffentlicht das erste Foto einer nackten
Frau.

Sowjetunion: Aufbau und Terror.

1936

Nach den spanischen Parlamentswahlen wird die
Volksfront gegründet. Aufstand der Falangisten unter Franco, Bürgerkrieg, Belagerung von Madrid.

Gründung der Volksfront in Frankreich, Fabrikbe-
setzungen, großes Sozialprogramm der Regierung
Blum, bezahlter Urlaub.

Blutige Unruhen in Tokio, Putschversuch nationalistischer Offiziere. Deutschland und Japan schließen den Antikominternpakt, dem Italien 1937 bei-
tritt.

In China bilden die Nationalisten unter Chiang Kai-
shek und die Kommunisten unter Mao Tse-tung eine Einheitsfront gegen die japanische Aggression.

Hitler läßt die Wehrmacht in die entmilitarisierte
Zone des Rheinlands einmarschieren. Olympische
Spiele in Berlin.

Bürgerkrieg in Spanien.

In der Sowjetunion machen neue Ehe- und Familiengesetze liberale Neuerungen der Revolution rückgängig. Stalins neue Verfassung wird inmitten der Terrorwelle verkündet.

Arabische Rebellion in Palästina gegen die verstärkte jüdische Einwanderung, die durch den Nationalsozialismus bedingt ist.

Ägypten erhält – außer am Suezkanal – volle Souveränität.

Im Iran läßt Schah Reza Pahlevi den Schleier verbieten.

In Großbritannien stirbt König George V. Sein Nachfolger Edward VIII. dankt noch im gleichen Jahr wegen seiner Liebe zu der Amerikanerin Wallis Simpson zugunsten seines Bruders Georg VI. ab.

London: die neue Königsfamilie.

1937

Japans Eroberungskrieg in China erreicht seinen vollen Umfang. Starke Bombenangriffe und Eroberung chinesischer Städte: Schanghai, Peking, Nanking. Besatzungsterror in Nanking.

Freie Wahlen in Britisch-Indien auf Grund der 1935 gewährten beschränkten Selbstregierung. Sieg der Kongresspartei, Reformen.

Zweites Jahr des spanischen Bürgerkrieges. Deutsche Bomben auf Guernica. Stalin exportiert Terror nach Spanien, unterdrückt „Abweichler".

Ende der „Volksfront" in Frankreich. Weltausstellung in Paris.

Der amerikanische Präsident Roosevelt warnt Hitler vor den Folgen aggressiver Politik. Triumphaler Empfang Mussolinis in Berlin. Italien verläßt den Völkerbund. Ausstellung „Entartete Kunst" in Deutschland.

Neville Chamberlain wird britischer Premierminister. Krönung George VI. in London. Irland wird unabhängiger Freistaat im Rahmen des Commonwealth.

Die Brücke am Golden Gate in San Francisco mit 1280 Metern Stützweite ist fertig. Das deutsche Luftschiff „Hindenburg" explodiert in Lakehurst.

Japanische Bomben auf China.

1938

„Anschluß" Österreichs an Deutschland. Hitler in Wien.

Intensive diplomatische Bemühungen des Westens und besonders des britischen Premierministers Chamberlain, Hitler durch Zugeständnisse vor einem Krieg zurückzuhalten. Viererkonferenz in München. Hitler kann in das bisher tschechoslowakische Sudetengebiet einmarschieren. Beginnender Zerfall der Tschechoslowakei.

„Reichskristallnacht": Pogrom, verschärfte Unterdrückung der Juden in Deutschland, Emigration nimmt stark zu.

Im spanischen Bürgerkrieg: Dauerbombardement Barcelonas durch italienische Verbände.

In der Sowjetunion erreicht der Terror durch die Hinrichtung prominenter Kommunisten einen neuen Höhepunkt.

Japan verkündet seine „Neue Ordnung in Asien", erobert Kanton und andere chinesische Städte. In diesem und im nächsten Jahr: sowjetisch-japanische Kämpfe in der Mandschurei und der Mongolei.

Mexiko verstaatlicht seine in britischer und amerikanischer Hand befindliche Erdölindustrie.

Kemal Atatürk, der Gründer der modernen Türkei, stirbt. Im Iran wird die transiranische Bahn vom Persischen Golf zum Kaspischen Meer fertiggestellt.

Vierzigstundenwoche in den USA. Erfindung des Kunststoffes Nylon. Ein Hörspiel von Orson Welles über eine Invasion vom Mars – nach einem Roman von H. G. Wells – verursacht Panik und zeigt die Macht des Rundfunks.

Neville Chamberlains Friedenshoffnung.

1939

Die neue Reichskanzlei in Berlin ist fertig. Vor dem Reichstag droht Hitler den Juden die physische Vernichtung an.

Mit dem Fall Barcelonas und Madrids endet der spanische Bürgerkrieg. Sieg Francos, Flüchtlingsnot im Schnee der Pyrenäen.

Am Morgen nach der „Reichskristallnacht".

Hitler marschiert in Prag ein und zwingt Litauen zur Preisgabe von Memel. Albanien wird von Mussolini besetzt, der mit Hitler den „Stahlpakt" abschließt.

Ende der westlichen Beschwichtigungspolitik. Großbritannien garantiert den Bestand Polens.

Weltausstellung in New York im Zeichen des technischen Fortschritts. Beginn des regelmäßigen Flugverkehrs über den Atlantik.

Eugenio Pacelli wird Papst Pius XII.

Im Zeichen des arabischen Protests beschränkt die britische Mandatsmacht die jüdische Einwanderung in Palästina.

Durch das Jahr hindurch ziehen sich diplomatische Bemühungen, Hitlers Anspruch auf Regelung der mit Polen und den deutschen Ostgebieten zusammenhängenden Probleme nicht zum Krieg führen zu lassen. Ein Bündnis gegen Hitler zwischen dem Westen und der Sowjetunion kommt wegen gegenseitigen Mißtrauens nicht zustande.

Am 23. August schließen Hitler und Stalin ihren Nichtangriffspakt. Ein Geheimvertrag regelt die Teilung Polens.

Am 1. September läßt Hitler seine Truppen in Polen einmarschieren. Durch einen „Blitzkrieg" wird Polen innerhalb eines Monats besiegt und zwischen Deutschland und der Sowjetunion, die ebenfalls einmarschiert ist, geteilt.

Ab dem 3. September befinden sich Großbritannien und Frankreich in Wahrnehmung ihrer Verpflichtungen gegenüber Polen im Krieg gegen Deutschland. Doch abgesehen von kleinen Aktionen bleibt es an der Westfront ruhig.

Mobilisierung überall, Rationierung der Lebensmittel.

In Deutschland weitere Verschärfung der Maßnahmen gegen die Juden. Nächtliches Ausgangsverbot, Beschlagnahme ihrer Rundfunkgeräte.

Im Winter 1939/1940 leistet Finnland erbitterten Widerstand gegen die sowjetische Armee, die das Land auf Grund der Vereinbarung zwischen Hitler und Stalin besetzen will.

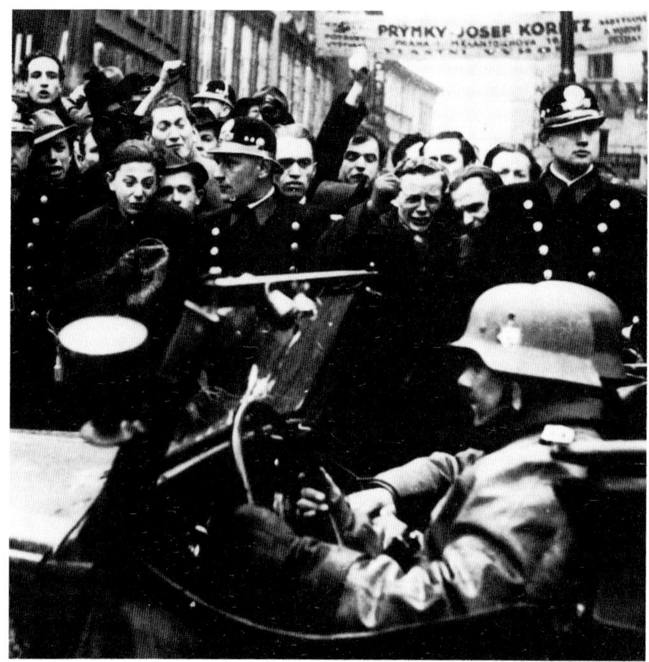

Prag: das Ende der Freiheit.

Abschied von den Soldaten.

230

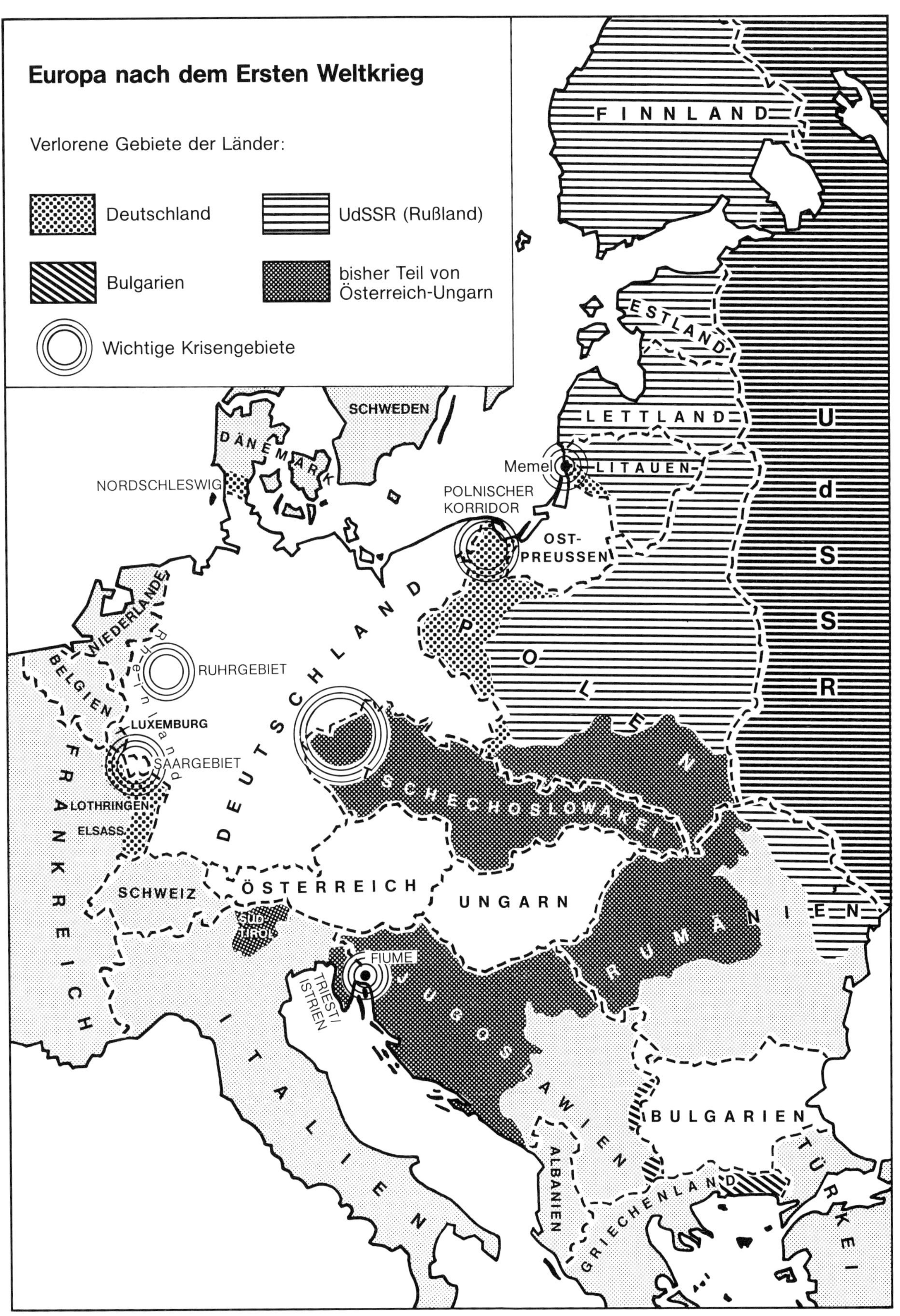

Europa nach dem Ersten Weltkrieg
Verlorene Gebiete der Länder:
Deutschland
UdSSR (Rußland)
Bulgarien
bisher Teil von Österreich-Ungarn
Wichtige Krisengebiete
FINNLAND
ESTLAND
SCHWEDEN
DÄNEMARK
LETTLAND
UdSSR
NORDSCHLESWIG
Memel
LITAUEN
POLNISCHER KORRIDOR
OST-PREUSSEN
NIEDERLANDE
BELGIEN
RUHRGEBIET
POLEN
LUXEMBURG
SAARGEBIET
TSCHECHOSLOWAKEI
FRANKREICH
LOTHRINGEN
ELSASS
SCHWEIZ
ÖSTERREICH
UNGARN
RUMÄNIEN
SÜDTIROL
FIUME
TRIEST/ISTRIEN
ITALIEN
JUGOSLAWIEN
BULGARIEN
ALBANIEN
GRIECHENLAND
TÜRKEI

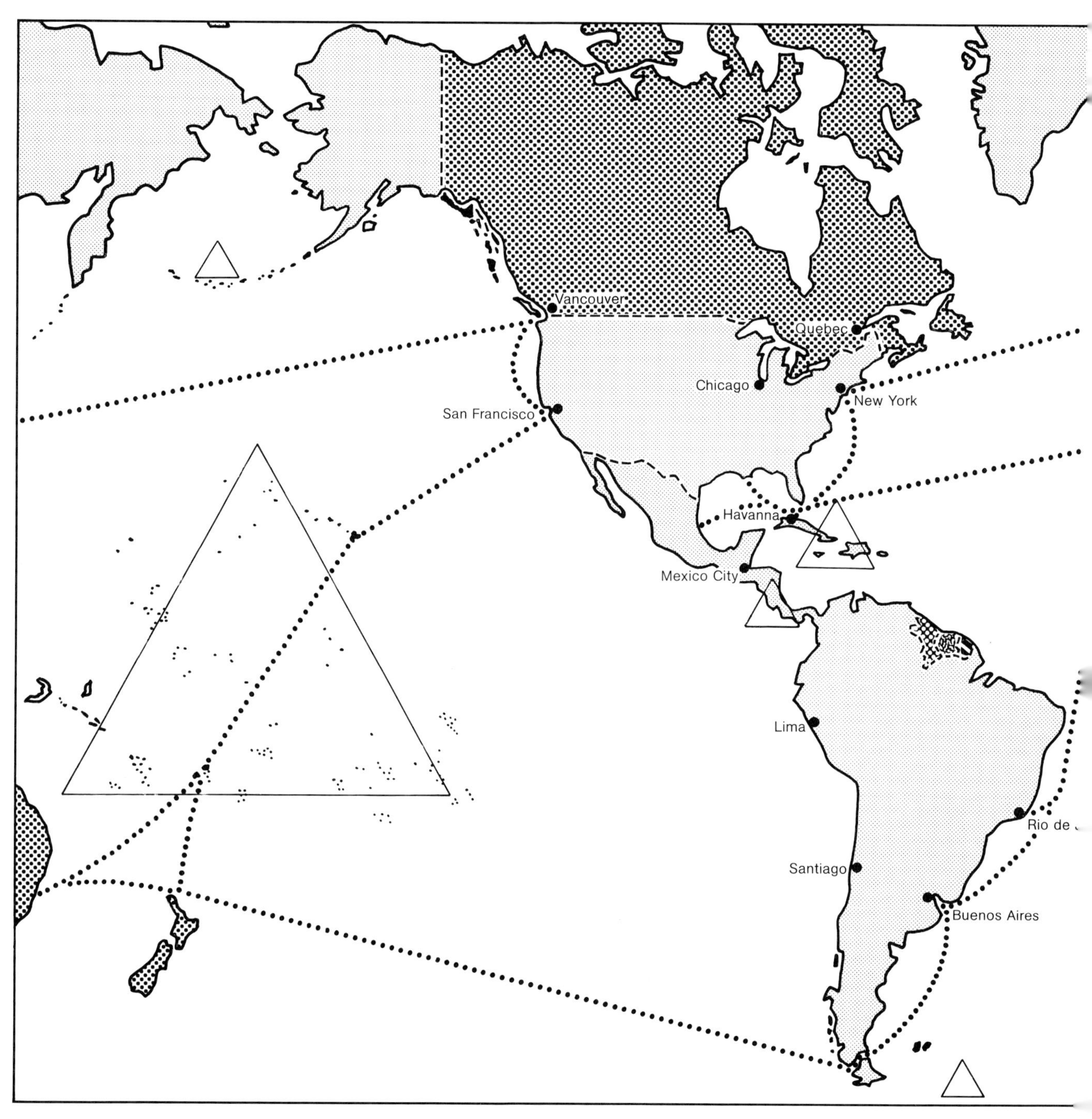

Vancouver
Quebec
Chicago
New York
San Francisco
Havanna
Mexico City
Lima
Rio de
Santiago
Buenos Aires

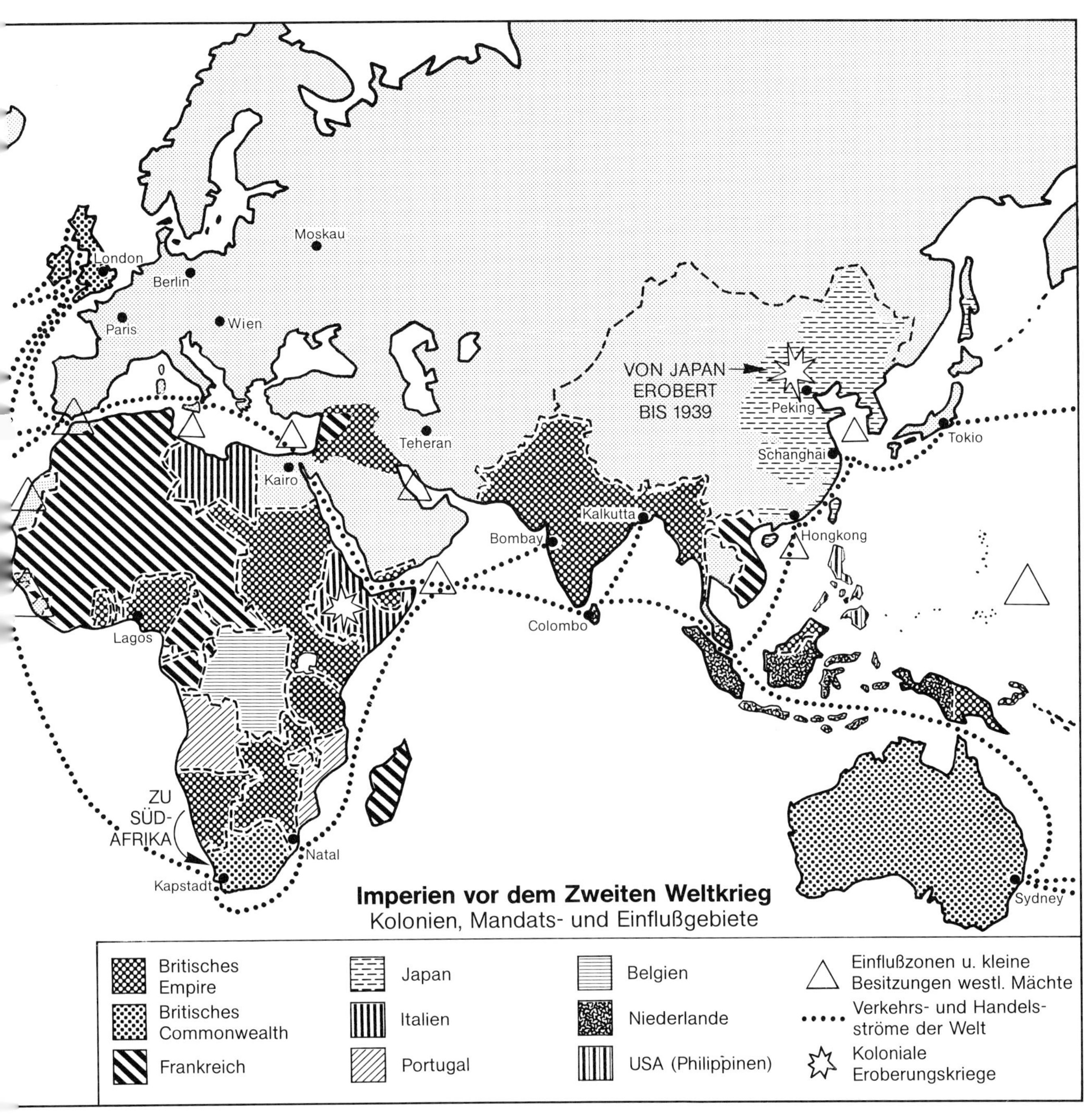

Imperien vor dem Zweiten Weltkrieg
Kolonien, Mandats- und Einflußgebiete

233

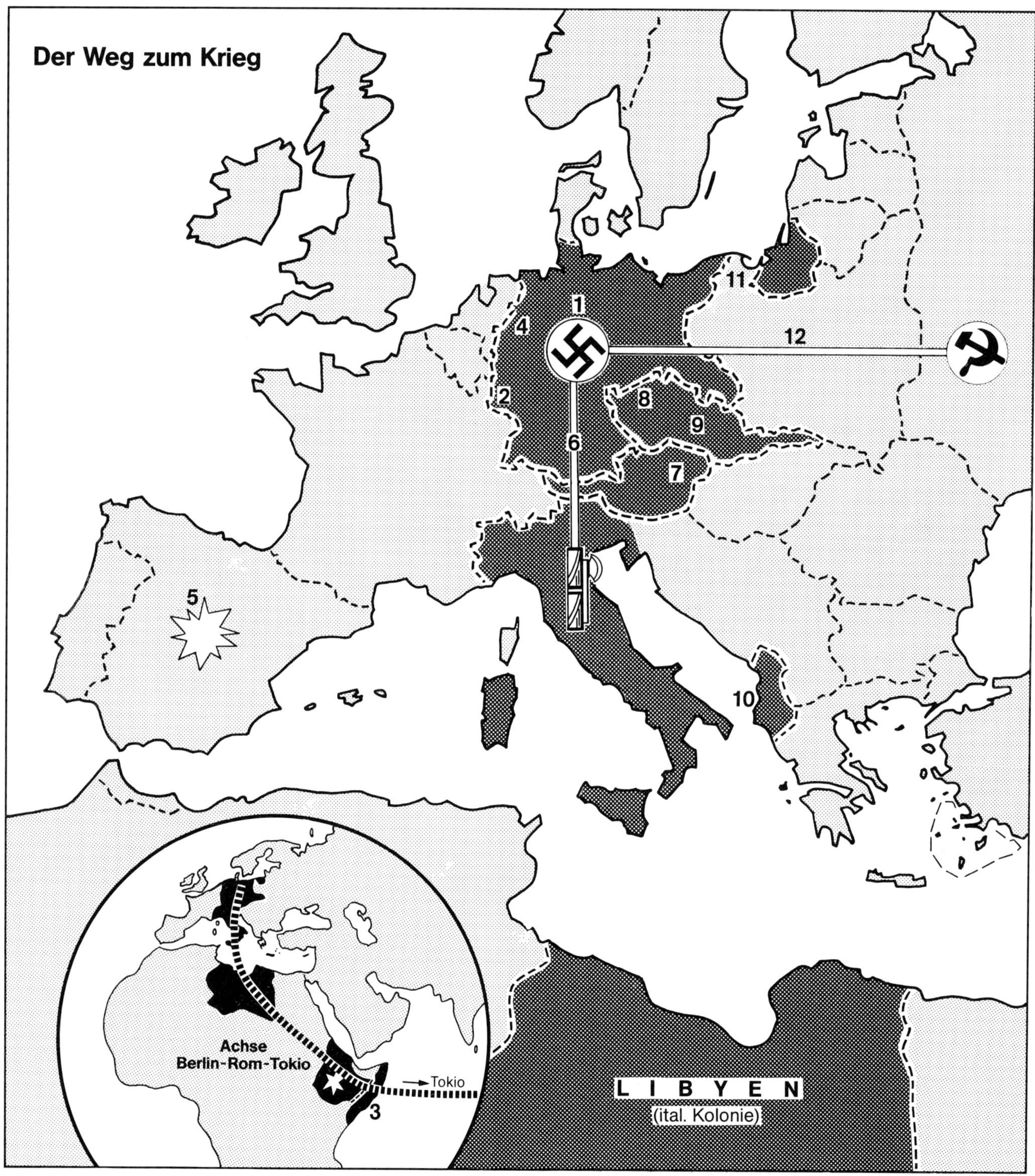

1 Machtübernahme Hitlers
2 Saar wird deutsch
3 Italien erobert Abessinien
4 Rheinland remilitarisiert
5 Spanischer Bürgerkrieg
6 Achse Berlin-Rom
7 „Anschluß" Österreichs
8 Sudetenland wird deutsch
9 Tschechoslowakei unter deutscher Macht
10 Italien besetzt Albanien
11 Krise um Danzig und Polnischen Korridor
12 Hitler-Stalin-Pakt

Register

B = Bilder, C = Chronik, K = Karten.
Die Bilder wurden vor allem thematisch – seltener geographisch – zugeordnet.

Bildquellennachweis

Verlag und Autor haben sich bemüht, die Rechtsinhaber aller in diesem Buch veröffentlichten Photos ausfindig zu machen. Nicht in allen Fällen ist das gelungen. Inhaber von Bildabdrucksrechten, die nicht zu ermitteln waren und die Ansprüche anzumelden haben, bitten wir, sich mit dem Verlag C.H. Beck München in Verbindung zu setzen.

Max Alpert (Fotograf) 63, 64, 66, 70, 186, 228 (oben)

Academy of Motion Picture Arts and Sciences, Beverly Hills 191, 200 (rechts), 202

Asahi Newspaper, Tokio 134

B. T. Batsford Ltd., London 46/47

BBC Hulton Picture Library, London 19 (unten), 50, 52, 148 (unten), 153, 159, 160, 177, 187 (unten), 210 (unten), 230 (oben)

Benteli Verlag, Bern 168, 169 (Fotos: Martin Chambi)

Bildarchiv Preußischer Kulturbesitz 38 (Foto: Erich Salomon), 84/85, 194 (oben), 196 (Foto: Erich Salomon), 204/205 (Foto: Erich Salomon), 217 (unten)

Bundesarchiv, Koblenz 73, 77, 79, 80, 208, 230 (unten)

China Photos, Peking 128, 129 227 (oben)

Cinématographique de l'Armée, Paris 221

CPDOC Arquivo Osvaldo Aranha 171

ČTK-Foto, Prag 18, 178 (oben), 212, 213, 223 (unten), 231 (oben)

Archiv Hannelore Franck 125 (Public Records Office, Hongkong), 130 unten (GIO Taipeh), 131 (Revolutionsmuseum Peking), 132 (China Photos, Peking), 133 (Revolutionsmuseum Peking), 135 (GIO Taipeh), 158, 194 (BFI London), 226 oben (wie 194), 229 unten (wie 135)

Fritz Henle (Fotograf) 170

Otto F. Hess (Fotograf) 27

Hanns Hubmann, Kröning (Fotograf) 89

Keystone Pressedienst 42, 154, 203, 220

Kikuchi Shunkichi, Tokio 122

Koyanagi Jiichi, Tokio (Fotograf) 136/137

Kon. Instituut voor de Tropen, Amsterdam 144

Library of Congress Collections, Washington 26, 28, 29, 175 (oben), 176, 183, 184, 185, 195 (unten)

Magnum Photos, London 32 (Foto: Robert Capa)

Mainichi Newspaper Co., Tokio 20, 114/115, 119, 120, 175 (unten)

Mansell Collection, London 49

Mazzotta, Mailand 90, 91, 96 (Fotos: Tullio Farabola)

Medios de Comunicación del Estado, Madrid 103, 224 (unten)

Martin Munkacsi (Fotograf) 34, 163

Musée Royal de l'Armée, Brüssel 55 (unten links)

National Archives, Washington 187 (oben)

Archiv Neue Zürcher Zeitung 99 (rechts)

New York News, Inc. 22

Österreichische Nationalbibliothek, Wien 37 (oben), 214 (oben)

Paul Popper Ltd., London 43, 54, 55 (oben), 99 (links), 173, 215 (oben und unten), 218, 229 (oben), 231 (unten)

Rijksvoorlichtingsdienst, Den Haag 55 (unten rechts)

Collections Roger-Viollet, Paris 61, 111 (unten)

Lothar Rübelt, Wien (Fotograf) 178 (unten), 179

Sammlung A. Schajchet, A. Alpert, S. Tulesa 70

Arkadi Shaiket (Fotograf) 59

Sigmund Freud-Gesellschaft, Wien (Freud Copyright Ltd.) 214

Süddeutscher Verlag 9, 14/15, 23, 24 (unten), 39 (unten), 40, 60, 81, 94, 98, 104, 108 (oben und unten), 113, 124, 126/127, 151, 188/189, 190, 193 (unten), 199 (oben rechts), 211, 216, 224 (oben), 227 (unten)

Sveriges Television AB, Stockholm 11, 68, 174, 182, 200 (links)

Swan Verlag, Kehl 33, 130 (oben), 139, 141 (Archiv Eric Baschet)

Transglobe, Hamburg 39 (oben), 110 (Fotos: Robert Capa)

Uitgeverij Spaarnestad, Haarlem 217 (oben)

Ullstein Bilderdienst 10 (Foto: Erich Salomon), 13, 19 (oben), 24 (oben), 25, 31, 35 (Fotos: Erich Salomon), 37 (unten), 51 (oben und unten), 58, 65, 72, 76, 83, 86, 87, 88, 93, 97, 100, 106, 107, 109, 111 (oben), 121, 143, 146, 148 (oben), 149, 161, 164, 166, 167, 180, 181, 192 (oben und unten), 193 (oben), 197, 198 (alle), 199 (oben und unten links, unten rechts), 201, 207, 209, 210 (oben), 219, 223 (oben), 225 (oben), 225 (unten), 226 (unten), 228 (unten)

United Press International, New York 195 (oben)

Georgij Zelma (Fotograf) 69